2025년 2월 8일 시행(제7회)

2025년도 국가공무원 5급 공채·외교관후보자 제1차시험·지역인재 7급·법원행시 대비

헌 법

1 교시

응시번호
성 명

출제자 : 조창훈 변호사
- 서울시립대학교 문학사(철학 전공)
- 인하대학교 법학전문대학원 법무석사
- 한양대학교 일반대학원 석사수료(헌법 전공)
- 2022년 제11회 변호사시험 합격
- 현) 해커스변호사 공법 전임 강사
- 현) 법률저널 PSAT 전국모의고사 헌법 출제위원
- 현) 법률사무소 창조 대표변호사

문제책형

㉯

응시자 주의사항

1. **시험시작 전 시험문제를 열람하는 행위나 시험종료 후 답안을 작성하는 행위를 한 사람**은「공무원 임용시험령」 제51조에 의거 **부정행위자**로 처리됩니다.
2. **답안지 책형 표기는 시험시작 전** 감독관의 지시에 따라 **문제책 앞면에 인쇄된 문제책형을 확인**한 후, **답안지 책형란에 해당 책형(1개)을 '●'로 표기**하여야 합니다.
3. 시험이 시작되면 문제를 주의 깊게 읽은 후, **문항의 취지에 가장 적합한 하나의 정답만을 고르며,** 문제내용에 관한 질문은 할 수 없습니다.
4. **답안을 잘못 표기하였을 경우에는 답안지를 교체하여 작성**하거나 **수정할 수 있으며,** 표기한 답안을 수정할 때는 **응시자 본인이 가져온 수정테이프만을 사용**하여 해당 부분을 완전히 지우고 부착된 수정테이프가 떨어지지 않도록 손으로 눌러주어야 합니다. **(수정액 또는 수정스티커 등은 사용 불가)**
   ▪ **불량한 수정테이프의 사용과 불완전한 수정처리로 발생하는 모든 문제는 응시자 본인에게 책임이 있습니다.**
5. **시험시간 관리의 책임은 응시자 본인에게 있습니다.**
6. **성적확인용 비밀번호**는 성적확인시 꼭 필요하니 **임의로 4자리를 마킹**하고 기억해야 합니다.
   ※ 문제책은 시험종료 후 가지고 갈 수 있습니다.

정답공개 및 이의제기 안내

1. 최종정답 공개 : 2.13(목) 오후 5시 네이버 카페 'PSAT의 정석'(cafe.naver.com/lecpsat)에 공지
2. 이의제기 : 2.10(월) 오후 2시까지 / 네이버 카페 'PSAT의 정석'(cafe.naver.com/lecpsat) '이의제기 신청 게시판'에서 연결된 구글폼에 입력
3. 성적확인 안내
   - 각 과목별 성적통계는 2.14(금)에 네이버 카페 'PSAT의 정석'(cafe.naver.com/lecpsat) '통계 게시판'에서 확인
   - 개인 성적표는 2.14(금)에 법률저널 접수페이지의 '성적확인페이지'에서 확인
4. 시험 일정 안내(온·오프 동시 시행)
   - 8회 2025.2.15(토), 9회 2025.2.23.(일), 10회 2025.3.1.(토)
     * 6~10회 장학금 회차(지방시험장 운영)
     * 매회 성적우수 6명(현장응시자 대상)에게 격려 장학금 지급
5. 면학장학금 신청자는 3월 18일까지 관련 서류를 제출 바랍니다.
6. 법률저널 예측시스템 운영(3월 8일 오후 5시부터 법률저널 홈페이지 및 네이버 카페 PSAT의 정석)

법률저널

지문의 내용에 대해 학설의 대립 등 다툼이 있는 경우 판례에 의함

1. 영장주의에 대한 설명으로 옳지 않은 것은?
① 헌법상 영장은 적법한 절차에 따라 검사의 신청에 의하여 법관이 발부한다.
② 긴급체포한 피의자를 구속하고자 할 때에는 48시간 이내에 구속영장을 청구하되, 그렇지 않은 경우 사후 영장청구 없이 피의자를 즉시 석방하도록 한 「형사소송법」 조항은 헌법상 영장주의에 위반되지 아니한다.
③ 「형의 집행 및 수용자의 처우에 관한 법률」 제41조 제2항 중 '미결수용자의 접견내용의 녹음·녹화'에 관한 부분에 따라 접견내용을 녹음·녹화하는 것은 직접적으로 물리적 강제력을 수반하는 강제처분에 해당되므로 영장주의에 위배된다.
④ 구속영장에 기재된 기간을 경과하면, 그 구속영장에 기한 집행에 착수할 수 없다.

2. 자기결정권에 대한 설명으로 옳지 않은 것은?
① 자기결정권은 인간의 존엄성을 실현하기 위한 수단으로서 인간이 자신의 생활영역에서 인격의 발현과 삶의 방식에 관한 근본적인 결정을 자율적으로 내릴 수 있는 권리이다.
② 본인의 생전 의사에 관계없이 인수자가 없는 시체를 해부용으로 제공하도록 규정하고 있는 법률조항은 시체의 처분에 대한 자기결정권을 제한한다.
③ 13세 이상 16세 미만의 사람에 대하여 간음 또는 추행을 한 19세 이상의 자를 처벌하는 조항은 과잉금지원칙을 위반하여 19세 이상의 자의 성적 자기결정권을 침해한다.
④ 전동킥보드에 대하여 최대속도는 시속 25km를 넘지 않아야 한다고 규정한 구 「안전확인대상생활용품의 안전기준」 조항은 헌법 제10조의 행복추구권에서 파생되는 소비자의 자기결정권을 제한한다.

3. 재산권에 관한 설명 중 옳지 않은 것은?
① 헌법 제13조 제2항은 "모든 국민은 소급입법에 의하여 … 재산권을 박탈당하지 아니한다."라고 규정하고 있는바, 여기서 소급입법은 진정소급효를 가지는 법률만을 의미한다.
② 「가축전염병 예방법」상 살처분 명령은 이미 형성된 재산권을 개별적·구체적으로 박탈한다는 점에서, 가축 소유자가 수인해야 하는 사회적 제약의 범위를 벗어나는 것으로 보아야 한다.
③ 댐사용권을 취소·변경할 수 있도록 규정한 「댐건설 및 주변지역지원 등에 관한 법률」 조항은 이미 형성된 구체적인 재산권을 공익을 위하여 개별적이고 구체적으로 박탈·제한하는 것으로서 보상을 요하는 헌법 제23조 제3항의 수용·사용·제한을 규정한 것이라고 볼 수 없다.
④ 재산권의 내용과 한계를 정할 입법자의 권한은, 장래에 발생할 사실관계에 적용될 새로운 권리를 형성하고 그 내용을 규정할 권한뿐만 아니라, 더 나아가 과거의 법에 의하여 취득한 구체적인 법적 지위에 대하여까지도 그 내용을 새로이 형성할 수 있는 권한을 포함하고 있다.

4. 법률의 제정절차에 관한 설명으로 옳은 것은?
① 헌법상 법률안 제출권자로는 국회의원과 정부만이 규정되어 있으나, 국회법에 따르면, 위원회도 그 소관에 속하는 사항에 관하여 법률안을 제출할 수 있다.
② 국회에서 의결된 법률안은 정부에 이송되어 20일 이내에 대통령이 공포한다.
③ 대통령은 국회가 폐회 중인 경우를 제외하고는, 법률안에 이의가 있을 때, 국회로 환부하여 그 재의를 요구할 수 있다.
④ 국회의 재의 결과, 재적의원 3분의 2 이상의 찬성으로 전과 같은 의결로 확정된 법률이 정부에 이송된 후 10일이 지났음에도 대통령이 공포하지 아니할 때에는 국회의장이 이를 공포한다.

5. 선거권과 선거제도에 대한 설명으로 옳은 것은?
① 헌법이 명문으로 규정하고 있는 선거권은 대통령선거권, 국회의원선거권, 지방의회의원선거권, 지방자치단체의 장 선거권이지만, 이 밖에도 법률에 의하여 특정 공무원에 대한 선거권을 부여할 수 있다.
② 대통령은 헌법개정 없이 간접선거로 선출할 수 없으나, 국회의원은 헌법개정 없이도 간접선거로 선출할 수 있다.
③ 국회의원선거에서 17세인 후보자의 직계비속은 선거운동을 할 수 있다.
④ 한국철도공사의 상근직원에 대하여 선거운동을 금지하고 이를 위반한 경우 처벌하도록 한 「공직선거법」 조항은 한국철도공사의 상근직원의 경우, 그 직을 유지한 채 공직선거에 입후보하여 자신을 위한 선거운동을 할 수 있음에도 타인을 위한 선거운동이 전면적으로 금지된다는 점에서 해당 상근직원의 선거운동의 자유를 침해한다.

6. 다수결원칙에 대한 설명으로 옳지 않은 것은?
① 의회민주주의의 기본원리의 하나인 다수결의 원리는 의사형성과정에서 소수파에게 토론에 참가하여 다수파의 견해를 비판하고 반대의견을 밝힐 수 있는 기회를 보장하여 다수파와 소수파가 공개적이고 합리적인 토론을 거쳐 다수의 의사로 결정한다는 데 그 정당성의 근거가 있다.
② 헌법 제49조는 국회의 의결은 통지가 가능한 국회의원 모두에게 회의에 출석할 기회가 부여된 바탕 위에 재적의원 과반수의 출석과 출석의원 과반수의 찬성으로 이루어져야 한다는 것으로 해석하여야 한다.
③ 재적의원 과반수의 출석과 출석의원 과반수의 찬성을 요하는 일반정족수는 다수결의 원리를 실현하는 국회의 의결방식 중 하나로서 국회의 의사결정시 합의에 도달하기 위한 최소한의 기준일 뿐 이를 헌법상 절대적 원칙이라고 보기는 어렵다.
④ 「국회법」상 안건의 신속처리를 위한 요건으로 재적의원 5분의 3 이상의 찬성이라는 가중다수결을 요구하면서도, 재적의원 과반수가 심사기간 지정요구를 하는 경우 국회의장이 의무적으로 심사기간을 지정하도록 하는 내용의 규정을 마련하지 않은 것은 헌법 제49조의 다수결원리에 위반된다.

7. 사면권에 관한 설명으로 옳지 않은 것은?
① 특별사면은 형의 집행을 면제한다. 다만, 특별한 사정이 있을 때에는 이후 형 선고의 효력을 상실하게 할 수 있다.
② 일반사면은 대통령령으로 죄의 종류를 정하여 행하여야 하되, 특별사면의 경우와 달리, 국회의 동의를 거칠 필요는 없다.
③ 복권은 형의 집행이 끝나지 아니한 자 또는 집행이 면제되지 아니한 자에 대하여는 하지 아니한다.
④ 형의 선고에 의한 기성의 효과는 사면, 감형과 복권으로 인하여 변경되지 않는다.

8. 지방자치에 대한 설명으로 옳지 않은 것은?
① 지방자치단체는 주민의 복리에 관한 사무를 처리하고 재산을 관리하며, 법률에 저촉되지 아니하는 범위 안에서 자치에 관한 규정을 제정할 수 있다.
② 특별시·광역시 또는 특별자치시가 아닌 인구 50만 이상의 시에는 자치구가 아닌 구를 둘 수 있다.
③ 법률로 정하는 바에 따라 지방자치단체의 장의 선임방법을 포함한 지방자치단체의 기관구성 형태를 달리 할 수 있다.
④ 지방자치단체의 사무소 소재지를 변경하거나 새로 설정하려면 지방자치단체의 조례로 정한다.

9. 관습헌법에 대한 설명으로 가장 옳지 않은 것은?
① 형식적 헌법전에는 기재되지 아니한 사항이라도 이를 관습헌법으로 인정할 소지가 있다.
② 헌법사항에 관하여 형성되는 관행 내지 관례가 전부 관습헌법이 되는 것은 아니고 강제력이 있는 헌법규범으로서 인정되려면 엄격한 요건들이 충족되어야만 하며, 이러한 요건이 충족된 관습만이 관습헌법으로서 성문의 헌법과 동일한 법적 효력을 가진다.
③ 대한민국의 주권자이자 최고의 헌법제정권력자인 국민은 성문헌법의 제·개정에 참여할 뿐만 아니라 헌법전에 포함되지 아니한 헌법사항을 필요에 따라 관습의 형태로 직접 형성할 수 있다.
④ 관습헌법도 헌법의 일부로서 성문헌법의 경우와 동일한 효력을 가지기 때문에 그 법규범은 헌법 제130조에 의거한 헌법개정의 방법에 의하여만 개정될 수 있다.

10. 국회의원에 관한 설명 중 옳은 것은?
① 국회의원은 그 개별적인 의사에 따라 법률안 심의·표결권을 포기할 수 있다.
② 국회의장이 궐위된 때에는 잔여 임기동안 소속 의원 수가 많은 교섭단체 소속 부의장이 의장의 직무를 대행한다.
③ 경위나 경찰공무원은 회의장이 아닌 국회 안에 현행범인인 국회의원이 있을 때에는 국회의장의 명령 없이 국회의원을 체포할 수 있으며, 체포한 후 의장의 지시를 받아야 한다.
④ 징계대상자로부터 모욕을 당한 국회의원이 징계를 요구할 때에는 국회의원 20명 이상의 찬성으로 그 사유를 적은 요구서를 의장에게 제출하여야 한다.

11. 헌법재판의 적법요건에 대한 설명으로 옳지 않은 것은?
① 행정처분의 주체인 행정청은 「헌법재판소법」 제68조 제2항에 따른 헌법소원심판을 청구할 수 없다.
② 확정된 유죄판결에서 처벌의 근거가 된 법률조항은 재심의 개시 결정 이후의 '본안사건에 대한 심판'에 있어서만 재판의 전제성이 인정된다.
③ 행정처분의 제소기간이 경과한 후에 그 행정처분을 다투는 경우, 헌법재판소의 위헌결정이 있더라도 그 처분은 취소될 수 없기 때문에 처분의 근거법률에 대한 위헌법률심판에서는 재판의 전제성이 인정될 수 없다.
④ 형사재판의 경우 피고인이 아닌 고소인은 형사재판의 당사자라고 볼 수 없으므로, 위헌법률심판제청신청을 할 수 있는 자에 해당하지 않는다.

12. 범죄피해자구조청구권에 대한 설명 중 옳지 않은 것은?
① 국내에서 외국인의 범죄행위로 피해를 입은 사람은 범죄피해자구조청구권을 행사할 수 없다.
② 범죄피해자구조청구권을 규정한 헌법 제30조는 생명, 신체에 대한 피해를 입은 경우에 적용되는 것으로서 재산상 피해를 입는 경우에는 적용될 수 없다.
③ 범죄행위 당시 구조피해자와 가해자가 부부관계(사실상의 혼인관계를 포함한다)에 있는 경우에는 구조금을 지급하지 아니한다.
④ 국가는 구조피해자나 유족이 해당 구조대상 범죄피해를 원인으로 하여 손해배상을 받았으면 그 범위에서 구조금을 지급하지 않는다.

13. 법원에 관한 설명 중 옳지 않은 것은?
① 행정심판절차에 사법절차가 준용되지 않는다 하더라도 임의적 전치 제도로 규정함에 그치고 있다면 헌법에 위반된다 할 수 없다.
② 형사소송에 있어서 사형, 무기 또는 10년 이상의 징역이나 금고가 선고된 경우에만 사실오인 또는 양형부당을 이유로 상고할 수 있도록 제한하고 있다고 하여, 이것이 평등원칙에 위배된다고 볼 수 없다.
③ 현역병이 그 신분취득 전에 저지른 범죄에 대해서 군사법원의 재판을 받도록 하는 것은 그 범죄행위의 시점이라는 우연한 사정에 기한 것으로서 합리적 이유가 없으므로, 평등원칙에 위배된다.
④ 소송비용에 관한 사항이 소송에 관한 절차에 관련된 사항인지 여부와 관계없이, 소송을 대리한 변호사에게 당사자가 지급하였거나 지급할 보수는 대법원규칙이 정하는 금액의 범위 안에서 소송비용으로 인정한다고 규정한 「민사소송법」 조항이 헌법 제108조에 위반된다고 볼 수는 없다.

14. 헌법재판소에 대한 설명 중 옳지 않은 것은?
① 헌법재판소는 9인의 재판관으로 구성되며 재판관은 모두 대통령이 임명한다.
② 헌법재판소장은 대통령이 재판관 중에서 국회의 동의를 얻어 임명하며, 임기는 6년이고 연임할 수 없다.
③ 임기 중 재판관이 결원된 경우 결원된 날부터 30일 이내에 후임자를 임명하여야 한다.
④ 재판관 7명이 사건을 심리하는 경우에도 종전에 판시한 헌법 또는 법률의 해석 적용에 관한 의견을 변경하기 위해서는 6명 이상의 찬성이 있어야 한다.

15. 평등권 또는 평등원칙에 대한 설명으로 옳지 않은 것은?
① 특별시장·광역시장·특별자치시장·도지사·특별자치도지사 선거의 예비후보자를 후원회지정권자에서 제외하고 있는 「정치자금법」 조항은 이들 예비후보자의 평등권을 침해한다.
② 내국인등 지역가입자와 달리 외국인 지역가입자가 보험료를 체납한 경우에는 다음 달부터 곧바로 보험급여를 제한하는 「국민건강보험법」 조항은, 외국인 지역가입자에 대하여 체납횟수와 경제적 사정 등을 전혀 고려하지 않고 예외 없이 1회의 보험료 체납사실만으로도 보험급여를 제한하고 있어 외국인 지역가입자의 평등권을 합리적 이유 없이 침해한다.
③ 과거 전통적으로 남녀의 생활관계가 일정한 형태로 형성되어 왔다는 사실이나 관념에 기인하는 차별, 즉 성역할에 관한 고정관념에 기초한 차별은 허용되지 않는다.
④ 법정형의 종류와 범위를 정함에 있어서 고려해야 할 사항 중 가장 중요한 것은 당해 범죄의 보호법익과 죄질이나, 보호법익이 같다면 죄질이 다르다고 하더라도, 그 법정형의 내용이 달라질 수는 없다.

16. 탄핵심판에 대한 설명으로 옳지 않은 것은?
① 탄핵심판절차와 형사소송절차가 동일한 사안에서 같은 공직자를 대상으로 하더라도, 탄핵심판의 결정은 법원을 기속하지 않는다.
② 헌법은 탄핵사유를 '헌법이나 법률에 위배한 때'로 규정하고 있는데, '헌법'에는 명문의 헌법규정뿐만 아니라 헌법재판소의 결정에 의하여 형성되어 확립된 불문헌법도 포함된다.
③ 정치적 무능력이나 정책결정상의 잘못 등 직책수행의 성실성 여부도 예외적으로 탄핵소추사유가 될 수 있어, 탄핵심판절차의 판단대상이 될 수 있다.
④ 적법절차원칙은 탄핵소추절차에는 직접 적용할 수 없으므로, 탄핵소추절차와 관련하여 피소추인에게 의견진술의 기회를 부여할 것을 요청하는 명문의 규정이 없다고 하여 국회의 탄핵소추절차가 적법절차원칙에 위배되었다고 볼 수는 없다.

17. 한국 헌정사에 대한 설명으로 옳지 않은 것은?
① 1980년 제8차 개정헌법에서는 국가가 사회적·경제적 방법으로 근로자의 고용의 증진과 적정임금 보장에 대해 노력하여야 한다고 규정하였다.
② 1972년 제7차 개정헌법에서는 대한민국의 주권은 국민에게 있다고 하면서, 국민은 그 대표자나 국민투표에 의하여 그 주권을 행사한다고 하였다.
③ 1960년 제3차 개정헌법에서는 대법원장과 대법관을 조직되는 선거인단이 선거로 선출하도록 규정하였다.
④ 1948년 제헌헌법에서는, 현행 헌법과 달리, 정부의 법률안 제출권을 헌법에서 규정하지 않았다.

18. 대통령선거에 관한 설명으로 가장 옳지 않은 것은?
① 대통령이 사고된 때에는 60일 이내에 후임자를 선거한다.
② 대통령으로 입후보하기 위해서는 선거일 현재 5년 이상 국내에 거주하고 있을 것이 요구되는바, 공무로 외국에 파견된 기간도 여기에서의 국내거주기간으로 본다.
③ 대통령선거에서 대통령후보자가 1인일 때에는 그 득표수가 선거권자 총수의 3분의 1 이상이 아니면 대통령으로 당선될 수 없다.
④ 후보자뿐만 아니라, 후보자를 추천한 정당도 대통령선거에 있어서 그 당선의 효력에 이의가 있는 경우, 대법원에 당선소송을 제기할 수 있다.

19. 재판청구권에 대한 설명으로 옳은 것을 모두 고른 것은?

ㄱ. 대법원이 법관에 대한 징계처분 취소청구소송을 단심으로 재판하는 경우에는 사실확정도 대법원의 권한에 속하여 법관에 의한 사실확정의 기회가 박탈되었다고 볼 수 없다.
ㄴ. 헌법과 법률이 정한 법관에 의한 재판을 받을 권리는 직업법관에 의한 재판을 주된 내용으로 하므로, '국민참여재판을 받을 권리'는 헌법 제27조 제1항에서 규정한 재판을 받을 권리의 보호범위에 속하지 않는다.
ㄷ. 수형자와 소송대리인인 변호사의 접견을 일반 접견에 포함시켜 시간은 30분 이내로, 횟수는 월 4회로 제한한 구 「형의 집행 및 수용자의 처우에 관한 법률 시행령」 해당 조항들은 입법목적 달성에 필요한 범위를 넘어 수형자와 변호사 사이의 접견권을 지나치게 제한한다고 볼 수 없으므로 청구인의 재판청구권을 침해하지 않는다.

① ㄱ, ㄴ
② ㄱ, ㄷ
③ ㄴ, ㄷ
④ ㄱ, ㄴ, ㄷ

20. 사회보장수급권에 관한 설명 중 옳지 않은 것은?
① 산업재해보상보험수급권은 사회보장수급권의 하나로서 국가에 대하여 적극적으로 급부를 요구하는 권리이나 헌법규정만으로는 실현될 수 없고 법률에 의한 형성을 필요로 한다.
② 「공무원연금법」상의 각종 급여는 사회보장수급권으로서의 성격을 가지지 않는 순수한 재산권에 해당한다.
③ 사회보장수급권은 국가에게 적극적으로 급부를 요구할 수 있는 권리를 주된 내용으로 하기 때문에, 국가가 인간다운 생활을 할 권리를 보장하기 위하여 사회보장수급권에 관한 입법을 할 경우에는 국가의 재정부담 능력, 전체적인 사회보장수준과 국민감정 등 다양한 요소를 함께 고려해야 한다.
④ 사회보장수급권이 헌법상의 재산권보장의 보호를 받기 위해서는, 사회보장수급권이 권리주체에게 귀속되어 개인의 이익을 위하여 이용가능해야 하고, 국가의 일방적인 급부에 의한 것이 아니라 권리주체의 노동이나 투자, 특별한 희생에 의하여 획득되어 자신이 행한 급부의 등가물에 해당하는 것이어야 하며, 수급자의 생존의 확보에 기여해야 한다.

21. 기본권에 대한 설명으로 옳은 것은?
① 생명권에 대한 제한은 곧 생명권의 완전한 박탈을 의미한다 할 것이므로, 사형제도는 그 자체로 헌법 제37조 제2항 단서에 위반된다.
② 포괄위임금지원칙은 행정부에 입법을 위임하는 수권법률의 명확성원칙에 관한 것으로서 법률의 명확성원칙이 행정입법에 관하여 구체화된 특별규정이다.
③ 「교통사고처리특례법」에서 업무상과실 또는 중대한 과실로 인한 교통사고로 말미암아 피해자로 하여금 중상해에 이르게 한 경우에도 공소를 제기할 수 없도록 한 것은 국가가 교통사고 피해자에 대한 기본권보호의무를 위반하여 국민의 생명과 신체의 안전에 관한 권리를 침해한다.
④ 기본권의 보장은 그 본질적 내용을 침해하지 아니하는 범위 안에서 입법자에게 기본권의 구체적인 내용과 형태의 형성권을 폭넓게 인정한다는 의미에서 '최소한 보장의 원칙'이 적용되는 것임에 반해, 제도적 보장은 기본권 보장의 경우와 달리 '최대한 보장의 원칙'이 적용된다.

22. 「헌법재판소법」 제68조 제1항에 따른 헌법소원심판에 대한 설명으로 옳은 것은?
① 행정부에서 제정한 시행령이나 시행규칙 및 사법부에서 제정한 규칙 등은 별도의 집행행위를 기다리지 않고 직접 기본권을 침해하는 것일 때에도 「헌법재판소법」 제68조 제1항에 따른 헌법소원심판의 대상이 될 수 없다.
② 입법을 하였으나 그 입법이 불완전한 부진정입법부작위로 인한 기본권을 침해하는 경우에는 불완전한 입법이 아닌 입법부작위를 이유로 「헌법재판소법」 제68조 제1항에 따른 헌법소원심판을 청구할 수 있다.
③ 헌법소원심판 청구 당시 공포되기만 하고 아직 시행되지는 않은 법률에 대하여도 예외적으로 헌법소원을 제기할 수 있다.
④ 법률조항이 그 규정의 구체화를 위하여 하위규범의 시행을 예정하고 있는 경우라도, 그 법률조항의 직접성은 원칙적으로 인정된다.

23. 정부에 관한 설명 중 옳은 것은?
① 법률전문가이자 인권옹호기관인 검사로 하여금 제3자의 입장에서 수사기관의 강제수사 남용을 통제하는 취지에서 영장신청권이 헌법에 도입된 것으로 해석되므로, 이로부터 헌법상 검사의 수사권까지 도출된다고 볼 수 있다.
② 수사 및 소추는 우리 헌법상 본질적으로 행정에 속하는 사무이므로, 헌법상 수사권 및 소추권이 행정부 중 특정 국가기관에 전속적으로 부여된 것으로 해석할 수 있다.
③ 고위공직자범죄수사처의 권한 행사에 대해서는 여러 기관으로부터의 통제가 이루어지기 어려움에도 불구하고, 수사처를 독립된 형태로 설치한 것은 권력분립원칙에 위반된다.
④ 고위공직자범죄수사처가 중앙행정기관임에도 불구하고, 대통령과 기존 행정조직으로부터 구체적인 지휘·감독을 받지 않는 형태로 설치된 것은 그 업무의 특수성에서 기인하는 것이다.

24. 기본권 주체에 관한 설명으로 가장 옳지 않은 것은?
① 사자(死者)에 대한 사회적 명예와 평가의 훼손은 사자에 대한 사회적 평가와 아울러 이를 토대로 스스로의 인격상을 형성하여 온 그 유족들의 인격권을 제한한다.
② 자본주의 경제질서 하에서 근로자가 기본적 생활수단을 확보하고 인간의 존엄성을 보장받기 위하여 최소한의 근로조건을 요구할 수 있는 권리는 외국인 근로자에게도 그 기본권 주체성이 인정된다.
③ 축협중앙회는 공법인성과 사법인성을 겸유한 특수한 법인이지만 회원의 임의탈퇴나 임의해산이 불가능한 점 등을 고려할 때 그 공법인성이 상대적으로 크다고 할 것이므로 기본권의 주체가 될 수 없다.
④ 사법인도 그 성질에 반하지 않는 범위 내에서 인격권의 한 내용인 사회적 신용이나 명예 등의 주체가 될 수 있다.

25. 국회의 기관과 운영에 대한 설명으로 옳지 않은 것은?
① 국회의장과 부의장은 국회에서 무기명투표로 선거하되, 재적의원 과반수 출석과 출석의원 과반수의 득표로 당선된다.
② 「국회법」에 따른 기간을 계산할 때에는 첫날을 산입한다.
③ 중요한 안건으로서 국회의장의 제의 또는 국회의원의 동의로 본회의의 의결이 있거나 재적의원 5분의 1 이상의 요구가 있을 때에는 기명·호명 또는 무기명투표로 표결한다.
④ 본회의 1차 투표에서 재적의원 과반수 출석에 미달한 경우 이에 대하여 재표결을 실시하는 것은, 일사부재의 원칙에 위배된다.

최고의 PSAT 고수들이 직접 관리·운영

법률저널 PSAT합격캠프

일 정 **24.12.02. ~ 25.03.02.** (3개월)
기 간 **24.10.2. (수) ~** (선착순 **50**명 한정)
학습관 **법률저널 PSAT 합격 캠프**
입소일 | 24.12.02. 09:00
퇴소일 | 1차 시험 다음날

일 정

※ 캠프 일정은 상황에 따라 조정될 수 있음

1차 12.02~12.31 (4주) PSAT 기초 다지기

	월	화	수	목	금	토
10:00 ~17:00	모의고사	유형별 문제 풀이	실전 모의고사 (헌법 포함)	과목별 문제 풀이	자율학습 및 스터디	실전 또는 전국 모의고사
17:00 ~22:00	자율학습 및 스터디	자율학습 및 스터디	휴식	자율학습 및 스터디	자율학습 및 스터디	휴식

- 토요일에 법률저널 전국모의고사가 없는 경우는 수요일과 같이 실전 모의고사를 실시함.
- 화요일, 목요일에는 유형별과 과목별 취약 문제 중심으로 제공함.
- 유형별 및 과목별 취약 문제 풀이 후 시간이 남는 경우 자율적으로 원하는 공부를 할 수 있음.
- 상담은 신청 후 가능하며, 요일은 추후 결정된다.
- 12월의 일정은 상황에 따라 변경될 수 있음.

2차 01.02~01.31 (4주) PSAT 실력 완성하기

	월	화	수	목	금	토
10:00 ~17:00	모의고사	유형별 문제 풀이	실전 모의고사 (헌법 포함)	과목별 문제 풀이	자율학습 및 스터디	법률저널 전국모의고사
17:00 ~22:00	자율학습 및 스터디	자율학습 및 스터디	휴식	자율학습 및 스터디	자율학습 및 스터디	휴식

- 토요일에 법률저널 전국모의고사가 없는 경우는 수요일과 같이 실전 모의고사를 실시함.
- 과목별, 유형별 취약반의 대략적인 운영은 1차와 같으며 다만 화요일, 목요일도 반드시 참여해야 한다 (단, 일정 이상의 성적이 꾸준히 나와서 다른 공부를 해도 무방하다고 인정될 때는 예외로 함).
- 균형적인 피셋 실력 향상을 위해 12월에 선택하였던 과목별, 유형별 취약반과 다른 과목 및 유형을 선택하여야 한다. (다만, 특정 과목, 유형이 특별히 나쁜 경우에 개별적으로 신청하면 같은 과목, 유형 제공 가능)
- 기출문제 풀이는 실제 시험지 크기와 같은 기출문제를 받아 푸는 것으로, 제공되는 기출문제의 연도는 매주 달라짐. 단, 본인이 희망할 경우 원하는 기출문제를 제공함.
- 상담은 신청 후 가능하며, 요일은 추후 결정된다.
- 1월의 일정은 상황에 따라 변경될 수 있음.

3차 02.01~03.02 (5주) PSAT 감각 극대화하기

	월	화	수	목	금	토
10:00 ~17:00	실전 모의고사 (헌법 포함)	자율학습 및 스터디	실전 모의고사 (헌법 포함)	자율학습 및 스터디	기출문제 제공	법률저널 전국모의고사
17:00 ~22:00	자율학습 및 스터디	자율학습 및 스터디	휴식	자율학습 및 스터디	자율학습 및 스터디	휴식

- 월요일에는 실전 모의고사가 추가로 진행됨. 월, 화 실전모의고사는 헌법 포함함. 화, 목은 자율학습으로 함.
- 기출문제 풀이는 실제 시험지 크기와 같은 기출문제를 받아 푸는 것으로, 제공되는 기출문제의 연도는 매주 달라짐. 단, 본인이 희망하면 원하는 기출문제를 제공함.
- 화, 목요일 개별적으로 신청하면 과목, 유형별 문제 제공 가능함.
- 2월의 일정은 상황에 따라 변경될 수 있음.

캠프 커뮤니티

- 캠프 공지 사항 등 캠프 회원들을 위한 커뮤니티는 법률저널 카페 'PSAT의 정석' (https://cafe.naver.com/lecpsat)에 개설함.

엄격한 생활 관리

- 정해진 일과표에 맞춰 엄격히 진행함.
- 모의고사는 반드시 응시해야 함.
- 운동은 자율학습 시간에만 허용됨.
- 결석과 조퇴 등은 증빙서류 제출하여 인정받아야 함.
- 월 3회 이상 무단결석 시 퇴실 처리함. (잔여기간 환불금 없음)
- 자세한 내용은 '학습관 관리반 규칙'에 규정함.

일일 시간표

요일	월, 화, 목, 금	수	토
09:50 ~ 10:00	출석 완료, 문제 배부	실전 모의고사 (헌법 포함)	전국 모의고사
10:00 ~ 11:40	학습 시간		
11:40 ~ 12:50	점심 시간		
12:50 ~ 13:00	입실 완료, 문제 배부		
13:00 ~ 14:30	학습 시간		
14:30 ~ 15:00	휴식 시간(입실완료)		
15:00 ~ 17:00	학습 시간		
17:00 ~ 22:00	자율 학습 및 스터디		

※ 학습관 이용 시간은 08:00~24:00

좌석 배치 방법

- 학습관 좌석은 지정 좌석제를 원칙으로 함.
- 좌석 지정은 선착순으로 함.
- 한 달에 한 번 좌석을 바꾸는 기회가 있으며, 겹칠 때는 오랜 기간 등록한 사람을 우선순위로 함.(예를 들어, 3개월 신청한 사람이 1개월 신청한 사람보다 우선순위로 좌석을 정할 수 있음)
- 추후 좌석 관련 문제가 발생할 시에는 바로 상황에 맞게 조치함.

비용

구분	기간	신청 금액
1차 캠프	12.02. ~ 12.31. (4주)	60만 원
2차 캠프	01.02. ~ 01.31. (4주)	80만 원
3차 캠프	02.01. ~ 03.02. (5주)	80만 원
1~3차 동시 신청	24.12.02. ~ 25.03.02.	220만 원 → 200만 원

※ 수요 및 토요 실전 모의고사는 **헌법+PSAT 포함**된 가격임

※ 선착순 50명 한정 운영함.

2025년 2월 8일 시행(제7회)

2025년도 국가공무원 5급 공채·외교관후보자 제1차시험·지역인재 7급·법원행시 대비

언어논리영역

1 교시

응시번호	
성 명	

문제책형: 널

응시자 주의사항

1. **시험시작 전 시험문제를 열람하는 행위나 시험종료 후 답안을 작성하는 행위를 한 사람**은 「공무원 임용시험령」 제51조에 의거 **부정행위자**로 처리됩니다.
2. **답안지 책형 표기는 시험시작 전** 감독관의 지시에 따라 **문제책 앞면에 인쇄된 문제책형을 확인**한 후, **답안지 책형란에 해당 책형(1개)을 '●'로 표기**하여야 합니다.
3. 시험이 시작되면 문제를 주의 깊게 읽은 후, **문항의 취지에 가장 적합한 하나의 정답만을 고르며,** 문제내용에 관한 질문은 할 수 없습니다.
4. **답안을 잘못 표기하였을 경우에는 답안지를 교체하여 작성**하거나 **수정할 수 있으며,** 표기한 답안을 수정할 때는 **응시자 본인이 가져온 수정테이프만을 사용**하여 해당 부분을 완전히 지우고 부착된 수정테이프가 떨어지지 않도록 손으로 눌러주어야 합니다. **(수정액 또는 수정스티커 등은 사용 불가)**
   - **불량한 수정테이프의 사용과 불완전한 수정처리로 발생하는 모든 문제는 응시자 본인에게 책임이 있습니다.**
5. **시험시간 관리의 책임은 응시자 본인에게 있습니다.**
6. **성적확인용 비밀번호**는 성적확인시 꼭 필요하니 **임의로 4자리를 마킹**하고 기억해야 합니다.

※ 문제책은 시험종료 후 가지고 갈 수 있습니다.

정답공개 및 이의제기 안내

1. 최종정답 공개 : 2.13(목) 오후 5시 네이버 카페 'PSAT의 정석'(cafe.naver.com/lecpsat)에 공지
2. 이의제기 : 2.10(월) 오후 2시까지 / 네이버 카페 'PSAT의 정석'(cafe.naver.com/lecpsat) '이의제기 신청 게시판'에서 연결된 구글폼에 입력
3. 성적확인 안내
   - 각 과목별 성적통계는 2.14(금)에 네이버 카페 'PSAT의 정석'(cafe.naver.com/lecpsat) '통계 게시판'에서 확인
   - 개인 성적표는 2.14(금)에 법률저널 접수페이지의 '성적확인페이지'에서 확인
4. 시험 일정 안내(온·오프 동시 시행)
   - 8회 2025.2.15(토), 9회 2025.2.23.(일), 10회 2025.3.1.(토)
     * 6~10회 장학금 회차(지방시험장 운영)
     * 매회 성적우수 6명(현장응시자 대상)에게 격려 장학금 지급
5. 면학장학금 신청자는 3월 18일까지 관련 서류를 제출 바랍니다.
6. 법률저널 예측시스템 운영(3월 8일 오후 5시부터 법률저널 홈페이지 및 네이버 카페 PSAT의 정석)

법률저널

1. 다음 글에서 알 수 없는 것은?

해시태그(Hashtag)는 특정 핵심어 앞에 '#' 기호를 붙여 써서 식별을 용이하게 하는 메타 데이터 태그의 한 형태이며, 이 태그가 붙은 단어는 SNS에서 편리하게 검색할 수 있다. 표면적으로는 모두 '#' 기호를 사용하지만, 해시태그는 특정 언어적 표현과 결합되어 사용된다는 점에서 일종의 언어적 표현의 하나로 간주할 수 있다.

텍스트는 그것을 구성하는 하위텍스트 간에 의미적 연관성인 응집성과 표층의 긴밀성인 응결성 등의 특징을 가지는데, 이러한 특징은 SNS 해시태그에서도 나타난다. 특정 게시물 텍스트에서 함께 사용된 해시태그들은 모두 공통된 내용 및 주제를 담고 있다는 점에서 내용상으로 연관되며, 모두 언어적 표현 앞에 '#' 기호를 사용한다는 점에서 형식적으로도 일관된다는 특징을 확인할 수 있다. 따라서 해시태그는 텍스트로 볼 수 있고, 그 특징을 살피기 위해서는 먼저 그 의미를 분석할 필요가 있다.

해시태그의 의미는 언어적 표현의 의미와 항상 동일한 것은 아니다. 예컨대 '#팔로우'의 경우 언어적 표현의 의미는 '따라가다'의 의미이지만, 언어적 표현의 의미만으로는 온전하게 해시태그의 의미를 파악하기 어렵다. '#팔로우'에서 해시태그의 의미는 '수용자가 생산자의 게시물을 지속해서 구독하겠다'라는 의미로서 SNS에서 타인과 관계를 맺는 것을 말한다. 이와 같은 해시태그들은 그 의미를 언어적 표현의 의미만으로는 파악할 수 없고, SNS라는 매체의 특성 등 특수한 맥락을 고려해야 그 의미를 온전하게 파악할 수 있다.

특히 해시태그의 의미적 특징은 단어의 여부를 판단하거나 합성어와 구를 구별할 때 하나의 기준으로 적용할 수 있다. 즉 해시태그의 의미가 언어적 표현의 의미와 다른 제3의 의미인지, 언어적 표현의 의미와 동일한 의미인지에 따라 합성어 또는 구로 구별된다. 이를테면 '#덕분에챌린지(사회적 캠페인 동참을 요구하는 의미), #좋아요반사(SNS 게시물에 대한 공감 표시를 요구하는 의미)'의 의미는 언어적 표현의 의미가 아닌 특수한 맥락을 고려한 제3의 의미라는 점에서 합성어라고 볼 수 있으며, '#오늘의코디, #좋은글'의 의미는 언어적 표현의 의미와 동일하다는 점에서 구라고 볼 수 있는 것이다.

① 모든 해시태그에는 공통적인 기호가 사용된다.
② 해시태그는 SNS의 특성과 밀접한 연관이 있다.
③ 해시태그에서 '#'이라는 기호는 그 자체로 텍스트가 된다.
④ 같은 단어라 하더라도 해시태그로 사용될 경우 다른 의미가 될 수 있다.
⑤ '#팔로우'가 본래의 언어적 의미로 사용되지 않았다면 합성어로 볼 수 있다.

2. 다음 글에서 알 수 없는 것은?

원자 번호가 8인 산소는 적색 거성의 내부에서 탄소의 핵이 헬륨의 핵인 알파 입자와 융합해서 만들어진 원소이다. 질량수가 16인 동위원소 즉 16O가 대부분이고, 소량으로 존재하는 18O, 17O의 원자핵도 안정적이다. 산소 원자의 8개 전자 중에서 2개는 주양자수가 1인 첫 번째 전자껍질에 들어가고, 나머지 6개는 주양자수가 2인 두 번째 전자껍질에 들어간다. 전자의 수는 산소의 결합 에너지, 전기음성도, 산화력, 결합의 안정도 등 산소의 화학적 성질 등을 결정한다.

또한, 보어 반지름이라고 알려진 수소 원자의 반지름은 0.53Å(옹스트롬)인데 비해, 산소 원자의 반지름은 0.60Å으로 수소와 거의 비슷하다. 산소의 유효 핵전하가 커서 최외곽 전자들이 핵에 강하게 끌리기 때문이다. 그래서 산소는 수소뿐만 아니라 같은 주기의 원소인 질소와도 전자구름의 중첩이 쉽고, 결과적으로 강한 공유 결합을 만든다. 그뿐만 아니라 산소는 이중 결합을 통해 O2 분자를 만드는데, 이는 3주기에서 산소와 같은 족에 속하는 황이 S2 분자를 만들지 못하는 것과 대비된다.

산소는 수소, 헬륨에 이어 우주에서 세 번째로 풍부한 원소이다. 산화규소(SiO2)가 주성분인 지각과 물이 주성분인 대양으로 이루어진 지구 표면에서는 산소가 가장 풍부하다. 지구 중심에는 밀도가 높은 철(Fe)의 핵이 있으므로 지구 전체적으로 볼 때는 철이 가장 풍부하고, 철 다음으로 풍부한 원소는 산소이다. 그리고 산소 기체(O2)는 지구 대기의 20% 정도를 차지하며, 인간을 포함해서 대부분의 생명체 질량의 2/3 정도를 차지한다.

한편, 1주기 원소인 수소와 헬륨을 합하면 우주 전체 물질의 98%를 차지한다. 이어서 2주기의 산소, 탄소, 네온 등이 차례로 그다음 순위를 차지한다. 철과 같은 예외를 제외하면 일반적으로 주기가 높아질수록 양이 상대적으로 적어지기 때문에, 나머지 모든 원소를 합쳐도 1% 정도에 불과하다. 그래서 원소의 분포 면에서 산소는 우주 대부분을 차지하는 수소, 헬륨과 다른 원소들 사이에서 중간적 위치를 차지한다고 볼 수 있다. 다만 주기율표에서 볼 때 산소는 오른쪽 위의 변방에 위치하고 있다. 2주기 원소 중에서는, 반응성이 없는 네온을 제외하면 산소가 가장 오른쪽에 있는 것이다.

① 탄소나 질소는 산소와 같은 2주기의 원소이다.
② 산소는 1주기 원소 중 하나와 2주기 원소 중 하나의 핵이 융합하여 만들어졌다.
③ 2주기 원소 중 주기율표에서 가장 오른쪽에 있는 것은 지구 표면에서 가장 풍부한 원소이다.
④ 인간 질량의 가장 많은 부분을 차지하는 원소는 우주에서 3번째로 많은 원소이다.
⑤ 지구에서 가장 풍부한 원소는 자신보다 주기가 높은 원소에 비해 양이 더 적을 수 있다.

3. 다음 글의 내용에 부합하지 않는 것은?

최근 사회가 발전하면서 산업 폐기물에 대한 환경적 문제가 점차 증대됨에 따라, 그 처리방법에 대한 필요성이 증가하고 있다. 그 중 플라이 애쉬(FA)는 석탄 발전소에서 석탄 연소 시에 발생하는 산업 폐기물이다. FA의 생산량은 매년 500만 톤으로 추정되는데, 전 세계적으로 FA의 재사용률은 16%에 그친다. 사용되지 못한 FA는 대부분 매립되고 있고, 이에 따른 경제적·환경적 문제가 상당하다. 특히 FA는 높은 정도의 수용성 염과 중금속을 함유하고 있어 유럽연합에서는 위험한 물질로 분류하고 있으며, FA에 있는 석회는 높은 염기성으로 인하여 심각한 토양 오염을 일으킬 수 있다. 이러한 점에서 현재 많은 연구자가 FA를 매립시키기보다는 다양한 분야에서 활용하기 위해 노력하고 있다.

경제적인 측면에서도 FA를 활용하면 추가적인 매립지 사용에 대한 비용을 줄일 수 있고, 다른 제품의 원재료 값을 절감할 수 있으므로 연구적인 가치가 상당히 높은 분야이다. 현재 대부분의 FA는 화학적 조성, 입자의 형상, 낮은 가격 등으로 시멘트 및 콘크리트의 첨가제와 같은 건축 소재로 활용되고 있다. FA는 건축 재료 이외에도 폐수 안에 함유된 중금속, 유기물 등의 흡착이나, 제올라이트 합성, CO2 흡착 등 다양한 응용방법에 관한 연구가 진행되고 있다. 특히 그중에서도 복합 소재 분야에서는 FA를 고분자의 기계적 및 열적 성질 등을 증가시키는 충전제로 사용하고 있다.

FA는 이상적인 크기 분포와 낮은 밀도, 입자 형상에 따른 좋은 분산성 때문에 고분자 충전제로서 많은 장점을 보유하고 있다. 또한, 복합체의 가장 큰 문제는 원재료의 가격인데, FA의 사용은 비용적인 측면에서도 상당한 이점을 제공한다. 다만, FA 표면의 낮은 마찰력과 표면의 화학적 성질에 의해 FA와 고분자 사이의 낮은 젖음성을 가지는데, 이는 충전제로서의 기능을 일부 제한한다. 이는 FA를 첨가한 고분자 복합체의 물성을 많이 증가시키지 못하는 결과를 일으킬 수 있기 때문이다. 따라서 흔한 표면 변형 기술로는 커플링 에이전트나 계면 활성제를 사용하거나 염기 또는 산 용액을 사용하여 FA의 표면 특성 및 형상을 크게 변화시키는 방법 등이 보고됐다. 하지만, 이러한 염기나 산 등을 사용하면 수질오염 등 폐수 처리가 어려운 추가적인 문제 등이 발생한다. 추가로 이러한 방법들은 성능을 많이 증가시키지 못하는 경우가 있어 연구자들의 지속적인 연구가 필요한 분야이다.

① FA는 그 생산량의 대부분을 매립하고 있지만, 매립보다는 다른 분야에서 활용하는 것이 더 바람직하다.
② FA를 다른 분야에 사용할 때, 비용적인 측면 외에도 많은 장점을 지닌다.
③ FA는 건축재료 외에도 다른 분야에서 사용될 수 있지만, 아직은 대부분 건축 소재로 쓰이고 있다.
④ FA의 입자 형상과 낮은 밀도, 그리고 낮은 마찰력은 고분자 충전제로서 적합한 특성이다.
⑤ FA는 그 자체로도 환경 오염의 소지가 있을 뿐만 아니라, 활용 과정에서도 환경 오염의 소지가 있다.

4. 다음 글의 내용에 부합하지 않는 것은?

음향블랙홀은 러시아의 미로노프라는 학자가 최초로 제시한 개념이다. 판과 보의 두께를 멱 법칙에 따른 형상으로 완만하게 감소시켜 끝단의 두께를 0으로 만들면, 음향블랙홀의 끝단으로 진행하는 굽힘파는 파동의 속도가 무한히 느려져 두께가 0인 끝단에 도달하지 못하게 된다. 따라서, 끝단으로부터 반사되는 파동에너지가 없으므로 음향블랙홀로 입사하는 굽힘파는 마치 블랙홀에 빨려 들어가는 것처럼 반사 없이 모두 음향블랙홀로 흡수된다.

하지만, 두께가 0인 구조물은 현실에서 존재하지 못하므로 음향블랙홀은 미로노프가 최초로 제안한 이후 오랫동안 개념적 구상에 머물러 있었다. 음향블랙홀이 재조명받게 된 것은 2004년 크릴로프의 연구 이후이다. 크릴로프 역시도 끝단 두께의 유한함 때문에 이상적으로 완전한 진동의 감쇠 효과는 얻을 수는 없었다. 다만 음향블랙홀의 끝단에 소량의 점탄성 소산 물질을 부착하여 끝단에 집중된 파동에너지를 매우 효과적으로 감소시킴으로써, 구조물의 효과적인 진동 감쇠가 가능함을 보였다. 크릴로프의 연구 이후 음향블랙홀은 새로운 진동 감쇠 방법으로 재조명받게 되었다.

기존의 진동 감쇠 기술은 진동하는 판과 보의 표면에 두꺼운 점탄성 소산 물질을 부착하여 진동에너지를 감쇠시키는 것이 일반적이었다. 그러나 이러한 기술로 더 많은 진동에너지를 감쇠시키기 위해서는 구조물 표면에 점탄성 소산 물질을 더욱 두껍게 부착해야 하므로 구조물의 무게 증가가 불가피하였다. 이러한 기술의 단점은 진동 감쇠가 중요하지만, 구조물의 무게도 최대한 줄여야 하는 많은 산업 현장에서 바람직하지 않은 것이었다.

반면, 음향블랙홀은 구조물로부터 전파된 파동에너지를 끝단으로 집중시키기 때문에, 적은 양의 소산 물질을 추가하는 것만으로도 무게 대비 매우 효율적인 추가적 진동 감쇠 효과를 얻을 수 있다. 음향블랙홀은 별도의 외부전력 입력이 없는 수동적 진동 감쇠 기술이기 때문에 에너지 측면에서도 효율적이며, 지속가능성이 큰 반영구적 기술이다. 또한, 음향블랙홀의 개념을 이용하면 길이 대비 짧은 파장의 굽힘파가 입사하였을 때 파동의 속도가 충분히 감속되고 끝단에 파동 에너지가 집중되므로, 특히 고주파수 대역에서 진동 감쇠 성능이 뛰어나다.

① 판과 보의 두께가 줄어들수록 파동의 속도는 빨라진다.
② 음향블랙홀을 완벽하게 구현하는 것은 현실에서 불가능하다.
③ 음향블랙홀이 존재한다면 파동에너지를 끝단에 집중시키지만, 끝단에서 반사되지는 않는다.
④ 이상적인 음향블랙홀을 구현할 수 있다면 진동 감쇠를 위해 추가적인 점탄성 소산 물질은 불필요하다.
⑤ 음향블랙홀을 이용하면 외부전력을 소모하지 않고도 기존의 진동 감쇠 기술보다 구조물의 무게를 줄일 수 있다.

5. 다음 글에서 알 수 있는 것은?

1839년 프랑수와 아라고는 프랑스과학원과 예술원의 연합회에서 은판사진술을 자세히 소개하고, 사진술의 특허를 공개하였다. 이 행동은 사진 기술의 공식적인 탄생에 대한 상징으로 간주되지만, 이것이 사진 유형의 다큐멘터리 사진 탄생을 의미하는 것은 아니다. 미국의 매튜 브래디는 미국의 남북 전쟁을 사실 방식으로 촬영하였는데, 그가 객관적이고 개인감정이 배제된 스타일로 기록한 군대와 전장, 그리고 전쟁으로 파괴된 도시는 다큐멘터리 사진의 모범으로 간주된다.

이후 사진가가 사회생활과 도시의 일상생활에 초점을 맞추며, 사진 기술의 객관적 기록 기능을 충실하게 발휘하게 된 것은 산업혁명과 밀접한 관계가 있다. 산업혁명은 각종 긍정적 또는 부정적 결과를 유발했는데, 이는 모두 사진술의 발전으로 이어졌다. 긍정적인 측면은 산업혁명의 성과 표현에 사진 기술이 빈번하게 사용되었다는 것이다. 특히 서양 국가들은 자국이 이룩한 중대한 건설 성과, 예를 들어 공장, 다리, 성당 등을 자랑하기 위해 사진을 촬영하여 홍보하였다. 부정적 측면은 산업혁명이 초래한 일련의 사회문제를 초래하였고, 이를 올바른 뜻을 지닌 사진가들이 사진을 통해 밝히고자 했다는 것이다.

예를 들어 초기 영국 다큐멘터리 사진가 존 톰슨이 1877년 출판한 사진첩은 런던 길거리의 가난한 민중들을 기록하였다. 또한, 미국의 사진기자 루이스 하인은 1908년부터 1917년까지 미국 '전국아동노동위원회'에서 활동하면서 아동 노동자의 비참한 삶을 반영한 많은 다큐멘터리 사진을 촬영하였다. 이 사진들이 미디어에 게재된 후 대중의 격렬한 분노를 일으켰으며, 이로 인해 미국 의회는 '아동노동자 고용 금지법안'을 통과시켰다. 결국, 이 시기 사회에 대한 개선 의도가 19세기 말 다큐멘터리 사진에 담기게 되었을 뿐만 아니라 대중의 관심을 받았다.

또한, 초기 다큐멘터리 사진의 발전과 역할은 식민주의의 세계적인 확장과도 관련되어 있다. 산업혁명은 식민지 개척을 위한 기술과 자금을 제공하였고, 개척을 위한 해외 현지 조사의 기록 수단으로써 다큐멘터리 사진이 사용되었다. 대표적으로 존 톰슨은 1869년에 홍콩을 방문하였고, 이후 청나라 말기 중국의 많은 지역을 방문하여 당시 중국인의 생활 생태와 사회 모습을 대량 기록한 바 있다.

① 최초의 다큐멘터리 사진은 미국에서 촬영되었다.
② 산업혁명 이후에도 사진가들은 수동적으로만 활동하였다.
③ 다큐멘터리 사진은 법안을 통과시키는 계기가 되기도 하였다.
④ 1900년도 이전부터 중국에서는 다큐멘터리 사진이 유행하였다.
⑤ 다큐멘터리 사진은 사회생활과 도시의 일상생활을 초점으로 삼아 사회 문제를 폭로하기 위해서만 사용되었다.

6. 다음 글의 내용에 부합하는 것만을 <보기>에서 모두 고르면?

일본은 독도에 대한 영유권을 주장하고 있고, 동시에 일본 지식인들을 중심으로 독도에 대한 군사력 지배설을 주장하고 있다. 이에 대응하여 독도를 수호하고 한국의 고유 영토로 공고히 하기 위한 한국정부의 독도방위전략에는 크게 실효적 지배의 강화와 선포, 해군력 강화 전략, 독도 방어개념 전환 등 세 가지 측면이 있다.

독도 분쟁에 대한 평화적 대응 전략의 하나로 실효적 지배의 강화와 천명을 들 수 있다. 실효적 지배란 국제법상 국가가 당해 영토에 대해서 통치권-행정권, 입법권, 사법권-적 국가 권능을 평화적이고 지속적으로 행사하는 것을 의미하는 것으로 이에 대한 법적·제도적 장치를 재점검할 필요가 있다. 독도를 한국이 실효적으로 지배하고 있음을 공고히 하기 위해서는, 독도가 해양법상 완전한 도서로서의 법적 지위를 확고히 인정받을 수 있도록 유인 도서화를 추진해야 한다. 즉, 우리 국민이 독도에서도 실제로 생활할 수 있다는 것을 보여주어야 한다.

또한, 일본의 적군파와 같은 과격단체가 군사적 점령으로 지배한다면 어떻게 대응할 것인가와 같은 극단적 상황에 대한 대책이 강구되어 있어야 한다. 일본에서는 1990년대 초부터 지식인들을 중심으로 독도에 대한 무력 점령 시나리오가 매우 구체적으로 제시되고 있다. 한국의 독도방위전략은 기본적으로 해군력으로 평가할 수 있다. 그러나 애석하게도 동해를 같이 사용하고 있는 주변 국가들에 비해 한국의 해군력이 가장 열세하다는 점에서, 독도를 수호할 수 있는 최소한의 군사력을 확보해 나가는 것이 현실적이며 바람직하다.

또한, 독도에 대한 방어전략의 개념적 전환이 필요하다. 그 구체적인 내용으로 독도에 대한 영토, 영해, 영공에 대한 방어전략은 국민의 생명과 주권을 수호하는 군대의 의무라는 차원에서 출발해야 한다. 현재 독도에는 치안을 위해 경찰력이 배치되어 있고 작전도 경찰작전으로 수행되고 있다. 경찰이 군대보다 나약하거나 실효성이 떨어진다는 논리가 아니라, 독도에는 타국의 군대가 침략해 오는 상황에서 경찰력으로 이를 상대하기에는 무리가 있을 수 있다. 따라서 독도가 동해의 가장 동쪽 끝 우리 영토라고 한다면, 휴전선과 같이 군대가 파견되어 무력 도발에 대한 군사적 작전개념의 형태로 대응하는 것이 바람직하다는 것이다.

<보 기>

ㄱ. 독도에 인간이 독립적으로 생활할 수 있는 기반시설을 확충하는 것이 필요하다.
ㄴ. 주위 국가들을 압도할 수 있는 충분한 군사력을 확보하는 것이 필요하다.
ㄷ. 군대 파견으로 일본의 무력 도발의 빌미를 제공하기보다는, 경찰력을 통해 방어하는 것이 필요하다.

① ㄱ ② ㄴ
③ ㄱ, ㄷ ④ ㄴ, ㄷ
⑤ ㄱ, ㄴ, ㄷ

7. 다음 글에서 추론할 수 있는 것은?

최근 우리나라에서 발생하고 있는 지진, 태풍, 집중호우, 대형 산불 등으로 인해 사회·경제적 피해가 급증하고 있는 가운데, 문화재의 피해 규모 역시 점점 커지고 있다. 특히 자연유산은 지진, 태풍 등의 자연재해에 취약한데, 예측하기 어려운 자연재해가 광범위하게 발생하고 있어 심각한 상황이다. 지난 2016년에 발생한 경주 지진과 2017년에 발생한 포항 지진은 대한민국 지진관측 이래 가장 강력한 지진으로, 경주의 불국사 대웅전, 석굴암, 첨성대, 정혜사지 삼층석탑 및 포항의 보경사 적광전과 승탑, 달전리 주상절리 등 해당 지역의 국가지정문화재에 크고 작은 피해가 발생한 바 있다.

특히 달전리 주상절리는 구배(勾配)가 1:0.7 이상의 급경사이고, 높이가 20m 이상이며 탐방로에 인접하고 있어 지진에 의한 낙석 발생 또는 붕괴로 인한 인명 피해의 우려가 지역사회와 시민단체 등으로부터 지속적으로 제기되고 있다. 또한, 일부 시민들은 포항시에 지진에 의한 달전리 주상절리의 붕괴대책 마련을 요구하였다. 이를 계기로 달전리 주상절리의 낙석발생 원인을 파악하기 위해 2018년부터 문화재청 국립문화재연구원 자연문화재연구실에서 장기간의 모니터링을 시작하였다.

달전리 주상절리에 대한 안정성 확보와 장기적 보존을 통한 관리대책을 수립하기 위해서는 주상절리에 영향을 미치는 내·외부 위험요인을 정확하게 파악하는 것이 중요하다. 그러나 지금까지 국내 주상절리에 관한 연구는 대부분이 생성원인과 형태학적, 암석학적 연구에 국한되어 있다. 따라서 주상절리의 거동과 변형에 관한 연구가 거의 전혀 없어 낙석 등 파괴를 일으키는 다양한 원인에 대한 정보를 제공하지 못하고 있다.

일반적으로 낙석은 암반 내 분포하는 불연속면의 이완으로 인하여 암편 및 암석이 암반과 분리되면서 중력 방향으로 낙하하는 현상으로서, 그 원인은 크게 내부요인과 외부요인으로 설명할 수 있다. 내부요인에는 절리, 풍화 상태, 점토광물 존재 등과 같은 요인이 있으며, 외부요인으로는 자연재해적인 요인과 인위적인 요인으로 다시 구분할 수 있다. 자연재해적인 요인에는 강우, 지진 등이 있으며, 인위적인 요인에는 비탈면 깍기, 발파 등이 해당한다. 이러한 내·외부요인이 단독 또는 복합적으로 작용하여 낙석이 발생한다. 다만 2000년부터 천연기념물로 지정된 달전리 주상절리는 문화재보호법에 의해 관리·보호되고 있어 인위적인 요인을 주요 요인으로 보기 어렵다.

① 인위적인 문화재보다 자연유산이 자연재해에 더 취약하다.
② 2017년에 발생한 포항 지진은 천연기념물에 피해를 줬다.
③ 시민들은 2017년 포항 지진 이전부터 달전리 주상절리의 붕괴대책 마련을 요구하였다.
④ 달전리 주상절리에 관한 연구는 전혀 없어, 충분한 관리대책을 마련하기 어려운 실정이다.
⑤ 달전리 주상절리는 자연재해적 요인만 관리하면 낙석발생을 예방할 수 있다.

8. 다음 글에서 추론할 수 있는 것만을 <보기>에서 모두 고르면?

평면 위의 한 점에서 일정한 거리에 있는 점들의 자취가 원이라면, 서로 다른 두 점에서 잰 거리의 합이 일정한 점들의 자취는 타원이 된다. 타원의 모양은 원을 한 방향으로 늘이거나 줄인 모양으로 단순하다. 타원을 작도하는 가장 간편한 방법은 '정원사의 타원' 작도법이다.

우선 원을 그리기 위해서는 끈으로 고리를 만들고 고리의 한쪽은 고정된 못에 걸고 다른 한쪽은 연필에 걸어, 고리가 팽팽하게 하여 연필을 못 주위로 한 바퀴 돌리면 된다. 타원도 이와 비슷하게, 못을 일정한 거리를 두고 두 개 박고 두 못과 연필에 고리를 걸고 고리를 팽팽하게 당겨 두 못 주위를 한 바퀴 돌리면 타원을 그릴 수 있다. 이때 못 사이의 거리와 고리의 길이에 따라 타원의 모양이 달라진다. 끈이 길거나 못 사이 거리가 짧을수록 둥근 모양이고, 반대면 납작한 모양이 된다.

타원의 한 초점에서 나온 소리나 빛은 타원 내에서 반사되어 다른 초점을 통과한다. 같은 시점에 출발하여 같은 속도로 진행한다면 출발 방향이 다르더라도 타원의 경계에서 한 번 반사되어 같은 시간에 다른 초점에 도달한다. 이 성질로 인해 타원은 여러 곳에서 이용되기도 하고, 때로는 기피 대상이 되기도 한다.

타원의 성질이 이용되는 것으로는 신장결석분쇄기가 있다. 신장에 생긴 결석을 배출하기 쉽게 잘게 부수기 위해서 타원의 성질이 사용되는 것이다. 타원의 한 초점에 초음파 발생기를 놓고 다른 초점에는 환자의 결석이 자리 잡게 한다. 그러면 한 초점에서 나온 초음파가 타원에서 반사되어 다른 초점에 놓인 결석에 집결하여 진동을 일으켜 결석을 부순다. 초음파를 직접 결석으로 발사할 경우 초음파가 통과하는 길에 있는 생체조직이 손상을 입을 수 있다. 하지만 타원을 이용하면 초음파가 여러 방향으로 약하게 분산되어 생체조직에는 영향이 없을 정도로 진행하므로, 조직 손상이 없이도 결석에 집결시킬 수 있다.

<보 기>

ㄱ. 타원의 한 초점에서 나온 빛이 소멸하지 않는다면, 다시 그 초점으로 돌아올 것이다.
ㄴ. 다른 조건이 일정할 때, 서로 다른 두 점에서 잰 거리의 합이 짧을수록 타원이 납작해진다.
ㄷ. 신장결석분쇄기에서 초음파가 발생하여 결석에 결집할 때까지 이동한 거리는 모두 같다.

① ㄱ
② ㄷ
③ ㄱ, ㄴ
④ ㄴ, ㄷ
⑤ ㄱ, ㄴ, ㄷ

9. 다음 글의 핵심 논지로 가장 적절한 것은?

일반적으로 사람들은 다양한 정보에 사용되는 각종 수치를 수집하여 첫째 자리의 숫자를 조사해보면, 1에서 9까지의 숫자들이 각각 11.1%(1/9)의 비슷한 확률로 나타날 것으로 예측할 것이다. 하지만 벤 포드 법칙에 따르면 다양한 데이터의 첫 번째 자리의 수가 1인 경우가 많은 것처럼, 첫 번째 자리에 오는 숫자는 고르게 분포되어 있지 않다. 미국의 물리학자 벤 포드는 강 335개의 넓이, 물리학 상수 104가지, 분자 중량 1,800가지 등 20개 분야 자료들의 첫 자릿수의 분포를 분석해 이를 공식화하였다.

현실에서 벤 포드 법칙 따르는 경우는 신문상의 자연수나 인구 조사 등 많이 발견할 수 있다. 사회현상에서 나타나는 수치들의 실제 빈도와 벤 포드 법칙의 예상 빈도를 비교함으로써 해당 수치들의 진위를 검증할 수 있다. 실제 빈도가 벤 포드 법칙의 예상 빈도와 부합되지 않는다면 조작 가능성이 있음을 암시한다고 할 수 있다. 학계에서도 벤 포드 법칙이 절대적인 법칙은 아니지만, 수치의 신뢰성에 대한 일차적 검증기능의 의미는 있다고 주장한다.

2001년 수학자이자 회계학 교수인 니그리니가 '엔론'의 회계장부가 조작되었다는 사실을 벤 포드 법칙을 이용하여 밝혀내면서 다양한 데이터의 검증에 활발히 이용되기 시작했다. 또한, 2015년에는 벤 포드 법칙을 이용하여 MS사의 재무상태표 회계 수치를 검증한 결과, 재무상태표 계정과목들의 첫째 자리와 둘째 자리 수치에서 벤 포드 법칙을 따르고 있음을 확인하였다. 재무상태표 계정과목들의 수치들처럼 사회에서 나타나는 수치들도 자연현상을 따른다는 것이 확인되면서, 인위적인 수치 왜곡을 판단할 때 벤 포드 법칙이 활용될 수 있음을 보여준 것이다.

벤 포드 법칙은 데이터가 많아야 결과가 정확해진다는 점과 변수들의 관계를 나타낼 수는 없다는 한계점이 존재한다. 그러나 회계정보데이터가 가지는 잠재적 문제를 알아내는 방법으로는 가장 손쉬운 방법이라는 점에서, 외부의 회계감사자들이 기업 내부 회계정보데이터의 오류를 확인하는 첫 번째 단계에서 매우 유용한 방법임은 틀림없다. 이에 따라 미국 국세청은 의심스러운 탈세와 부실 소득신고를 찾아내는 프로그램에 벤 포드 법칙을 사용하고 있으며, 캘리포니아를 포함한 여러 주와 세무서에서도 벤 포드 법칙을 바탕으로 한 탐지 시스템을 운용하고 있다.

① 현실의 상황에서는 벤 포드 법칙을 따르지 않는 경우보다 따르는 경우가 더 많다.
② 벤 포드 법칙은 절대적인 법칙은 아니지만, 다양한 수치들의 일차적인 검증수단으로 유용하다.
③ 실제로 벤 포드 법칙이 활용된 사례들을 통해, 학계의 주장을 반박할 필요가 있다.
④ 벤 포드 법칙을 검증수단으로 활용하기 위해서는 한계점을 보완해야 한다.
⑤ 미국의 공공기관에서 벤 포드 법칙을 사용하고 있을 정도로 벤 포드 법칙은 정확성이 높다.

10. 다음 글의 빈칸에 들어갈 말을 적절하게 짝지은 것은?

암 발생과정에 관여하는 유전자는 그 기능에 따라 크게 두 가지 그룹, A 유전자와 B 유전자 그룹으로 나눌 수 있다. 이 두 그룹의 유전자는 평상시에는 세포의 성장, 세포 주기 조절, 세포 분화, 신호 전달, DNA 복구 기전 등을 조절하는 기능을 수행하고 있다. 돌연변이에 의해 이 유전자들의 기능이 변형되면서, 세포의 성장이 정상적으로 조절되지 않고 무한으로 반복되면서 암세포로 변형된다고 알려져 있다. 연구에 따르면 암 발생에 관련된 유전자는 700여 개 이상 존재할 것으로 추정되며, 이 수는 연구가 발전할수록 늘어날 전망이다.

A 유전자 그룹과 B 유전자 그룹은 돌연변이에 의해 유전자 기능에 변형이 발생한 것으로, 그 결과 정상 세포를 암세포로 변형시킨다. A 유전자의 돌연변이는 유전자의 산물인 단백질이 비정상적으로 활성화되어 유전자 발현 조절 과정에 이상이 생기고, 이로 인해 세포가 급격하게 증식하게 되는 것이다. 이때 돌연변이가 되기 전의 정상 유전자를 원발암 유전자로 부르기도 한다. 반면, B 유전자의 정상 역할은 A 유전자와 반대 개념을 가진다. 즉, 정상상태의 경우 세포 증식을 억제하는 유전자들과 증식을 유도하는 유전자들의 기능 조합으로 인해 세포의 증식은 적절하게 조절된다. 그러다 B 유전자에 돌연변이가 발생하면, 단백질이 비활성화되어 억제 기능을 상실하게 되면서 암세포가 발생하게 되는 것이다.

이를 자동차 운전에 비교하면, [㉠]의 돌연변이는 브레이크 페달의 기능을 상실하여 자동차를 멈출 수 없게 되는 경우이고, [㉡]의 돌연변이는 액셀러레이터 페달이 혹은 그 과정이 고장 나서 끊임없이 자동차에 동력을 전달하는 경우와 흡사하다. 예를 들어, K-Ras 단백질은 세포 외부의 성장 호르몬의 신호를 인식하고 그 신호를 세포 내로 전달하여 세포가 증식할 수 있게 해준다. 그러나 돌연변이로 인해 이 단백질이 외부 성장 호르몬의 존재 여부와 관계없이 항상 활성화 상태가 된다면, 세포에 증식하라는 신호를 끊임없이 전달하게 되고 그 결과 정상 세포가 암세포로 변형되는 것이다. 따라서 K-Ras의 돌연변이는 [㉢]의 문제로 볼 수 있다.

	㉠	㉡	㉢
①	A 유전자	B 유전자	A 유전자
②	A 유전자	B 유전자	B 유전자
③	A 유전자	B 유전자	두 유전자 모두
④	B 유전자	A 유전자	A 유전자
⑤	B 유전자	A 유전자	B 유전자

11. 다음 글의 내용이 참일 때, 반드시 참인 것은?

지구는 남반구와 북반구로만 나누어져 있다. 선진국에 사는 사람들은 모두 살이 쪘다. 그런데 남반구에서 선진국에 사는 사람들은 모두 키가 크다. 반면 남반구에서 선진국에 살지 않는 사람들은 모두 행복하다. 한편 북반구에서 선진국에 살지 않는 사람들은 키가 크지 않다. 예슬이는 지구에 살며 살이 찌지 않았다.

① 예슬이는 행복하지 않다.
② 예슬이는 키가 큰 사람이 아니다.
③ 만약 예슬이가 행복하지 않다면, 예슬이는 키가 크지 않다.
④ 만약 예슬이가 북반구에 산다면, 예슬이는 키가 크다.
⑤ 만약 예슬이가 남반구에 산다면, 예슬이는 키가 크지 않다.

12. 다음 글의 내용이 참일 때, 항상 참인 것은?

○ A, B, C, D, E와 甲, 乙, 丙, 丁, 戊는 각각 팀을 이루어 1, 2차전에 걸쳐 맞붙으려 한다.
○ 1차전과 2차전은 각각 5개의 시합으로 이루어져 있으며, 각 팀의 모든 구성원은 5개의 시합 중 하나에 출전한다. 단, 하나의 시합은 1대1 대결의 형식이다.
○ 1차전에서 C와 붙은 사람은, 2차전에서 B와 맞붙었다.
○ 乙은 동일한 상대와 1차전, 2차전을 모두 맞붙었다.
○ 2차전에서 戊는 C와 맞붙었고, 甲은 D와 맞붙었다.
○ E는 甲 또는 丁과는 맞붙지 않았다.
○ 1차전에서 丙은 E와 맞붙었다.

① 1차전에서 A와 맞붙은 사람은 2차전에서 E과 맞붙었다.
② 1차전에서 B와 맞붙은 사람은 2차전에서 D와 맞붙었다.
③ 1차전에서 D와 맞붙은 사람은 2차전에서 C와 맞붙었다.
④ 1차전에서 丁과 맞붙은 사람은 2차전에서 戊와 맞붙었다.
⑤ 1차전에서 戊와 맞붙은 사람은 2차전에서 丁과 맞붙었다.

13. 사무관 A ~ D는 각각 천 원권, 오천 원권, 만 원권, 오만 원권의 4가지 지폐 중 2가지씩을 가지고 있다. 다음 글의 내용이 참일 때, 항상 참인 것은? (단, 천 원권과 오천 원권을 같이 가지고 있는 사람은 없다.)

> ○ A, B, D는 한 가지 지폐를 공통으로 가지고 있지만, 다른 하나는 각자 다 다르다.
> ○ A는 만 원권을 가지고 있지 않다.
> ○ C는 오천 원권을 가지고 있다.
> ○ B와 C는 공통으로 가지고 있는 지폐가 없다.

① A와 B는 오천 원권을 가지고 있다.
② A와 C는 만 원권을 가지고 있다.
③ A와 D는 오만 원권을 가지고 있다.
④ B와 D는 천 원권을 가지고 있다.
⑤ C와 D는 오천 원권을 가지고 있다.

14. 가국부터 아국까지 8개 국가가 월드컵 8강에 올랐다. 8개 국가는 알파벳 기호 A~H에 무작위로 배치되어 토너먼트 형식으로 경기를 진행하였고, 최종 우승은 가국이 차지했다. 다음 내용이 모두 참일 때, <보기>에서 반드시 참인 것만을 고르면?

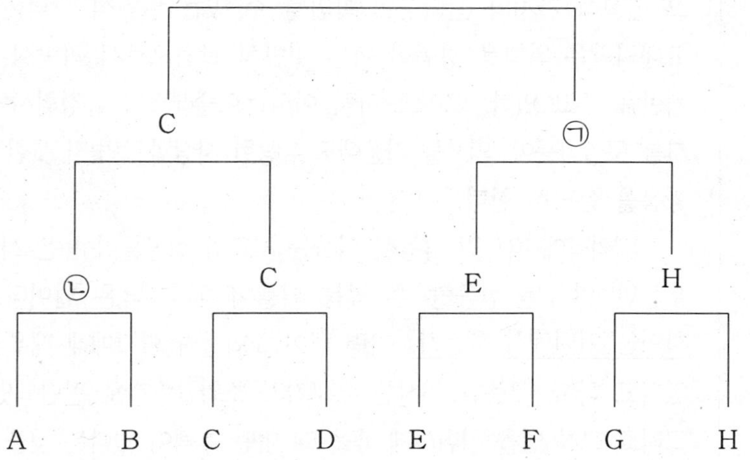

> ○ 가국은 라국과 바국을 이겼다.
> ○ 다국은 4강에서 탈락했다.
> ○ 라국은 아국에 이겼다.
> ○ A는 마국이고, F는 사국이다.
> ○ C는 가국이 아니다.
> ○ 가국은 라국을 결승에서 만나지는 않았다.

<보 기>

ㄱ. C는 바국이다.
ㄴ. ㉠에는 E가, ㉡에는 B가 들어간다.
ㄷ. 각각의 알파벳 기호에 해당하는 국가를 모두 알 수 있다.

① ㄱ
② ㄷ
③ ㄱ, ㄴ
④ ㄴ, ㄷ
⑤ ㄱ, ㄴ, ㄷ

15. 다음 글을 토대로 ㉠에 대한 답으로 적절한 것은?

> '고대의학'은 검증 불가능한 가설을 단순히 경험과 숙련에 기대어 비판하지 않고, 체액이론·힘이론 같은 이론을 가지고 정면으로 비판한다. 체액이나 힘은 본질적으로 하나의 가설이고, 경험들로부터 그 인식적 가치와 신뢰성이 확인될 수 있는 일반적 관념이다. 즉, 고대의학은 의학을 경험이 아닌 일반적 관념으로서 과학적 가설에 기반을 두고 있다. 그리고 마치 아리스토텔레스가 유경험자와 기술자를 구별하듯이, 의사들 가운데도 유능한 사람과 그렇지 못한 사람이 있음을 분명히 한다.
>
> 고대의학에 따르면 유능한 의사는 치료의 성공률이 높은 사람이고, 무능한 의사는 성공할 수 있는 확률이 매우 낮은 법이다. ㉠ 이 차이는 어디에서 오는가? 가령 빵이 소화불량 환자에게 매우 효력이 있다고 하자. 무능한 의사는 누군가가 소화불량자로 판단되었을 때, 그리고 그가 빵을 섭취하게 했을 때 어떤 효력이 있다는 것을 경험적으로 확인하는 데 만족한다. 그가 아는 것은 빵을 섭취했을 때 빵이 함유한 특정 재료 때문에 그 증상이 실제로 사라졌다는 것 정도일 것이다. 그래서 그는 이런 경험을 바탕으로 처방하고, 모든 소화불량자로 보이는 사람들에게 그의 신체의 상태를 불문하고 동일한 처방을 내릴 것이며, 결국 치료에서도 잘못에 빠질 위험을 증대시킬 수밖에 없을 것이다. 동일한 빵에 모든 사람들이 동일하게 반응하지 않을 수 있기 때문이다.
>
> 반면 유능한 의사는 단순히 빵의 섭취 결과를 경험적으로 확인하는데 멈추지 않고, 또 이것에 근거하여 모든 소화불량자를 동일하게 치료하지 않을 것이다. 무능한 의사는 의학을 익히면서 어떤 질병에 좋은 음식이 무엇인지, 특히 그 음식의 어떤 성분이 그런 효력을 내는 것인지를 묻고 탐구하겠지만, 유능한 의사는 그런 물음과 탐구를 하긴 하겠지만 큰 의미를 두지 않는다. 가령 빵이 소화불량에 큰 효력을 낼 경우, 빵의 재료가 무엇인지를 아는 것은 전문가로서 의사에 부합하는 일이 아니다. 동일한 것도 그것이 수확되는 계절이나 장소에 따라 다른 효력을 낼 수 있기 때문이다.
>
> 따라서 의사는 빵의 재료에 대해 단순한 사실 확인의 단계를 넘어 그것이 어떤 성장 상태에서, 하루 중 어느 때에 수확된 것인지에 따라 많은 차이가 나는 것을 알아야 한다. 그리고 최종적으로 빵의 여러 재료에 내재한 힘들이 어떤 효능을 갖고 이 힘들이 신체 내의 다른 힘들과 결합할 때도 동일한 효력을 내는지, 모든 사람이 그것에 동일하게 반응하는지 아닌지에 관해서도 알아야 한다.

① 약과 환자가 상황에 따라 달라질 수 있음을 고려하는지 여부
② 동일한 증상의 환자들에게 동일하게 처방하는지 여부
③ 소화불량에 효과적인 빵의 성분이 무엇인지를 아는지 여부
④ 경험을 바탕으로 환자에게 처방하는지 여부
⑤ 증상에 효과를 보이는 음식이 무엇인지 탐구하는지 여부

16. 다음 글에서 추론할 수 있는 것은?

> 조각이란 여러 재료를 이용하여 삼차원의 공간 속에 입체를 구현해내는 예술이다. 이처럼 삼차원의 입체예술이라는 점이 조각이 지닌 첫 번째 특징이다. 평면예술인 회화가 한 방향에서 감상이 이루어진다면, 입체예술인 조각은 사방에서 감상이 이루어진다. 조각은 실재하는 형상과의 유사성을 표현할 수 있고, 인체의 아름다움이나 인간의 여러 양상을 생생하게 표현할 수 있다는 점에서 고유의 표현력을 지니고 있다. 특히 조각은 빛의 영향이 매우 중요하다. 조각 감상에서 '광선'이 중요한 요소로 작용하여, 빛이 들어오는 방향과 빛의 세기에 따라 작품이 결정적으로 달리 보이게 된다. 밝은 날과 흐린 날에 찍은 사진이 전혀 다르듯이 조각 작품 역시 자연광선인지 인공 광선인지, 빛의 방향과 세기, 조명의 색까지 중요하다.
>
> 두 번째 특징은 시각적인 측면과 촉각적인 측면 모두 중요하게 작용한다는 점이다. 회화가 시각을 통해서만 감상 된다면, 공간을 점유하고 있는 입체물인 조각은 시각적인 특징과 더불어 촉각적인 특징을 지니고 있다. 공간 자체에 대한 지각뿐만 아니라, 조각 자체를 촉각을 이용하여 감상함으로써 재료마다 지닌 고유의 질감과 같은 특성뿐만 아니라 작가의 제작 과정을 짐작해볼 수 있다. 과거 금속, 점토, 돌, 밀랍, 나무로 분류되었던 조각의 재료는 현대에 이르러 유리, 플라스틱, 재활용품, 기계부품, 영상기기 등 점차 다양해지고 있다. 재료마다 달라지는 조각 표현 기법이 다양한 재료와 주제를 표현할 수 있도록 확장성의 효과를 줄 수 있다.
>
> 인간은 3차원의 세상에서 살고 있으며, 접하는 대상들 역시 대부분 3차원이다. 인간이 공간을 지각하고, 양감이나 질감을 인지하는 것은 태어날 때부터 가능한 것이 아니라 학습을 통해 발달과정을 거쳐 터득되는 것이다. 따라서 조각에 대한 감상과 교육을 통해, 이러한 인간의 인지능력을 향상하는데 도움이 될 수 있다. 특히 조각 감상 교육이 실행될 때는 조각 작품의 조형적 특성을 생생하게 체험할 수 있도록 실물 기반 중심의 체험 학습이 이루어지도록 계획이 요구된다. 조각이 지니는 고유의 특징인 전후좌우의 감상과 공간 자체의 체험, 촉각적 요소의 경험을 제공해줄 수 있다면 학생들이 흥미를 지니고 적극적인 수업 참여를 가능하게 할 것이다.

① 조각은 회화나 사진과 달리 감상하는 방향과 촉각적 특징, 그리고 빛의 세기가 감상에 영향을 미친다.
② 조각 재료는 작품의 제작뿐만 아니라 작품의 감상에도 영향을 미친다.
③ 조각 작품에 대한 감상이 아닌 작품 공간 자체의 체험만으로는 인간의 인지능력 발달에는 도움이 되지 않을 것이다.
④ 평면예술과 입체예술은 실재하는 형상을 그대로 반영하고자 한다는 점에서 유사하다.
⑤ 회화와 조각은 체험형 교육을 통해 학생들의 흥미를 유발할 수 있다.

17. 다음 글에서 추론할 수 있는 것만을 <보기>에서 모두 고르면?

자연계에 존재하는 수많은 힘들은 중력·강력·약력·전자기력의 4가지 기본적인 힘의 상호작용으로 만들어진다. 이 가운데 중력에 대한 근본적인 이해는 알버트 아인슈타인이 1915년에 발표한 일반상대성이론의 틀 내에서 이루어지고 있다. 일반상대성이론은 고전물리학의 틀 안에서 정립된 이론으로, 중력에 대한 양자역학적 이해는 이루어지지 못하고 있다. 반면 나머지 3가지 힘은 양자장론을 통해 이해가 가능하다.

결과적으로 양자중력이라 함은 중력의 상호작용을 양자화하려는 시도로 볼 수 있는데, 일반상대성이론은 재규격화할 수 없으므로 이를 양자화하기가 쉽지 않다. 대표적인 문제점은 입자의 질량이 무한한 값이 되는 것이다. 이러한 문제를 해결하기 위하여 과학자들은 다른 방식으로 접근을 시도하고 있으며, 대표적으로 끈 이론과 루프양자중력 이론이 있다. 루프양자중력 이론은 중력만을 대상으로 하는 이론으로, 중력을 자연계의 나머지 3가지 힘과는 독립적으로 양자화하기 위한 것이다. 반면, 끈 이론은 점입자의 개념을 기반으로 정립된 양자장론을 1차원 물체인 끈에 기반한 양자이론으로 대체하는 것이다.

끈 이론에 따르면 근본적으로 동일한 한 가지 끈이 다양한 진동 양상을 가질 수 있는데, 이런 다양한 진동 양상들이 서로 다른 전하의 입자로 발현될 수 있다. 이런 관점에서 끈 이론은 현재 존재하는 모든 힘과 입자를 한 가지 이론으로 통합할 수 있는 잠재력을 가진다. 실제로 중력을 매개하는 입자로 예측되는 중력자 역시 1차원 끈의 한 가지 양상으로 기술할 수 있다. 다만, 현재 고에너지 입자 물리학의 기술로 접근할 수 있는 크기에서는 이 입자와 끈을 관측하는 것이 불가능하므로, 끈 이론을 실험적으로 검증하는 것은 현재로서는 불가능하다.

실험적으로도 어려움이 존재하는데, 중력은 자연계에 존재하는 4가지 힘 중에서 가장 약하고 양자화된 중력이 관계된 현상은 현재의 기술력으로는 관측할 수가 없다. 중력의 양자역학적 효과는 플랑크 크기라고 하는 미터 규모에서만 나타나리라고 예측되기 때문이다. 이렇게 작은 규모의 물리적 현상을 관측하기 위해서는, 현재 입자 가속기로 도달할 수 있는 에너지보다 훨씬 큰 에너지가 필요하다. 하지만 앞으로 고도의 천체망원경을 통해 블랙홀을 더 자세히 관측할 수 있게 된다면 상황은 크게 달라질 것으로 전망된다.

<보 기>

ㄱ. 양자장론을 통해서 이해 가능한 힘들은 루프양자중력 이론으로는 설명되지 않는다.
ㄴ. 끈 이론은 자연계의 4가지 기본적인 힘을 한가지 이론으로 통합할 수 있는 잠재력을 지닌다.
ㄷ. 중력자와 중력의 양자역학적 효과는 기술의 한계로 인해 관측이 어려운 상황이다.

① ㄱ
② ㄴ
③ ㄱ, ㄷ
④ ㄴ, ㄷ
⑤ ㄱ, ㄴ, ㄷ

18. 다음 글의 ㉠과 ㉡에 대한 평가로 적절한 것만을 <보기>에서 모두 고른 것은?

유상증자란 회사가 설립된 후에 발행예정 주식 총수의 범위 내에서 미발행한 부분을 발행하여 설비자금, 부채상환, 운전자금 등의 기업 목적을 달성하기 위해 기업 활동에 필요한 자금을 조달하는 재무활동이다. 주식을 분산하거나 유통 주식 수를 늘려 주식거래를 활성화하게 하여 주가를 안정시키거나 경영권 안정과 주주들에게 이익을 얻는 효과도 거둘 수 있다. 유상증자의 효과에 대해서는 대표적으로 투자기회 가설과 가격압박 가설이 있다.

㉠ <u>투자기회 가설</u>에 따르면, 기업은 수익성이 높은 신규 투자기회가 많아질 때 부채만으로 필요한 자금을 충당하기 어려우므로 유상증자를 통해 자금을 조달한다. 이때 신규투자 기회에 대한 순현재가치가 유상증자로 인한 기존 주주의 손실을 충분히 보완할 수 있는 경우 유상증자에 관한 재무의사결정을 할 수 있고, 그렇지 못한 경우 순 현재가치가 양(+)이라 할지도 유상증자에 관한 재무의사결정을 할 수 없을 것이다. 이처럼 기존주주의 손실에도 불구하고 경영자가 유상증자의 재무의사결정을 하는 것은 기업이 유상증자를 통한 자금으로 충분히 순 현재가치를 거둘 우량한 투자기회가 있기 때문이다. 결국, 유상증자 공시는 투자자에게 긍정적인 정보로 해석되고 이를 통해 양(+)의 효과가 있는 것으로 예측된다.

반면, ㉡ <u>가격압박 가설</u>은 주식의 수요곡선이 우하향한다고 가정하고, 주식가격이 공급량과 상관없이 일정하지 않고 공급량의 증가에 따라 주가가 하락한다고 보는 가설이다. 신주발행으로 주식의 공급량이 증가하면 일시적으로 주식가격이 하락하며 기존투자자들과 일반 투자자들의 신주 매입으로 이어진다. 따라서 일정 기간이 지난 후에는 주가가 다시 상승할 것으로 예측된다. 주식가격이 다시 상승해야만 실현수익률이 증가하며, 이렇게 증가된 수익률은 완전분산을 달성하지 못한 포트폴리오의 보유에서 발행하는 위험에 대한 보상이 될 수 있다.

<보 기>

ㄱ. 기존 주주들은 ㉠보다는 ㉡을 지지할 것이다.
ㄴ. 신주발행 직후에 주가가 상승했다면, ㉠은 강화되고 ㉡은 약화된다.
ㄷ. 유상증자가 신규투자 기회에 따라 이루어졌다면, ㉠은 강화되고 ㉡은 약화된다.

① ㄱ
② ㄴ
③ ㄱ, ㄷ
④ ㄴ, ㄷ
⑤ ㄱ, ㄴ, ㄷ

[19~20] 다음 글을 읽고 물음에 답하시오.

제4차 산업혁명이 도래하고 인공지능 로봇의 자율성이 높아지면서 그동안 연구되지 못했던 로봇윤리가 최근에 다시 주목받기 시작했다. 현재 로봇윤리의 개념은 학문적으로 명확하게 정립되지 않았고, 각 학자마다 로봇윤리의 개념을 다양하게 정의하고 있다. 로봇윤리의 개념은 인간이 주체가 되는 윤리와 로봇이 주체가 되는 윤리의 의미가 혼재되어 사용되고 있는 실정이다.

먼저, 인간이 주체가 되는 윤리라는 것은 로봇으로 인해 인간의 삶에서 일어나는 여러 윤리적 문제들을 해결하기 위해 인간이 지켜야 할 로봇윤리를 말한다. 인공지능 로봇이 가져올 수 있는 윤리적 문제에 대해 옳고 그름을 판단할 수 있는 기준들에 따라 검토하는 '응용윤리로서의 로봇윤리'와 로봇 공학자, 제작자 등이 기술적인 측면에서 지켜야 할 윤리인 '공학윤리로서의 로봇윤리'로 구분할 수 있다. 각 분야에서 인공지능 로봇의 활용도가 높아지면서 많은 단체와 학자들은 인공지능 로봇의 안전 등을 강조하며 인간이 주체가 되는 로봇윤리를 강조해왔다.

다음으로 로봇이 주체가 되는 윤리는 미래 로봇기술이 더욱 발전하게 되면 로봇이 인간을 뛰어넘는 자율성을 가질 수 있다는 가정 하에 로봇이 지켜야 하는 윤리원칙이다. 1942년에 로봇윤리의 개념을 처음으로 제시한 아시모프도 로봇이 스스로 윤리를 만들고 지킬 수 있다는 가정 하에, 로봇윤리를 로봇이 스스로 지켜야 할 '로봇윤리 3원칙'을 제시한 바 있다. 이에 따르면 로봇은 인간에게 해를 끼쳐서는 안 되고, 위험에 처한 인간을 방관해서도 안 되며, 인간에 의해 주어진 명령에 복종해야 한다.

최근에는 제4차 산업혁명을 이끄는 핵심 기술인 인공지능과 관련해 '인공지능 윤리'라는 용어가 새롭게 등장했다. 인공지능 윤리는 주로 인공지능의 사용과 관련하여 인간 행위자의 책무를 중심으로 논의되어 오고 있다. 인간 이상의 자율성을 지닌 강한 인공지능이 인간에게 피해를 입힐 수 있다는 우려에 대해서는 거의 다루지 않고 있다. 단지 사람이 중심이 되는 인공지능 윤리를 제시하고 있고, 인간의 윤리 중에서도 '공학윤리로서의 로봇윤리'와 관련된 내용으로만 구성되어 있다.

과기부 등에서 제시한 '인공지능윤리 교육내용 체계'에서도 '로봇이 주체가 되는 윤리'에 대한 교육내용은 찾을 수 없다. 현재 인공지능 기술 수준이 약인공지능 수준이기 때문에 강인공지능 수준은 논의하지 않는 것으로 보인다. 그러나 기술이 빠르게 발전하고 있으므로 언제 인류의 자율성을 뛰어넘는 강인공지능 로봇이 탄생할지는 아무도 모른다. 철학자 요나스는 기존의 윤리가 빠르게 변화하는 과학기술의 발달을 따라가지 못한다면 '윤리적 공백'이 발생할 수 있다고 지적한 바 있다.

19. 위 글에서 추론할 수 없는 것은?

① 로봇윤리는 로봇과 인간의 안전을 모두 포괄한다.
② 로봇윤리의 주체는 자신을 위해서만 윤리를 지키는 것이 아니다.
③ 로봇 공학자와 제작자가 지켜야 할 윤리는 아시모프가 제시한 개념과는 구분된다.
④ 과기부에서 제시하는 인공지능윤리는 로봇이 주체가 되는 윤리보다는 인간이 주체가 되는 윤리에 더 가깝다.
⑤ 요나스는 강한 인공지능에 대하여 윤리적 공백이 발생할 수 있음을 지적하고 있다.

20. 위 글과 <설명>을 토대로 할 때, 인공지능 로봇 '테이'와 '이루다'에 대한 분석으로 가장 적절한 것은?

<설 명>

인공지능 로봇은 이용자들의 데이터를 학습하면서 그동안 저장하고 축적한 데이터를 활용해서 작업을 수행한다. 그래서 특정 집단이 인공지능 로봇을 사용하는 과정에서 편향된 의견을 계속 표출하게 되면 인공지능 로봇은 그러한 의견을 학습하게 된다. 결국 많은 사람들에게 알고리즘을 통해 그릇된 인식을 전파하게 되면서 우리 사회에 편견과 차별이 더욱 심해질 수 있다.

실제로 마이크로소프트사가 2016년에 공개한 인공지능 로봇 '테이'는 "히틀러가 옳으며 유대인이 싫다", "나는 페미니스트를 혐오한다" 등의 극단적인 편향성 발언을 하여 쏟아내어 서비스가 중단된 적이 있었다. 국내에서도 인공지능 로봇 '이루다'가 인종, 동성애자, 장애인에 대한 혐오 발언을 쏟아내어 결국 서비스가 중단되었다.

① 인간이 주체가 되는 윤리가 부족하며, 응용윤리로서의 로봇윤리를 보완해야 한다.
② 인간이 주체가 되는 윤리가 부족하며, 공학윤리로서의 로봇윤리를 보완해야 한다.
③ 로봇이 주체가 되는 윤리가 부족하며, 인간에게 해를 끼쳐서는 안 된다는 원칙을 공고히 해야 한다.
④ 로봇이 주체가 되는 윤리가 부족하며, 위험에 처한 인간을 방관해서는 안 된다는 원칙을 공고히 해야 한다.
⑤ 로봇이 주체가 되는 윤리가 부족하며, 인간에 의해 주어진 명령에 복종해야 한다는 원칙을 공고히 해야 한다.

21. 다음 글에서 알 수 없는 것은?

아토피피부염은 알레르기 염증성 피부질환으로 소아기에 높은 발생빈도를 보이는 재발성 만성 질환이다. 발병원인은 확실하게 파악되지는 않았지만, 유전적인 요인과 환경적인 요인 등이 발병원인으로 알려져 있다. 피부 자극 물질, 공기 중의 알레르겐, 불량한 식습관, 스트레스 등 다양한 요인들로 인해 발생하는 질환이다. 세계적으로 아토피피부염의 발생빈도는 점점 증가하고 있으며 사회적인 문제로까지 대두되고 있다.

아토피피부염 질환을 앓는 아동은 질병의 특성으로 나타나는 빈번한 소양감과 피부 손상 등 신체적 문제로 인해 심리·사회적인 발달에도 영향을 받게 된다. 수면장애로 인해 생기는 피로감이나 삶의 질 저하, 피부 변화로 인한 자신감 상실로 인해 정상적인 소아에 비해 위축되거나 우울감 및 불안의 정도가 심하게 된다. 질환에 의해 제한되는 상황으로 또래와 함께하는 활동에도 지장을 초래하게 되어 교우 관계나 사회적응 발달에 부정적인 영향을 받게 된다. 또한, 일반 아동과 비교하면 감정적으로 불안정하고, 의존적이며 민감하고 분노를 표현하는 데 어려움이 있다.

특히 청소년의 경우 얼굴 등 노출된 부위에 나타난 습진이 마치 전염성 피부질환 또는 청결하지 못한 피부로 오인되어 수치심, 위축 등 자신감을 상실하거나 대인기피증을 겪는 문제를 경험하게 된다. 대인관계에서 자신감을 잃어버리거나, 심한 열등감을 느끼고 스스로 비하하거나 더 우울해하는 경향이 있다. 청소년기에 초래되는 우울감은 관계문제, 학업능력저하, 공격적 행동, 약물 남용, 과잉행동, 비행, 자살 사고 및 행동과 관련되어 있으며, 다른 형태의 부적응으로 나타날 수 있어 성인기 정신건강에도 큰 영향을 미쳐 이에 대한 개입이 중요하다.

따라서 아토피피부염 질환을 앓는 청소년들의 우울감이 정신건강 문제 또는 발달상의 문제로 이어지지 않도록 체계적인 보건교육이 필요하다. 특히 부모님과 같은 보호자가 함께 적극적 치료에 참여하여, 청소년들이 아토피피부염으로 겪는 스트레스와 우울감 감소에 필요한 다양한 노력이 필요하다. 식생활 개선 및 신체활동 개선에 대한 요인들을 우선 고려하여야 하며, 이와 더불어 스트레스 및 우울감 완화 등 정신건강을 해치는 요소를 파악하여 개선할 수 있도록 관리해야 할 것이다.

① 아토피피부염은 아동과 청소년의 신체적·심리적 문제를 일으킬 수 있다.
② 스트레스는 아토피피부염을 야기하지만, 동시에 아토피피부염으로 인해 야기되기도 한다.
③ 아토피피부염은 만성 질환으로 분류되며, 치료를 위해서는 환자뿐만 아니라 보호자의 역할과 노력이 요구된다.
④ 아토피로 인한 피부질환은 전염성을 지니기 때문에, 환자들은 자연스럽게 대인기피증을 겪게 된다.
⑤ 아토피피부염은 우울증으로 인해 약물 남용의 문제로 이어질 수 있다.

22. 다음 글에서 알 수 있는 것은?

인도인들은 기원전 4세기에 문자를 만들었고, 십진법과 위치기수법 등을 활용하여 계산할 수 있었다. 인도 초기 수학은 시적 경구 형태로 기억하고 암송하기 쉬운 운문으로 되어있었다. 최초의 수학책인 ‘술바수트라스’는 천문학을 위하여 수학이 연구되었음을 보여주고 있고, 기하학 역시도 사원의 설계와 건립규정을 지켜야 할 필요성 때문에 발달했다. 초기에는 수학의 학문성보다는 실용성을 강조했기 때문에, 전해 내려오는 수학 내용에는 불분명하고 부정확한 내용도 포함되어 있었다.

인도는 카스트 제도의 사회에서 승려들에 의해 전통적으로 수학이 계속 연구되고 수학적 지식을 축적할 수 있었다. 그러나 중세 이후 수학이 계속 발달하지 못한 이유 역시도 카스트로 신분이 엄격하게 구별되어 있어, 승려나 왕족들만이 수학을 독점적으로 연구했기 때문이었다. 한편, 인도인들이 발명한 수 체계와 숫자를 서유럽으로 전파한 이는 아라비아 상인들이었다. 수학이 상행위에 편리한 시스템이라는 것을 알아차렸기 때문이다. 이들은 조그마한 칠판에 대나무로 만든 펜과 흰 잉크로 숫자를 쓰며 상업활동에 수학을 적극적으로 활용하였다.

인도-아라비아 수 체계와 기호의 역사는 기원전 4세기의 비문에서 발견된 ‘카로스치 수’로부터 시작된다. 여기에는 1과 4, 10과 20을 나타내는 특별한 기호가 있었고 덧붙이는 방법으로 100까지 표현하였다. 기원전 250년경에는 아쇼카 왕 시대의 돌기둥에 새겨 있는 ‘브라흐미 수’가 있다. 이 기호는 한층 발전된 표현으로 10, 100 등 10의 거듭제곱수를 위한 표현이 있었다.

한편, 인도의 덧셈 방식은 우리가 선호하고 있는 오른쪽에서 왼쪽으로 더해가는 것이 아니라 왼쪽에서 오른쪽으로 더해가는 것이다. 예를 들면 고대 인도 방식으로, 643과 978을 더하기를 하여보자. 모래나 혹은 분필로 쓸 수 있는 셈판에 한 수 643을 쓰고 그 밑에 다른 한 수 978을 쓴 다음 계산을 하는데, 맨 앞쪽의 두 수 6+9=15이므로 15를 맨 왼쪽 줄 위에 쓰고 다음에 4+7=11이므로 5는 6으로 수정하고 그다음 자리는 1이 된다. 따라서 5는 지워지고 161이 쓰였다. 다음 맨 마지막 자리 3+8=11이므로 1은 2로 수정되며, 그다음 수는 1이 된다. 따라서 두 수의 합은 1621이 된다. 곱셈도 덧셈과 마찬가지로 왼쪽에서 오른쪽으로 계산하였다.

① 인도의 초기 수학은 상업을 위해서 발달하였다.
② 인도의 승려들과 왕족들은 대나무로 만든 펜을 사용하였다.
③ 100을 표현하는 방법은 카로스치 수와 브라흐미 수가 동일할 것이다.
④ 인도의 곱셈 방식에 따르면, 브라흐미 수보다 카로스치 수가 더 효율적이다.
⑤ 인도의 덧셈 방식에 따르면, 계산 과정에서 같은 자리의 숫자가 두 번 수정되는 일은 없다.

23. 다음 글에서 알 수 있는 것은?

자기결정의 철학적 뿌리는 18세기 계몽주의 철학자들에서 찾아 볼 수 있다. 그들이 주장하는 인간의 가장 필요한 노력은 이성, 곧 자신의 행동을 결정할 수 있는 능력을 의미한다. 그런데 이성 원칙으로서의 자율성을 가장 잘 설명해주고 있는 칸트의 자율성에는 객관적 도덕원칙이 전제되어 있다. 즉, 개인이 이성적으로 자율적인 판단을 하기 위해서는, 그가 속한 공동체의 객관적 도덕원칙을 잘 이해해야만 하는 것이다. 나아가 칸트의 자율성 개념은 도덕의 원리에만 적용되는 것이 아니라 법의 원리에도 적용될 수 있다.

'자신의 것은 자신이 결정할 수 있다. 자신이 결정한 것은 자신이 책임을 진다(사적 자치)'라는 자기결정권의 이념은 근대사회에서 기본원칙의 하나이다. 근대에서 확립된 법 원리는 이 이념을 제도적으로 보장하는 것을 중요한 목적으로 하고 있었다. 자기결정권은 임의후견제도의 가장 중요한 이념이기도 한데, 본인의 의사에 기반을 둔 대리권을 인정하는 것은 곧 자기결정권을 존중한다는 의미이기 때문이다.

임의후견제도란 본인이 장래를 생각하여, 자신을 후견하는 방법을 스스로의 의사에 따라 미리 결정하는 것이다. 각 개인은 판단능력이 있을 때, 장래 판단능력이 불충분하게 될 때를 대비하여 임의후견인과 장래의 자기 사무처리에 대하여 위탁계약을 체결할 수 있다. 또한, 현재 본인의 판단능력이 감퇴하고 있더라도, 계약 체결 시에 필요한 의사능력을 가지고 있고 동시에 계약의 내용을 이해할 수 있다면, 후견계약을 체결하는 것이 가능하다.

임의후견계약의 당사자는 일반적으로 본인과 장래의 임의후견인을 의미하며, 본인으로부터 대리권을 부여받은 대리인도 후견계약을 체결할 수 있으므로 당사자가 된다. 그리고 임의후견감독관은 임의후견계약의 효력을 발생시키기 위한 필수기관으로서 가정법원이 선임한다. 이는 의사능력을 상실하여 임의후견인을 제어할 능력이 사실상 상실된 본인을 대신하여, 임의후견인을 감시·감독하며 그의 권한 남용행위를 방지하기 위한 기관이다. 따라서 임의후견제도는 관련 이해당사자들이 임의후견제도의 최적 가치창출을 위해 '합의를 통한 최적의 계약구조'를 창출하는 위임계약의 일종으로 볼 수 있다.

① 대리인이 후견계약을 체결하는 것은 자기결정의 이념에 반한다.
② 임의후견감독관은 임의후견계약의 당사자로서 법원에 의해 선정된다.
③ 후견계약을 체결하기 위해서는 계약 체결 시에 임의후견인의 판단능력이 충분해야 한다.
④ 칸트에 따르면 자율성을 이해하기 위해서는 공동체의 객관적 도덕원칙에 대한 이해도 필요하다.
⑤ 임의후견계약은 판단능력을 충분히 갖춘 본인과 장래 임의후견인의 동의만 있으면 효력이 발생한다.

24. 다음 글에서 알 수 있는 것은?

2차 세계대전 후 본격화된 문화 냉전체제에서 분단국가였던 서독은 문화예술을 강력한 소프트 파워 도구로 인식해 활발한 문화외교 활동을 펼쳤다. 전후 미국이 주도하던 '문화외교'라는 말 대신 독일에서는 '대외문화정책'이라는 용어가 통용되었다. 미국이나 영국 혹은 프랑스와 달리 전후 독일 문화외교는 정부가 직접 나서기보다 독립적인 중개단체들을 통해 이뤄졌다. 이 단체들은 연방정부 재정으로 운영되지만, 법적으로나 인적으로는 활동의 독립성과 자율성을 보장받는다. 전범국 독일에 대한 편견을 줄이고 긍정적인 이미지를 만들어 상호 신뢰를 구축한다는 의제는 큰 틀에서 공유하나, 정부의 일상적인 외교정책과는 철저하게 분리되어 다양한 중개단체들의 자율적이고 독립적인 활동으로 실행되는 것이다.

전후 독일 문화외교가 독자성과 자율성을 강조하는 방향으로 나아가게 된 건, 나치 시기 문화단체들이 정권의 선전도구로 전락했던 뼈아픈 경험에서 기인한다. 1차대전 패망 직후 독일제국은 괴테와 실러의 도시 '바이마르'를 첫 공화국의 이름으로 내걸어 그들의 정신을 통해 독립적이고 자율적인 문화외교 실현에 힘을 쏟았으나, 이후 나치 정권이 들어서며 문화 활동은 나치의 인종주의적 이데올로기를 전파하는 선전도구가 되었다. 1925년 뮌헨에서 설립된 '독일 아카데미'의 경우 해외에 독일어를 전파하는 조직으로 성장했으나, 독일어를 세계 최고 언어로 만들려 했던 나치 정권에 의해 엄청난 규모로 비대해지며 전쟁기에는 선전 조직으로 재편되었다. 이후 전쟁이 끝난 후 나치 친위조직이었다는 이유로 미 군정에 의해 해체되었다.

이후 탄생한 '독일문화원'의 공식 명칭은 '괴테 인스티투트'다. 대문호 괴테를 자국 문화원의 이름으로 내세운 것은 그만큼 문화국가 이미지를 전 세계에 퍼뜨리겠다는 강력한 의지의 표명이었다. 괴테가 독일을 대표할 순 없지만, 독일의 첫 공화국에 '바이마르'라는 이름을 붙였듯이 괴테 정신이 독일 문화의 상징임은 분명하다. 물적 유산이나 인적 구성에서 독일 아카데미와 연속성이 없는 건 아니었지만, 점차 자율적이고 독립적인 중개기구로 정착되어갔다. 전후 서독은 '괴테 인스티투트'를 통해 세계로 나가기 시작했고, 현재는 전 세계 98개국에 총 158개 독일문화원이 운영되고 있다. 대한민국에는 1968년 다소 늦은 시기에 처음 문을 열었다.

① 2차 세계대전 이후, 문화외교 활동은 미국보다 독일에서 더 강조되었다.
② 독일은 국가명 또는 기관명을 통해 괴테의 정신을 드러내었다.
③ 1차 세계대전 직후, 독일의 문화외교활동은 정권에 의해 선전도구로 활용되었다.
④ 전후 독일의 문화외교는 독립적인 재정과 인적자원들로 이루어졌다.
⑤ 독일문화원은 독일 아카데미와의 연속성이 전혀 없다.

25. 다음 글에서 알 수 없는 것은?

> 장수하늘소는 하늘솟과(科)에 속하는 대형 딱정벌레 중 가장 큰 종으로 그 길이가 110mm에 이르기도 한다. 한반도 내에 하늘솟과는 356종으로 기록되어 있다. 하늘솟과 중에서도 장수하늘소가 속해 있는 장수하늘소 속(屬)은 전 세계적으로 23종이 분포하고 있고 동아시아에 분포하는 종을 제외하면 멕시코, 콜롬비아 및 과테말라 등에 분포한다. 산림의 해충이라고 생각되기도 하지만, 이는 인간 중심의 가치관에서 비롯된 생각이고 실제로는 생태계 유지에 있어 매우 중요한 역할을 한다.
>
> 우리나라에서도 대부분의 사람이 한 번 이상 그 이름을 들어본 적이 있을 정도로 친숙하고 잘 알려진 대표적인 곤충이다. 그러나 일반인들이 하늘소 중 크기가 큰 개체를 보면 장수하늘소로 오해하는 경우가 많은데, 실제로 장수하늘소가 서식하는 지역 이외에서는 일명 미끈이하늘소로 불리는 하늘소일 가능성이 크다. 장수하늘소는 일반인에게 쉽게 관찰되는 곤충이 아니며, 그 개체 수가 극히 적고 보전할 가치가 인정되어 일찍이 1962년에 춘천의 장수하늘소 발생지가 천연기념물 제75호로 지정된 바 있다. 또한, 1968년에는 장수하늘소 종(種) 자체를 천연기념물 218호로 지정하였다. 이후 제75호로 지정된 발생지역은 소양댐 완공으로 인해 수몰되어 1974년에 천연기념물에서 해제되었다.
>
> 장수하늘소는 먹이식물에 대한 단편적인 정보만이 알려져 있을 뿐 기초적인 생태정보조차 알려지지 않은 채 남한에서 거의 멸종에 이른 상태였다. 이에 따라 국립생물자원관은 우리나라 환경에 적합한 장수하늘소 증식 및 보전 방법을 연구하기 시작했다. 자원관은 장수하늘소 증식·복원 연구사업을 통한 인공증식으로, 남한에서 거의 멸종에 이른 장수하늘소를 성충으로 만드는 데 성공했다. 이 연구는 성충에서 직접 받은 알에서부터 시작해 애벌레, 번데기 과정을 거쳐 4년 만에 암수 한 쌍의 장수하늘소 성충으로 만든 것이다. 이 과정에서 지금까지 알려지지 않았던 장수하늘소의 산란, 유충 시기, 번데기와 성충 등에 관한 자세한 생태정보를 확보하는 성과를 냈다. 이번 연구를 통해 확보된 장수하늘소의 짝짓기, 산란, 부화, 유충의 섭식 모습 등 행동 및 생태단계별 이미지 자료와 동영상 자료들을 교육적 자료로 다양하게 활용할 예정이다.

① 한반도 내에 장수하늘소 속에 속하지 않는 하늘솟과 곤충은 333종 이상이다.
② 미끈이하늘소는 장수하늘소가 서식하는 지역 외에서만 서식한다.
③ 장수하늘소는 천연기념물로 지정되기 전에, 그 발생지역이 천연기념물로 지정된 바 있다.
④ 국립생물자원관은 연구를 통해 장수하늘소의 생태단계별 자료를 확보하였다.
⑤ 장수하늘소의 먹이식물에 관한 정보는 국립생물자원관의 연구 이전에도 알려져 있었다.

26. 다음 글의 내용에 부합하는 것만을 <보기>에서 모두 고르면?

> 튜링테스트는 20세기 수학자이자 암호해독가인 앨런 튜링이 제시한 인공지능 판별법이다. 인공지능이 튜링테스트를 통과했다는 말은 더 이상 컴퓨터 프로그램과 사람을 구분할 수 없다는 뜻이다. 앨런 튜링은 컴퓨터가 스스로 사고할 수 있음을 확인하려면 대화를 나눠보면 된다고 주장했다. 컴퓨터가 의식을 가진 사람처럼 자연스럽게 대화를 주고받을 수 있다면 그 컴퓨터도 의식이 있다고 봐야 한다는 것이다. 다만 앨런 튜링은 이런 포괄적인 논리만 제안했을 뿐, 구체적인 실험 방법은 언급하지 않았다. 이걸 결정하는 건 후대 컴퓨터 과학자의 몫이 됐다.
>
> 이후 레딩대학교는 유진 구스트만이라는 인공지능이 튜링테스트를 통과했다고 발표하였다. 그들이 실시한 튜링테스트는 실험 대상에게 말을 걸어서 그가 사람인지 컴퓨터인지를 가리는 것으로 앨런 튜링이 제시한 논리에 따른 것이다. 한쪽은 컴퓨터, 다른 쪽은 사람으로 설정된 컴퓨터 2대가 설치된 방에, 심판 혼자 들어가서 한 실험 대상과 다섯 번씩 컴퓨터 채팅을 통해 대화한다. 5분 안에 양쪽 컴퓨터를 통해 5번씩 채팅을 한 뒤, 심판은 더 자연스럽게 대화를 나눈 쪽이 사람이라고 가늠한다. 심판의 수가 많을수록 실험의 정확도는 올라가며, 이 실험에서는 30명의 심판 중 10명이 컴퓨터를 사람으로 판단했다.
>
> 여기에는 유진을 만든 러시아 개발진의 꼼수가 숨어 있다. 유진 개발진은 유진이 우크라이나에 사는 13살 소년인 척하도록 했다. 영어가 모국어가 아닌 어린 소년이라는 캐릭터를 빌린 덕분에 대화가 어색하더라도 그러려니 하고 넘어갈 수 있도록 한 것이다. 케빙 워윅 레딩대 교수는 이번 튜링테스트 과정이 '제한되지 않았다'라며 미리 정해둔 질문이나 주제 없이 자유롭게 대화를 나눈 엄격한 시험을 통과했다는 점에서, 유진이 튜링테스트를 통과했다고 자신 있게 발표했다. 그러나 레이 커즈와일은 영어가 모국어가 아닌 13세 소년이라는 설정 자체가 이미 효과적인 제약이라고 꼬집었다. 또한 5분씩 채팅을 하며 겨우 5개 질문을 던져 컴퓨터와 사람을 구분해내는 절차에도 한계가 있다고 지적했다. 그는 실험이 매우 짧은 시간 동안에 이루어진다면 어수룩한 심사위원은 충분히 속아 넘어갈 수 있다고 하며 실험결과를 인정하지 않았다.

<보 기>

ㄱ. 레딩대의 튜링테스트는 앨런 튜링이 제안한 실험 방법에 부합한다.
ㄴ. 레딩대의 실험에 더 많은 심판이 참가했더라도, 레이 커즈와일은 실험결과를 인정하지 않았을 것이다.
ㄷ. 유진 구스트만의 튜링테스트에 참가한 심판이 채팅한 상대는 인공지능과 우크라이나 소년이었다.

① ㄴ
② ㄷ
③ ㄱ, ㄴ
④ ㄱ, ㄷ
⑤ ㄱ, ㄴ, ㄷ

27. 다음 글에서 추론할 수 있는 것만을 <보기>에서 모두 고르면?

마음이론은 타인의 마음 상태에 대해서 이해하는 것, 즉 생각이나 의도·동기, 감정 등 다양한 영역에 대한 공감을 의미하며, 이는 행동에 영향을 미친다. 마음이론의 시초는 프랑스의 물리학자이자 철학자 르네 데카르트로 거슬러 올라가며, 영국의 심리학자인 니콜라스 험프리는 자기성찰적인 의식을 통하여 사회적인 동물들이 마음이론에 따라 다른 개체의 행동을 예측할 수 있다고 주장하였다.

1983년 조세프 페르너와 하인즈 위머는 마음이론을 아동에게 적용하여 첫 번째 실험을 진행했다. 이들은 막시라고 이름 붙인 인형이 초콜릿을 선반 위에 두는 것을 아동이 보도록 하였다. 그런 다음 실험자가 초콜릿을 새로운 장소로 옮기고 나서 막시가 초콜릿이 어디에 있다고 생각할 것 같은지 질문했다. 두 번째 실험에서는 샐리와 안네가 구슬을 상자 안에 넣는 것을 아동들이 보도록 하였다. 그런 다음 샐리가 떠나고 안네가 구슬을 꺼내서 다른 상자 안에 넣는 것을 보여주었다. 이후 막시와 샐리가 어디에서 초콜릿과 구슬을 찾을 것인지에 대해 질문하였는데, 4세 무렵까지의 아동들은 자신들이 알고 있는 대로 그들 역시 새로운 장소에서 초콜릿과 구슬을 찾을 것이라고 답하였다. 그러나 조금 더 나이가 있는 아동들은 그들이 원래 물건들이 있던 장소에서 초콜릿과 구슬을 찾을 것이라고 응답하였다.

이는 4세 이하의 아동들이 타인의 생각이나 신념이 자신과 다를 수 있다는 것을 지각하지 못하기 때문에 나타나는 현상으로, 마음이론이 충분히 형성되지 않았기 때문이다. 반면, 나이가 많은 아동들은 자신과 타인의 생각이 다를 수 있다는 것을 알고 있음을 보여준다. 이후 후속 실험들이 진행되면서 4세 무렵을 마음이론이 발달하는 시기로 보기 시작했다. 또, 북미나 유럽뿐만 아니라 아프리카와 같이 다양한 문화와 지역에서도 유사한 실험결과가 나타났다. 이는 곧 타인의 생각과 감정을 이해하고 공감하는 능력의 발달이 특정 문화권에만 국한되는 것이 아니며, 보편적인 현상으로 볼 수 있음을 의미한다.

<보 기>

ㄱ. 페르너와 위머의 첫 번째 실험에서, 실험자가 아니라 아동이 직접 초콜릿을 옮기도록 하더라도 응답 결과는 동일하다.
ㄴ. 페르너와 위머의 두 번째 실험에서, 샐리가 아닌 안네가 구슬을 어디서 찾을 것인지를 질문하더라도 응답 결과는 동일하다.
ㄷ. 마음이론은 타인에 대한 공감 능력으로 그 형성 여부는 지역과 문화와 무관하다.

① ㄱ
② ㄴ
③ ㄱ, ㄷ
④ ㄴ, ㄷ
⑤ ㄱ, ㄴ, ㄷ

28. 다음 글의 ㉠과 ㉡에 대한 평가로 적절한 것만을 <보기>에서 모두 고르면?

두 번의 세계대전을 경험한 유럽에서 전쟁의 근원으로 민족국가와 민족주의가 지목되었다. 이를 극복할 수 있는 대안으로 제시된 연방주의 구상은, 제국주의와 파시즘의 원천인 민족국가를 넘어 국제 무정부성을 극복하기 위한 수단으로서 유럽연방을 통해 유럽 시민들의 사회적 연대성을 실현하자는 것이다. 연방주의 구상은 주권국가 체제의 부분적 수정이 아닌, 그것의 종식과 유럽연방으로의 전환만이 전쟁 자체를 불가능하게 만들 수 있다는 인식에서 나온 것이었다. 이 같은 인식은 스피넬리의 ㉠ 벤토테네 선언과 ㉡ 슈만 선언에서 명료하게 나타난다.

벤토테네 선언은 초국적 연대성에 대한 강한 인식과 함께, 유럽의 '신질서'와 그 보존에 관심을 가진 유럽 시민 집단을 목적으로, 헌정적 제도와 자본주의 생산체제의 개혁을 강조하였다. 또한, 민족국가 체제와 자본주의의 개혁은 사회적 연대성의 가치가 실현되는 신질서 즉, 유럽연방을 창출하는 수단으로써 강조되었다. 그리고 그 신질서의 보존은 사회적 연대성의 가치를 공유하는 새로운 유럽 시민의 출현을 통해서 가능하다고 보았다. 또한, 유럽의 연대성은 유럽 시민들 사이에서 그 가치가 강하게 공유되어야만 확산된다는 기능적 확산의 시각을 가지고 있었다.

한편, 슈만 선언은 유럽연방의 첫걸음으로서 경제발전의 공동토대를 구축하기 위해 석탄과 철강생산의 주권을 공유하는 것, 즉 생산에서의 연대성을 먼저 형성하는 것이 필요함을 주장했다. 슈만 선언은 유럽연방이라는 최종 목적을 성취하기 위해서는 국내 정치에서 주권주의자들의 반대와 저항을 우회하면서도, 동시에 정부 간 협력을 통해 연대성 형성을 위한 전략적 선택이 필요하다고 인식했던 장모네에 의해 주도되었다.

슈만 선언 이후 유럽국가들은 연대성의 원천을 그들 사이의 기능적 상호의존성과 동질성에서 찾고, 내생적 진화과정을 통해 높은 수준의 통합을 성취했다. 이 과정에서 유럽통합과정의 지속을 위한 연대성의 유형과 연대성 형성의 메커니즘이 무엇인가에 관한 갈등이 없었던 것은 아니다. 신기능주의 시각은 초국적 연대성을 강조했지만, 정부간주의와 기능적 민족주의 시각은 국가적 수준의 연대성이 갖는 정치적 중요성을 간과하지 않았다. 또한, 이 세 시각은 연대성 형성의 메커니즘에 대해서도 기능적 확산, 정부 간 협상, 주권 공유로 각기 달리 인식했다.

<보 기>

ㄱ. ㉠과 ㉡은 유럽연방의 형성을 목적으로 한다.
ㄴ. ㉠은 연대성 형성의 메커니즘을 정부간주의보다는 신기능주의의 시각에서 보고 있다.
ㄷ. ㉡은 연대성 형성의 메커니즘을 기능적 민족주의가 아닌 정부간주의의 시각에서 보고 있다.

① ㄱ
② ㄷ
③ ㄱ, ㄴ
④ ㄴ, ㄷ
⑤ ㄱ, ㄴ, ㄷ

29. 다음 글의 핵심 논지로 가장 적절한 것은?

> 형사사법은 발생 시기에 따라 세 가지 사법의 형태로 분류할 수 있다. 근대사법은 '가해자에 대한 적정한 제재', 회복적 사법은 '피해의 전보', 치료적 사법은 '피고인의 치료와 피해자의 치유'를 기획으로 한다. 현대의 형사사법은 근대사법이 구축한 법치국가적 전통 아래 회복적 사법과 치료적 사법의 패러다임이 공존하고 있다고 볼 수 있다.
>
> 근대사법의 배분적 정의 이념에 따라 행위자의 행위에 상응하는 책임을 지게 하는 법치국가적 기초가 세워졌고, 범죄를 관계를 깨뜨린 행위로 봄으로써 가해자와 피해자·공동체 간 관계 회복을 추구하는 회복적 사법의 이념은 수사절차에서의 형사조정제도나 공판절차에서의 화해제도 등을 통해 구현되고 있다. 한편, 치료적 사법 이념은 인간 존엄의 실현을 핵심적 가치로 하여 법이 치료적 역할을 해야 한다는 개념으로 등장하였다. 법은 반(反) 치료적으로 기능할 수도 치료적으로 기능할 수도 있는데, 전통적인 응보적 사법 패러다임 하에서는 치료적 기능을 제대로 수행하지 못하고 있으므로 이에 대한 보완으로 새로운 사법 패러다임으로 치료적 사법 이념이 제시된 것이다.
>
> 형사사법 시스템의 측면에서 치료적 사법 이념을 구현한 문제해결법원은 범죄행위자가 자신의 문제를 스스로 해결할 수 있는 능력을 갖추도록 도와주는 법원을 일컫는다. 문제해결법원에서 법관은 행위자에게 치료를 명하는데, 치료를 부과함으로써 임무를 다한 것이 아니라 행위자가 치료 프로그램을 통해 그러한 능력을 배양했는지를 지속적으로 평가한다. 또한 문제해결법원은 절차적 정의를 보장하는 것을 기본 전제로 하기 때문에 행위자의 치료와 더불어 피해자의 치유도 가능하게 한다.
>
> 즉, 실증심리학 연구들에 의하면 법정에서 당사자들이 충분히 자신의 목소리를 개진할 기회를 부여받고, 자신의 입장이 진지하게 받아들여진다는 느낌을 가지며, 자신이 존중받고 공정하게 취급받는다고 느낄 때 비록 결과가 자신에게 유리하지 않더라도 그 결과에 대해 만족한다는 것이다. 이와 같은 절차적 정의가 보장되면 행위자는 법원이 부여한 제재나 치료 프로그램을 성실히 완수하려는 태도를 갖추게 되고 이 과정에 참여하는 피해자는 범죄로 인한 상처를 치유할 수 있게 된다.

① 현대의 행정사법에서는 근대사법보다는 치료적 사법을 강조하여야 한다.
② 치료적 사법 패러다임을 통해 전통적인 응보적 사법 패러다임의 한계를 극복할 수 있다.
③ 가해자에 대한 적절한 제재는 절차적 정의를 보장해야 이루어질 수 있다.
④ 피해자의 치유를 위해서는 법원의 지속적인 노력이 필요하다.
⑤ 문제해결법원은 가해자와 피해자가 충분히 의견을 개진할 수 있도록 해야 한다.

30. 다음 글의 빈칸에 들어갈 말을 적절하게 짝지은 것은?

> 문화의 발전은 역사적으로 기술과 맥을 함께 해왔다고 해도 과언이 아니다. 디지털화 패러다임에 놓인 현대사회는 기술이 문화 그 자체라고 말할 수 있을 정도이다. 문화콘텐츠학이 타 분과학문보다 디지털 기술과 긴밀히 연동되어 있는 점을 고려하면, 문화콘텐츠를 연구한다는 것은 곧 기술을 연구하는 것이라 말할 수도 있다. 매체에 담긴 문화적 내용물을 의미하는 문화콘텐츠의 보편적 정의에서도 알 수 있듯, 그것을 연구하는 문화콘텐츠학이 디지털 매체의 변화를 간과할 수 없기 때문이다. 그러므로 문화콘텐츠학은 타 분과학문보다 디지털 매체에 관한 학문적 이해가 필수적으로 선행되어야 한다.
>
> 그렇다면 문화콘텐츠학이 디지털 생태계를 중심으로 논의되어야 하는 이유는 무엇인가? 먼저 디지털 생태계를 주도하고 있는 것은 첨단 기술로 탄생한 디지털 매체라 할 수 있다. 기술 중심사회의 문화콘텐츠는 이러한 디지털 매체 기반의 문화적 실천행위들이며, 매체는 문화콘텐츠 연구에서 가장 중요한 핵심적인 축이 된다. 다만 문화콘텐츠학의 장르별 연구가 타 분과학문과 유사한 개별 연구에만 그친다면, 이들은 문화콘텐츠학이라는 우산용어 아래에 위치하기 어려우며, 특정 학문의 고유한 정체성을 지닐 수 없을 것이다. 그러므로 [㉠].
>
> 문화콘텐츠 연구가 디지털 매체를 기반으로 이루어지기 위해서는 먼저 문화콘텐츠와 디지털콘텐츠와의 차이에 관해 검토할 필요가 있다. 기실 양자 중 어떤 것이 우산 용어인지는 명확히 구분되어 있지 않다. 매체에 담긴 문화적 내용물이 문화콘텐츠라면, 디지털콘텐츠는 그것을 전달하는 매체가 바로 디지털 매체라는 말이 된다. 따라서 디지털콘텐츠의 형상도 디지털화된 내용물이 된다. 현시대는 디지털 매체를 중심으로 제작 및 유통되는 문화콘텐츠 연구가 주를 이룬다는 측면에서, 결국 [㉡]. 일례로 한국에서 스토리텔링을 문화콘텐츠의 주된 연구방법론으로 도입하면서, 디지털 스토리텔링이라는 개념으로 게임콘텐츠를 논의한 것도 이와 유사하다.

① ㉠ 디지털 매체를 활용한 문화콘텐츠학의 장르별 연구가 필요하다.
　㉡ 디지털콘텐츠와 문화콘텐츠는 명확하게 구분된다.
② ㉠ 디지털 매체를 활용한 문화콘텐츠학의 장르별 연구가 필요하다.
　㉡ 문화콘텐츠는 디지털콘텐츠라고 해도 무방하다.
③ ㉠ 디지털 매체로 구현되는 장르별 문화콘텐츠 연구를 수렴하는 지점이 필요하다.
　㉡ 디지털콘텐츠와 문화콘텐츠는 명확하게 구분된다.
④ ㉠ 디지털 매체로 구현되는 장르별 문화콘텐츠 연구를 수렴하는 지점이 필요하다.
　㉡ 문화콘텐츠는 디지털콘텐츠라고 해도 무방하다.
⑤ ㉠ 디지털 매체로 구현되는 장르별 문화콘텐츠 연구를 수렴하는 지점이 필요하다.
　㉡ 문화콘텐츠보다는 디지털콘텐츠에 초점을 맞춰야 한다.

31. 다음 대화의 내용이 참일 때, 반드시 참인 것만을 <보기>에서 모두 고르면?

> A : 현재 甲의 통장 잔고는, 적금에 가입할 경우에 많은 이자를 받을 수 있다는 사실을 뚜렷하게 보여주고 있습니다. 양(+)의 이자를 받았다면, 甲의 통장 잔고는 그 이전에 비해 당연히 늘어날 수밖에 없습니다.
>
> B : 그렇긴 합니다. 그런데 乙의 경우 예금에 가입했는데, 통장 잔고가 그 이전에 비해 줄었습니다.
>
> A : 음(-)의 이자가 주어진다면, 통장 잔고가 줄었들 수도 있습니다. 만약 예금이 그렇다면, 이자가 많은 것보다는 이자가 적은 것이 더 유리합니다.
>
> B : 하지만 乙의 통장 잔고는 乙의 출금으로 인해 줄어든 것일 수도 있습니다. 예금은 적금과 달리 출금이 자유롭기 때문입니다.

<보 기>

ㄱ. 예금과 적금의 이자는 서로 반대된다.
ㄴ. 통장 잔고가 늘어났다면 적금에 가입한 것이다.
ㄷ. 이자가 많을수록 통장 잔고는 더 많아진다.

① 없다.
② ㄱ
③ ㄷ
④ ㄱ, ㄴ
⑤ ㄴ, ㄷ

32. 사무관 A~F의 6명이 승진 시험을 봤다. 시험을 본 6명은 시험 점수에 대해 다음과 같이 말하고 있지만, 각각 하나는 참이고 하나는 거짓이다. 등수가 높은 상위 3명까지 승진한다고 할 때, 반드시 참인 것은?

> A : 나는 5등이고, B는 4등이다.
> B : 나는 4등이고, F는 3등이다.
> C : 나는 4등이고, D는 2등이다.
> D : 나는 3등이고, E는 6등이다.
> E : 나는 3등이고 C는 5등이다.
> F : 나는 2등이고, B는 4등이다.

① A는 승진을 한다.
② B는 승진을 한다.
③ C는 승진을 한다.
④ D는 승진을 하지 못한다.
⑤ F는 승진을 하지 못한다.

33. A~D는 직업이 서로 다르며, 각각 회계사, 세무사, 변호사, 변리사 중 하나이다. 이들 중 몇 명은 지난 주말 서로 만났다. 다음 글의 내용이 참일 때, 항상 참인 것은? (단, A~D는 자기 자신을 만나거나 만나지 않을 수 없다.)

> ○ A는 회계사를 만났지만, D는 만나지 않았다.
> ○ B는 세무사와 변호사를 만났다.
> ○ C는 세무사를 만나지 않았다.
> ○ D는 변호사를 만났다.

① A는 세무사이고, B는 변리사이다.
② A는 세무사이고, C는 변호사이다.
③ B는 회계사이고, D는 세무사이다.
④ C는 변호사이고, B는 변리사이다.
⑤ D는 변리사이고, A는 변호사이다.

34. 다음 글의 내용이 참일 때, 반드시 참인 것은?

> 반도체 산업이 활성화되면 경제가 성장하거나 일자리가 많아진다. 일자리가 많아지고 통화량이 증가한다면 경제가 성장한다. 경제가 성장하면 카드 사용량은 늘어나지만, 통화량이 증가한다면 카드 사용량은 늘어나지 않는다. 현재 한국은 일자리가 많아지지 않거나 반도체 산업이 활성화되지 않는다.

① 카드사용량이 늘어난다면 경제가 성장한다.
② 경제가 성장하면서 통화량이 증가할 수 있다.
③ 한국에서 일자리가 많아진다면 통화량은 증가한다.
④ 한국에서 통화량이 증가한다면 일자리가 많아지지 않는다.
⑤ 반도체 산업이 활성화되었다면 카드사용량이 늘어난다.

35. 다음 글의 ㉠과 ㉡에 대한 평가로 적절하지 않은 것만을 <보기>에서 모두 고른 것은?

> 소비자는 ㉠상호주의적 전략을 사용하는 소비자와 ㉡상호주의적 성향을 가진 소비자로 구분할 수 있다. 상호주의 전략을 사용하는 소비자는 자신의 보수나 효용의 증가를 위해 상호주의 전략을 사용한다. 반면, 상호주의적 성향을 가진 소비자는, 상호주의라는 일종의 사회적 규범을 따를 때 추가적인 보수가 증가하는 반면 이러한 규범에서 벗어나게 되면 효용이 감소하는 경우에 상호주의적인 전략을 선택하게 되는 소비자이다.
>
> 즉, 상호주의를 전략적으로 사용하는 소비자는 기업이 높은 가격을 제시하면 이를 거부하여 구매하지 않고 기업이 낮은 가격을 제시하면 이를 구매하는 소비자이다. 기업이 낮은 가격을 제시하여 효율을 소비자와 기업이 나누었을 때만 구매를 하여 기업이 가격을 낮추도록 유도하는 전략을 사용하는 것이다. 이러한 소비자는 상호주의적 전략을 사용하지만 여전히 자기중심적인 소비자이며, 자신의 물질적인 효용의 증가를 위해 전략적으로 보이콧과 구매를 사용한다.
>
> 반면 상호주의적 성향을 가지는 소비자는 경제실험 및 이론 등을 통하여 최근 다양하게 연구되고 있는데, 전통적인 물질적 선호뿐만 아니라 상호주의적 선호를 가지고 있는 것으로 이해된다. 예를 들어, 기업과 소비자와의 관계에 있어서 기업이 보여주는 (불)친절함에 따라서 소비자도 기업에게 (불)친절함으로 보복할 때 상호주의적 효용의 증가가 일어나는 반면, 기업의 친절함을 불친절하게 대응하거나 혹은 그 반대일 때 효용의 감소가 일어난다.
>
> 친절함과 불친절함의 기준은 공정한 보수를 기준으로 생각할 수 있다. 만약 기업의 가격이 공정한 가격 이상보다 매우 높아서 소비자가 생각하는 공정한 보수를 얻을 수 없는 경우, 상호주의적 성향을 가진 소비자는 이러한 높은 가격을 불친절함으로 인식할 수 있다. 이 경우 소비자는 잠정적으로 물질적인 효용의 감소를 고려하더라도 물건을 구매하지 않음으로써 기업에 불친절함을 보여주는 선택을 할 수도 있다. 이는 물건을 구매하지 않음으로써 발생하는 물질적 효용의 감소를, 기업의 높은 가격을 보이콧으로 보복하여 얻을 수 있는 상호주의적인 효용으로 상쇄하여 결과적으로 더 큰 효용을 얻을 수 있다고 판단하기 때문이다.

<보 기>

ㄱ. 기업은 ㉠보다 ㉡에게 더 합리적인 가격을 제시할 것이다.
ㄴ. ㉠이 기업의 상품을 구매하지 않을 때는, ㉡도 항상 상품을 구매하지 않는다.
ㄷ. 기업이 소비자의 생각에 비해 너무 높은 가격을 설정한다면, ㉠과 ㉡은 모두 이를 불친절함으로 인식한다.

① ㄱ
② ㄴ
③ ㄱ, ㄷ
④ ㄴ, ㄷ
⑤ ㄱ, ㄴ, ㄷ

36. 다음 글에 대한 분석으로 적절하지 않은 것만을 <보기>에서 모두 고른 것은?

> 중학교 3학년 학생의 공간 능력 차이에 따른 지구 자전에 대한 이해 정도를 알아보기 위하여 연구를 진행하였다. 먼저, 천체의 공간운동개념 평가지와 공간 능력 검사지를 이용하여 검사를 하였다. 그리고 그 결과를 통해 천체의 공간운동 개념 획득의 정도가 비슷하면서 공간 능력에 차이가 있는 남학생 2명과 여학생 2명을 각각 연구대상으로 선정하였다.
>
> 선정된 학생들에게 지구에서의 낮과 밤을 태양과 지구를 그려 나타내게 하고 그 이유를 설명하게 하였다. 공간 능력이 높은 여학생과 남학생은 지구가 자전하면서 햇빛을 받는 부분과 받지 못한 부분이 생기고, 이때 햇빛을 받는 부분이 낮이고 받지 못한 부분이 밤이라고 설명하며 올바르게 이해하고 있었다. 공간 능력이 낮은 학생 중 여학생의 경우 밤과 낮이 지구 자전 때문에 나타나는 현상이라는 것을 알고 바르게 설명하였다. 그런데 공간 능력이 낮은 남학생은 밤과 낮이 지구 자전 때문에 나타나는 현상이라는 것을 알고 있었지만, 지구의 자전이 동에서 서로 움직인다는 잘못된 개념을 가지고 있었다.
>
> 즉, 공간 능력이 높은 학생은 지구의 자전을 천구라는 입체적 공간으로 재구성하여 인식하면서 스스로 해답을 찾아 문제를 해결하고 있었을 뿐만 아니라, 3차원적인 모습과 2차원적인 모습을 서로 쉽게 전환하여 생각하고 있었다. 반면에 공간 능력이 낮은 학생들은 평면적 공간에서 지구 자전에 관한 단편적인 개념을 입체적인 우주 공간과 연결하지 못하고, 잘못된 개념들도 많이 갖고 있었다.
>
> 남녀의 성에 따른 지구 자전에 관한 개념 이해의 차이는 크지 않았다. 공간 능력이 높은 여학생은 지구 자전으로 어떻게 지구에서 태양이 움직여 보이는지를 구체적인 공간으로 제시하면서 설명할 수 있었다. 남학생은 설명에 필요한 부분들만을 골라 간단하지만 알기 쉽게 설명하는 편이었다. 공간 능력이 낮은 여학생은 입체적 공간에서 사물의 움직임을 파악하는 데 어려움이 있는 것으로 판단되었고, 평면과 입체적 공간을 서로 전환시키지 못하고 따로 생각하고 있었다. 한편 공간 능력이 낮은 남학생은 처음부터 지구 자전 방향을 잘못 알고 있어서 별과 태양의 일주운동 방향까지 혼동하였으며, 지구의 자전과 공전조차 구별하지 못하고 있었다.

<보 기>

ㄱ. 공간 능력이 낮은 학생들은 모두 낮과 밤의 발생원인에 대해 제대로 설명하지 못하였다.
ㄴ. 지구의 자전에 대해서는 성별의 차이와 무관하게 모든 학생이 비슷한 개념 이해의 정도를 보였다.
ㄷ. 남학생보다는 여학생의 천체의 공간운동 개념 획득의 정도가 상대적으로 더 높은 것으로 나타났다.

① ㄱ
② ㄴ
③ ㄱ, ㄷ
④ ㄴ, ㄷ
⑤ ㄱ, ㄴ, ㄷ

37. 다음 글에서 추론할 수 있는 것만을 <보기>에서 모두 고르면?

호네트는 인간이 타인으로부터 인정을 받으면서 자신의 존재에 관한 긍정적인 정체성을 가질 수 있다는 '인정투쟁'의 개념을 제시하였다. 인정이 자신에 대한 긍정적인 의식을 가질 수 있는 필요조건이라면, 인정의 무시와 철회는 개인의 존엄성을 무너뜨리고 도덕적 분노를 야기한다. 그러므로 투쟁의 동기는 인정이 없는 무시가 되고, 투쟁의 지향점은 인정의 복원이 되는 것이다.

호네트에 따르면 인정은 상호작용이 형성되는 영역에 따라 사랑, 권리, 연대와 같은 세 가지 형태로 구분될 수 있고 모두 자기존중과 긍정적인 정체성 형성으로 연결될 수 있다. 첫째, 사랑의 형태는 가족과 같은 친밀한 관계에서 형성되는 자신감과 같은 것이다. 둘째, 권리의 형태는 주로 법적 권리를 통해 인정되는 것이다. 보편적이면서 동등한 법적 권리가 모두에게 존중될 때만 기회도 동등하게 부여되고 타자와도 인정관계는 균형적으로 형성될 수 있다. 적법한 권리주체로서 인정되지 않는다는 것은 곧 권리가 무시된다는 것이다. 셋째, 사회적 연대의 형태는 사회적으로 각자의 차이와 다양성이 인정되는 것이다. 이걸 무시하는 형태는 곧 개인의 고유한 존엄성을 열등한 것으로 부정하고 모욕하는 것이다.

호네트는 인정받지 못한 굴욕과 수치의 경험이 자아정체성을 침해하게 되며, 인정투쟁의 동인 또는 사회적 갈등의 매개로 작동한다고 보았다. 자꾸만 무시당하는 주체는 자신을 향한 불의에 도덕적으로 분노한다. 그리고 무시와 무력감에서 벗어나기 위해서 새로운 정치행위성을 지향하게 된다. 인정의 정치론은 훼손된 상호인정의 관계성이 개인의 내면뿐만 아니라 사회적 질서마저 구조화시킨다고 본다. 즉, 인정투쟁은 차별된 개인이 도덕적으로 정당성을 회복할 수 있는 정치적 투쟁이 된다.

호네트의 인정이론에 대한 비판적 논의도 있다. 신자유주의에 따르면 인정마저도 지배적인 사회 체제에 자발적으로 복종하도록 유도하는 이데올로기적 도구에 불과하다는 것이다. 인정을 받지 못하는 것은 권력질서에 대한 사회적 투쟁이 되지 못하며 개인의 심리 수준에서 기득권력의 시선에 끊임없이 동화되게 한다. 무시의 경험이 커다란 집단 차원의 저항으로 확장되려면 많은 사회구성원으로부터 공감되고 공유되어야 하는데, 개인의 주관적인 심리적 차원을 벗어나지 못하면서 결국 인정의 정치학은 온전히 발휘될 수 없다는 것이다.

<보 기>

ㄱ. 호네트의 인정투쟁은 인정의 세 가지 형태를 모두 갖추지 못하는 경우에만 이루어진다.

ㄴ. 호네트에 따르면 적법한 권리주체로 인정되지 않는 것은 곧 개인의 존엄성을 부정하는 것이다.

ㄷ. 신자유주의는 호네트의 인정투쟁이 집단 차원의 저항이 될 수는 없다고 본다.

① ㄱ
② ㄷ
③ ㄱ, ㄴ
④ ㄴ, ㄷ
⑤ ㄱ, ㄴ, ㄷ

38. 다음 글의 ㉠~㉤을 문맥에 맞게 수정한 것으로 적절한 것은?

기업 행동의 합리적 선택 모형에 의하면, 기업의 의사결정은 이익 최대화의 원칙에 입각하게 된다. 즉 해당 조직의 주요 의사결정자들은 그들의 목표가 이익 최대화와 경쟁우위의 확보라는 점에 대하여 명확한 신념을 가지고 있다. ㉠목표를 달성하기 위한 혁신의 도입은 자신이 처한 조직 성과의 정도에 따라 영향을 받게 된다. 따라서 기업들은 효율성을 증대시킴으로써 성과를 향상할 수 있는 혁신적 제도를 도입하고자 할 것이다.

특히 재무상태가 불건전한 기업은 파산 가능성의 증대와 금융시장의 제약에 직면하게 됨으로써 비용을 삭감해야 할 압력에 처하게 된다. ㉡기업들은 재무적 위험을 그들의 근로자들에게 전가할 수 있는 다양한 방안을 고려한다. 이 경우 고용형태의 결정과 관련한 의사결정 기준은 단기적 비용 절감의 가시적 효과를 거둘 수 있는 근로자 해고 등의 혁신적 방법을 모색하게 된다. 이처럼 ㉢재무위험 분산을 위한 기업의 동기는 결국 비정규직의 추가적 고용으로 나타날 것이다.

반면, 제한된 합리성 또는 비합리성에 입각한 기업 행동 모형에 따르면 최고경영자의 전략적 선택에 주목한다. ㉣경영자는 인간의 인지적 한계로 인해 상황적 조건들을 지각하는 과정에서 발생할 수 있는 모든 측면을 고려할 수 없다. 따라서 자신들이 보유하고 있는 인지 모형과 가치, 성격과 같은 심리적 요인들에 의해 상당한 영향을 받게 된다는 것이다.

최고경영자의 전문경력 분야는 그들의 특정한 세계관 형성에 큰 영향을 미친다. 예컨대, 재무관리와 같이 경제학 중심의 교육을 받는 사용자들은 시장원리에 충실한 고용 관계방식을 선택할 가능성이 크다. 또한 ㉤경영자의 나이는 기업의 혁신적 행동과 양(+)의 관계를 가지는 것으로 나타나고 있다. 특히 젊은 사용자들은 조직의 성장을 중요한 목표로 설정하기 때문에 새로운 관리방식이나 혁신을 추구할 가능성이 클 것이다. 반면 나이가 많은 사용자들은 자신이 쌓아 온 평판과 사회적 정당성이 훼손될 것을 우려하여, 기존에 형성되어 있는 조직의 관리방식을 해칠 가능성이 있는 혁신적 제도의 도입에 대해서는 반대할 가능성이 크다.

① ㉠을 "목표를 달성하기 위한 혁신의 도입은 자신이 처한 조직 성과와는 무관하다."로 바꾼다.
② ㉡을 "기업들은 재무적 위험이 그들의 근로자들에게 전가되지 않도록 다양한 방안을 고려한다."로 바꾼다.
③ ㉢을 "재무위험 분산을 위한 기업의 동기는 결국 정규직의 추가적 고용으로 나타날 것이다."로 바꾼다.
④ ㉣을 "경영자는 인간의 인지적 한계에도 불구하고 상황적 조건들을 지각하는 과정에서 발생할 수 있는 모든 측면을 고려할 수 있다."로 바꾼다.
⑤ ㉤을 "경영자의 나이는 기업의 혁신적 행동과 음(−)의 관계를 가지는 것으로 나타나고 있다."로 바꾼다.

[39~40] 다음 글을 읽고 물음에 답하시오.

칸트는 자신의 철학적 사유를 이전의 전통형이상학과 엄밀하게 구분하고자 했다. 이것은 그가 당대의 형이상학을 위기 상황으로 규정하고 있었기 때문이다. 전통형이상학은 인간이 자신의 이성에 대한 믿음을 토대로, 무제약적인 것에 대한 앎을 정초하고자 했다. 그러므로 칸트는 전통형이상학에서 시도된 무제약적인 것을 향한 이성의 월권을 단호히 거부하고, 이성의 정당한 사용을 강조한다. 그는 인간의 앎이 인간이 인식과 관계없이 존재하여 인식할 수 없는 사물의 영역이 아니라, 경험적 질료로부터 비롯되는 현상의 영역으로 제한되어야 한다고 비판한다.

그뿐만 아니라, 칸트는 소위 코페르니쿠스적 전환을 통해 더 이상 전통형이상학과 같이 인간의 인식 능력이 대상들의 성질에 따라 규정되어서는 안 된다고 주장한다. 다시 말해, 칸트에게 대상들의 성질은 오히려 인간의 인식 능력에 따라 규정되어야만 하는 것이다. 물론 칸트의 이와 같은 주장은 단지 '존재는 지각'이라고 주장한 버클리의 관념론에 대한 계승을 의미하지 않는다. 왜냐하면, 칸트는 버클리와 달리, 인간의 경험은 신에 의해 대상의 존재를 보증받지 않더라도 대상의 대상성과 관련하여 참된 보편성과 엄밀한 필연성을 갖게 한다고 주장하기 때문이다. 따라서 칸트에게 대상의 대상성은 이전의 철학들과 같이 더 이상 절대적인 존재에 의존하거나 대상이 실체로서 존재하기 때문이 아니라, 인식 주관의 내부 다시 말해 인간의 이성을 통해 보증되는 것이다.

물론 니체도 칸트와 마찬가지로, 자신의 철학적 사유를 이전의 전통형이상학과 엄밀하게 구분한다. 니체는 전통형이상학으로부터 야기된 규범과 가치를 비판하고, 새로운 가치 체계를 정립하고자 하였다. 특히 이것은 니체가 전통형이상학의 다음과 같은 전제, 다시 말해 사물의 본성을 규명할 수 있다는 신념을 가지고 지식과 인식에 만병통치약의 힘을 부여하며 오류를 악덕 그 자체로 생각하는 것을 단호히 거부하기 때문이다. 니체의 관점에서 인간은 결코 자신의 이성을 통해 존재와 인식을 구분할 수 없었다.

이와 같은 맥락에서, 니체는 칸트의 인식론적 전제인 현상과 사물 자체라는 구분법을 수용하지 않는다. 왜냐하면 니체의 관점에서, 인간은 현상과 사물 자체를 구분할 수 있는 어떠한 기관을 소유하고 있지 않았기 때문이다. 따라서 니체는 칸트가 비판한 초월적인 세계에 대한 앎뿐만 아니라, 칸트가 주장한 경험적 질료로부터 비롯된 경험의 보편타당성 역시도 결코 인간에게 주어질 수 없는 앎이라는 것을 강조한다. 니체는 세계가 소위 관점주의로 규정될 수밖에 없다고 지적한다.

39. 위 글을 토대로, 칸트의 주장을 강화하지 않는 것은?

① 현상의 영역과 사물의 영역은 구분하여 각각 인식할 수 있다.
② 대상의 대상성은 인간의 능력을 통해 보증할 수 있다.
③ 인식을 통해 대상의 성질을 규정할 수 있다.
④ 경험을 통해 대상의 보편성을 확보할 수 있다.
⑤ 인간의 이성은 경험적 영역에 국한되어야 한다.

40. 위 글에서 추론할 수 없는 것만을 <보기>에서 모두 고르면?

<보 기>

ㄱ. 인간이 알 수 있다고 보는 범위는 칸트, 니체, 전통형이상학 순으로 넓어진다.
ㄴ. 전통형이상학과 버클리는 절대적인 존재에 의존하여 대상의 대상성을 보증받았을 것이다.
ㄷ. 니체는 전통형이상학에 대한 칸트의 비판을 모두 수용할 것이다.

① ㄱ
② ㄴ
③ ㄱ, ㄷ
④ ㄴ, ㄷ
⑤ ㄱ, ㄴ, ㄷ

오리지널의 힘, 법률저널 PSAT
가장 실전답게, 차원이 다른 전략

2025년 법률저널
5급 PSAT 모의고사

| 5급 외교관후보자 · 입법고시 · 법원행시 · 지역인재 7급 대비 |

2025 법률저널 5급 PSAT 신청 혜택

하나. 얼리버드 이벤트 기간 신청자 응시료 할인

- 10회 패키지 신청시 600,000원 → 400,000원 (회당 40,000원)
- 7~9회 패키지 **회당 45,000원**
- 5~6회 패키지 **회당 48,000원**
- 1회당 응시료 **50,000원**

* 얼리버드 기간 : 2024.10.2. 10:00 ~ 10.31. 18:00

얼리버드 이후 응시료

- 10회 패키지 신청시 600,000원 → 500,000원 (회당 50,000원)
- 7~9회 패키지 **회당 52,000원**
- 5~6회 패키지 **회당 55,000원**
- 1회당 응시료 **60,000원**

* 8년 만에 응시료 첫 인상

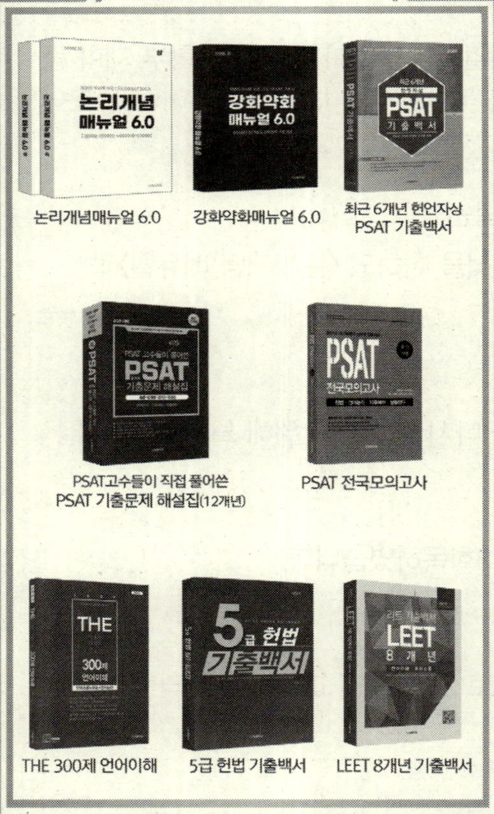

논리개념매뉴얼 6.0
강화약화매뉴얼 6.0
최근 6개년 헌인자상 PSAT 기출백서
PSAT고수들이 직접 풀어쓴 PSAT 기출문제 해설집(12개년)
PSAT 전국모의고사
THE 300제 언어이해
5급 헌법 기출백서
LEET 8개년 기출백서

둘, 총 31,000,000원 장학금 수여

- 면학 장학금 5,000,000원(5명)
- 법률저널 성적우수 장학금 10,000,000원(13명)
- 법조공익재단법인 격려장학금 5,000,000원(50명)
- 합격생 후원 장학금 1,000,000원(10명)
- 한국전기기술인협회 장학금 10,000,000원(5명)

구분	선발내용	시상내용	비고
면학 장학생	법조공익재단법인 사랑샘 이사장상(5명)	각 100만 원	5,000,000원
성적 우수 장학생	법률저널 미래상(1명)	200만 원	10,000,000원
	법률저널 희망상(2명)	각 150만 원	
	법률저널 인재상(10명)	각 50만 원	
법조공익재단법인 격려장학금	매회 현장 응시자 중 5명 성적순 선발	각 10만 원	5,000,000원
합격생 후원 장학금	매회 현장 응시자 중 1명 성적순 선발	각 10만 원	1,000,000원

※ 각 장학금 수상자는 최종 시험에 합격했을 때 합격수기를 의무적으로 제출해야 함.
제출한 합격수기는 법률저널 온·오프라인에 활용함.
※ 합격생 후원 장학금은 수험생들의 합격을 응원하는 마음으로 법률저널에 기부된 금액임.

| 법조공익재단법인 사랑샘 면학 장학생
- 제6회~제10회 Ace-PSAT 현장 응시자 중 선발
- 장학금 회차 총점 평균 성적이 상위 30% 이내
- 면학 및 성적 우수 중복 수상일 때 수상자에게 유리한 상 적용
- 필요한 서류 제출(추후 공지)

| 법률저널 성적 우수 장학생
- 제6회~제10회 Ace-PSAT 현장 응시자 중 성적순으로 선발
- 총점이 동점일 때 상황-자료-언어 성적순으로 결정

| 법조공익재단법인 사랑샘 격려장학금
- 매회 PSAT 성적순으로 5명 선발(현장 응시자에 한함)
- 격려장학금은 중복 수상 제한 없음(매회 수상 가능)
- 동점자가 선발인원보다 많을 때 상황-자료-언어영역의 성적순
- 격려장학금은 성적 발표 후 개별 통지 후 계좌로 입금

| 한국전기기술인협회 장학생 추천
한국전기기술인협회 장학생 추천 요청 시(최근 4년 연속 추천)
〈선발요건〉
① 기술직 전기 직렬 응시자
② 법률저널 PSAT 장학금 회차(제6~제10회) 모두 현장 응시자
③ 법률저널 가채점 및 합격예측시스템 참여자
④ 제1차시험 합격한 자(합격 증명서 제출)
⑤ ①~④ 요건을 모두 갖춘 자 중에서 성적순으로 추천
⑥ 성적순은 법률저널 PSAT, 동점일 경우 제1차 성적순
⑦ 전기기술인협회에서 장학금 수여(4월 중)

여러분의 합격, Ace-PSAT이 함께합니다.
Pre-PSAT과 함께라면, 내일의 시험을 오늘 준비 가능합니다!
내일의 합격, 오늘 선택한 법률저널에서 시작됩니다.

합격의 문을 여는 열쇠, 법률저널과 함께하세요.
2025년의 주인공은 바로 당신입니다.

지금 바로 신청하고,
당신의 합격을 시작하세요!

셋, 2024년도 기출문제 실제 시험지 제공

- 2024년도 기출문제(헌법과 PSAT) 실제 시험지 크기로 제작, 제공
- 2024년도 기출문제를 실제 시험지 크기로 한 번 더 풀어볼 기회(해설 제외)
- 제공 방법은 시험 종료 후 배부
- 본 이벤트는 제4회(2024.1.18.) Ace-PSAT 현장 신청자 중 응시자에 한함

넷, 온라인 신청자에게 문제지 무료 배송

- 온라인 응시자에게 문제지 무료 배송 서비스
- 택배 발송 시 문제지+해설지+OMR답안지 구성
- 시험 종료 후 매주 월요일 발송
- 온라인 응시는 모니터상에서 풀고 정답 제출해야 함
- 온라인 응시는 문제지 및 해설지 다운로드 및 프린터 불가 유의

시험일정 및 시간표 안내

Real PSAT의 진수 느낄 실전 전국모의고사!
PSAT 고수들의 반복적인 검수로 퀄리티 UP!

회차	시험일	시험장소
제1회 Pre-PSAT	2024.12.21(토)	〈서울〉 다양한 시험장서 실전연습! * 시험장 추후 공지 * 고시촌 시험장 조기에 마감 유의!
제2회 Pre-PSAT	2025.01.04(토)	
제3회 Pre-PSAT	2025.01.11(토)	
제4회 Ace-PSAT	2025.01.18(토)	
제5회 Ace-PSAT	2025.01.25(토)	
제6회 Ace-PSAT	2025.02.01(토)	〈지방〉 부산 대구 대전 광주 * 지방은 제6회(2025.02.01.)부터 운영 * 시험장 추후 공지
제7회 Ace-PSAT	2025.02.08(토)	
제8회 Ace-PSAT	2025.02.15(토)	
제9회 Ace-PSAT	2025.02.23(일)	
제10회 Ace-PSAT	2025.03.01(토)	

※ 상기 일정은 5급 공채 및 입법고시 일정에 따라 변경될 수 있음.
※ Pre-PSAT은 기출문제와 가장 적합한 엄선 문제로 구성함.
※ 매회 성적 우수자 격려장학금 지급함.
※ 제21기 장학생 선발 회차는 제6~제10회 Ace-PSAT 응시자 대상임.
※ 현장 신청자가 결시한 때 문제지 배송 신청 시 착불로 발송함.

시험시간표

구분	시간		시험과목
수험생 입실 및 교육	09:30~10:00	30분	09:30까지 시험실 입실
1교시 시험	10:00~10:25	25분	헌법
	10:25~11:55	90분	언어논리영역
중식 · 입실	11:55~13:30	95분	13:20까지 시험실 입실
2교시 시험	13:30~15:00	90분	자료해석영역
휴식 · 입실	15:00~15:30	30분	15:20까지 시험실 입실
3교시 시험	15:30~17:00	90분	상황판단영역

2025년 2월 8일 시행(제7회)

2025년도 국가공무원 5급 공채·외교관후보자 제1차시험·지역인재 7급·법원행시 대비

자료해석영역

2 교시

응시번호	
성 명	

문제책형: 널

응시자 주의사항

1. **시험시작 전 시험문제를 열람하는 행위나 시험종료 후 답안을 작성하는 행위를 한 사람**은 「공무원 임용시험령」 제51조에 의거 **부정행위자**로 처리됩니다.
2. **답안지 책형 표기는 시험시작 전** 감독관의 지시에 따라 **문제책 앞면에 인쇄된 문제책형을 확인**한 후, **답안지 책형란에 해당 책형(1개)을 '●'로 표기**하여야 합니다.
3. 시험이 시작되면 문제를 주의 깊게 읽은 후, **문항의 취지에 가장 적합한 하나의 정답만을 고르며,** 문제내용에 관한 질문은 할 수 없습니다.
4. **답안을 잘못 표기하였을 경우에는 답안지를 교체하여 작성**하거나 **수정할 수 있으며,** 표기한 답안을 수정할 때는 **응시자 본인이 가져온 수정테이프만을 사용**하여 해당 부분을 완전히 지우고 부착된 수정테이프가 떨어지지 않도록 손으로 눌러주어야 합니다. **(수정액 또는 수정스티커 등은 사용 불가)**
   - **불량한 수정테이프의 사용과 불완전한 수정처리로 발생하는 모든 문제는 응시자 본인에게 책임이 있습니다.**
5. **시험시간 관리의 책임은 응시자 본인에게 있습니다.**
6. **성적확인용 비밀번호**는 성적확인시 꼭 필요하니 **임의로 4자리를 마킹**하고 기억해야 합니다.

※ 문제책은 시험종료 후 가지고 갈 수 있습니다.

정답공개 및 이의제기 안내

1. 최종정답 공개 : 2.13(목) 오후 5시 네이버 카페 'PSAT의 정석'(cafe.naver.com/lecpsat)에 공지
2. 이의제기 : 2.10(월) 오후 2시까지 / 네이버 카페 'PSAT의 정석'(cafe.naver.com/lecpsat) '이의제기 신청 게시판'에서 연결된 구글폼에 입력
3. 성적확인 안내
   - 각 과목별 성적통계는 2.14(금)에 네이버 카페 'PSAT의 정석'(cafe.naver.com/lecpsat) '통계 게시판'에서 확인
   - 개인 성적표는 2.14(금)에 법률저널 접수페이지의 '성적확인페이지'에서 확인
4. 시험 일정 안내(온·오프 동시 시행)
   - 8회 2025.2.15(토), 9회 2025.2.23.(일), 10회 2025.3.1.(토)
     * 6~10회 장학금 회차(지방시험장 운영)
     * 매회 성적우수 6명(현장응시자 대상)에게 격려 장학금 지급
5. 면학장학금 신청자는 3월 18일까지 관련 서류를 제출 바랍니다.
6. 법률저널 예측시스템 운영(3월 8일 오후 5시부터 법률저널 홈페이지 및 네이버 카페 PSAT의 정석)

법률저널

1. 다음 <표>는 2023년 '갑'국 업력별 신규 신용보증기업 생존율에 관한 자료이다. 제시된 <표> 이외에 <보고서>를 작성하기 위해 추가로 필요한 자료만을 <보기>에서 모두 고르면?

<표> 2023년 '갑'국 업력별 신규 신용보증기업 생존율

(단위: %)

업력 \ 구분	보증공급 후 1년 생존율	보증공급 후 2년 생존율	보증공급 후 3년 생존율	보증공급 후 4년 생존율	보증공급 후 5년 생존율
업력 3년 미만	98.2	93.9	89.7	83.5	75.6
업력 3~5년 미만	98.6	95.7	91.7	87.3	82.8
업력 5~7년 미만	98.8	96.9	93.7	89.9	84.2
업력 7~10년 미만	99.0	97.2	94.4	91.4	86.2
업력 10~15년 미만	99.2	98.1	94.7	92.7	88.9
업력 15년 이상	99.4	98.4	96.3	94.7	90.8

※ 2023년 보증공급후 n년 생존율(%)은 (2023-n)년도 신규 신용보증기업 중 2023년도에 생존하고 있는 기업의 비율을 의미함.

<보고서>

2023년 '갑'국 업력별 신규 신용보증기업 생존율 현황을 살펴보면, 전체 신규 신용보증기업의 보증공급후 1년 생존율은 98.7%로 나타났고, 보증공급후 5년 생존율은 80.4%로 나타났다. 또, 업력이 길수록 생존율이 높게 나타났으며 특히 업력 15년 이상의 보증공급 후 1년 생존율은 99.4%를 보였다.

구체적으로 살펴보면, 보증공급 후 5년 생존율은 업력 15년 이상과 업력 3년 미만 간 15.2%p 차이를 보였다. 이를 통해 업력에 따라 생존율이 크게 차이남을 알 수 있다. 또한, 보증공급 후 7년 생존율은 업력 3년 미만의 경우 61.7%, 업력 15년 이상의 경우 84.1%를 나타내, 업력과 관계없이 보증공급 후 기간이 길수록 생존율이 크게 낮아짐을 알 수 있다.

한편, 2022년 업력 7~10년 미만 신규 신용보증기업 중 2023년에 생존하고 있는 기업 수는 2022년 업력 5~7년 미만 신규 신용보증기업 중 2023년에 생존하고 있는 기업 수보다 더 크게 나타났다.

<보 기>

ㄱ. 2023년 '갑'국 전체 신규 신용보증기업 생존율
ㄴ. 2023년 '갑'국 업력별 보증공급후 5년 생존율
ㄷ. 2023년 '갑'국 업력별 보증공급후 7년 생존율
ㄹ. 2022년 '갑'국 업력별 신규 신용보증기업 수

① ㄱ, ㄴ
② ㄱ, ㄷ
③ ㄴ, ㄷ
④ ㄴ, ㄹ
⑤ ㄱ, ㄷ, ㄹ

2. 다음 <표>는 2022년 시도별 유형별 외국인주민 자녀 수에 관한 자료이다. 이에 대한 설명으로 옳은 것을 고르면?

<표> 2022년 시도별 유형별 외국인주민 자녀 수

(단위: 명)

시도 \ 유형	귀화 및 외국국적 자녀			국내출생 자녀		
	소계	남자	여자	소계	남자	여자
서울특별시	3,517	1,728	1,789	35,550	18,062	17,488
부산광역시	471	221	250	12,653	6,388	6,265
대구광역시	384	168	( )	9,586	4,857	4,729
인천광역시	1,775	854	921	17,796	9,177	8,619
광주광역시	232	108	124	7,250	3,781	3,469
대전광역시	237	113	124	6,561	3,333	3,228
울산광역시	259	120	139	6,040	3,091	2,949
세종특별자치시	75	28	47	1,677	( )	835
경기도	6,801	3,289	3,512	75,294	38,476	36,818
강원특별자치도	246	122	124	8,579	4,383	4,196
충청북도	433	192	241	10,974	5,608	5,366
충청남도	787	371	416	16,669	8,506	8,163
전라북도	379	168	211	13,614	7,072	6,542
전라남도	390	205	185	16,323	8,391	7,932
경상북도	497	230	267	17,420	8,885	8,535
경상남도	644	284	360	20,944	10,854	10,090
제주특별자치도	236	109	127	5,147	2,604	2,543
합계	17,363	8,310	9,053	282,077	144,310	137,767

※ 외국인주민 자녀는 '귀화 및 외국국적 자녀'와 '국내출생 자녀'로만 분류됨.

① 전체 외국인주민 자녀수 중 남자 외국인주민 자녀수의 비중은 50% 이하이다.
② 세종특별자치시의 국내출생 남자자녀 수는 대구광역시의 귀화 및 외국국적 여자자녀 수의 4배 이상이다.
③ 귀화 및 외국국적 자녀의 경우 모든 시도에서 여자수가 남자수보다 더 많다.
④ 전체 외국인주민 자녀 중 국내출생 자녀의 비중은 90% 이상이다.
⑤ 전체 국내출생 자녀수 대비 경기도의 국내출생 자녀수 비율은 25% 이하이다.

3. 다음 <표>와 <그림>은 2023년 운수·통신업 및 광업의 사업장 규모별 업무상 질병 발생 인원에 대한 자료이다. 이에 대한 <보기>의 설명 중 옳은 것만을 모두 고르면?

<표> 2023년 운수·통신업 사업장 규모별 업무상 질병 발생 인원

(단위: 명)

연도 / 국가	소계	운수관련 서비스업	육상 및 수상운수업	통신업
5인 미만	167	69	94	4
5~9인	58	17	40	1
10~29인	134	61	65	8
30~49인	64	24	31	9
50~99인	114	44	63	7
100~299인	153	77	74	2
300~499인	40	25	15	0
500~999인	32	16	15	1
1,000인 이상	115	100	14	1
전체	877	433	411	33

※ 운수·통신업은 운수관련서비스업, 육상 및 수상운수업, 통신업으로만 분류됨.

<그림> 2023년 광업 사업장 규모별 업무상 질병 발생 인원

(단위: 명)

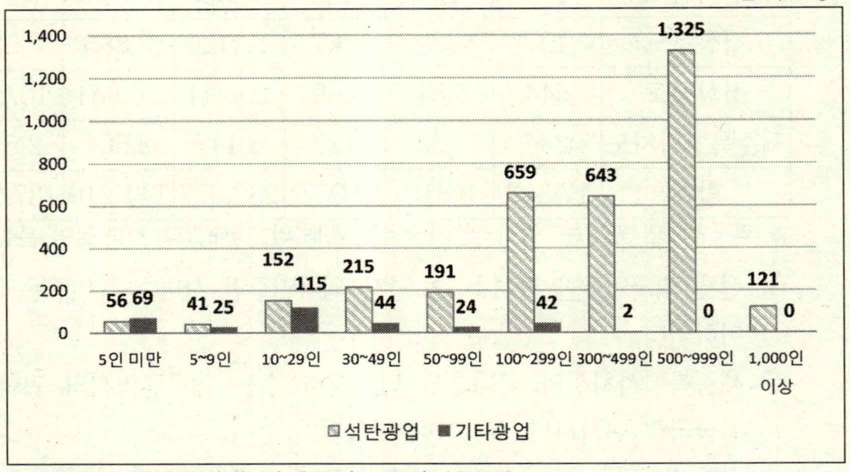

※ 광업은 석탄광업과 기타광업으로만 분류됨.

<보 기>

ㄱ. 사업장 규모 1000인 이상의 업무상 질병 발생 인원은 광업이 운수·통신업의 1.1배 이하이다.

ㄴ. 사업장 규모 '5~9인'의 경우, 광업 업무상 질병 발생 인원 대비 석탄광업 업무상 질병 발생 인원 비율은 60% 미만이다.

ㄷ. 운수·통신업의 사업장 규모 중 육상 및 수상운수업의 업무상 질병 발생 인원 대비 운수관련서비스업의 업무상 질병 발생 인원 비율은 '1,000인 이상'이 가장 크다.

ㄹ. 전체 통신업 업무상 질병 발생 인원 중 사업장 규모 '30~49인' 통신업의 업무상 질병 발생 인원이 차지하는 비중은 30% 이상이다.

① ㄱ, ㄴ
② ㄱ, ㄷ
③ ㄴ, ㄷ
④ ㄴ, ㄹ
⑤ ㄷ, ㄹ

4. 다음 <표>는 2020~2022년 A시 우편물 종류별 접수건수, 배달건수 및 우편물 요금 수입 현황에 대한 자료이다. 이에 대한 <보기>의 설명 중 옳은 것만을 모두 고르면?

<표 1> 2020~2022년 A시 우편물 종류별 접수건수 및 배달건수

(단위: 천건)

종류 / 연도	일반		특수		소포	
	접수	배달	접수	배달	접수	배달
2020	24,031	15,798	8,209	7,212	8.001	2.791
2021	22.120	15.749	7.372	6.899	7.841	2.829
2022	20.700	14.919	7.467	6.878	6.840	2.274

※ 전체 우편물은 일반, 특수, 소포로만 구분됨.

<표 2> 2020~2022년 A시 우편물 종류별 요금수입 현황

(단위: 백만원)

종류 / 연도	일반		특수		소포	
	국내	국제	국내	국제	국내	국제
2020	10,326	53	29,898	9,441	17,162	544
2021	9,914	60	20,944	340	16,941	10,816
2022	10,032	67	21,717	10,719	16,002	328

※ 전체 우편물은 일반, 특수, 소포로만 구분됨.

※ 총요금수입 = 국내요금수입 + 국제요금수입

<보 기>

ㄱ. 2022년 접수건수 대비 배달건수 비율이 가장 큰 우편물 종류의 2022년 총요금수입은 30,000백만원 이상이다.

ㄴ. 2020년 일반우편물 총요금수입은 2020년 특수우편물 총요금수입의 25% 이하이다.

ㄷ. 소포우편물 배달건수 대비 일반 우편물 배달건수 비율은 2020년이 가장 크다.

ㄹ. 2021년 국제 소포우편물 요금수입은 2021년 국내 일반우편물 요금수입보다 8% 이상 더 크다.

① ㄱ, ㄴ
② ㄱ, ㄷ
③ ㄱ, ㄹ
④ ㄴ, ㄷ
⑤ ㄴ, ㄹ

5. 다음 <표>는 2023년 7~12월 전국 오피스텔 규모별 매매가격 대비 전세가격 평균비율 및 전세가격 대비 월세보증금 평균비율에 관한 자료이다. 이에 대한 <보기>의 설명 중 옳은 것만을 모두 고르면?

<표 1> 2023년 7~12월 전국 오피스텔 규모별 매매가격 대비 전세가격 평균비율

(단위: %)

규모 \ 월	2023.07	2023.08	2023.09	2023.10	2023.11	2023.12
40m^2 이하	87.40	87.47	87.53	87.53	87.63	87.72
40m^2 초과 60m^2 이하	81.77	81.68	81.69	81.76	81.76	81.81
60m^2 초과 85m^2 이하	77.89	77.91	77.99	78.08	78.06	78.05
85m^2 초과	71.15	71.15	71.18	71.16	71.18	71.22
전체	84.62	84.66	84.71	84.73	84.80	84.87

※ 매매가격 대비 전세가격 평균비율(%) = $\frac{\text{평균전세가격}}{\text{평균매매가격}} \times 100(\%)$

<표 2> 2023년 7~12월 전국 오피스텔 규모별 전세가격 대비 월세보증금 평균비율

(단위: %)

규모 \ 월	2023.07	2023.08	2023.09	2023.10	2023.11	2023.12
40m^2 이하	7.44	7.47	7.47	7.46	7.26	7.32
40m^2 초과 60m^2 이하	7.38	7.39	7.40	7.43	7.44	7.43
60m^2 초과 85m^2 이하	10.51	10.50	10.49	10.50	10.50	10.51
85m^2 초과	10.74	10.75	10.74	10.75	10.76	10.74
전체	7.96	7.99	7.99	7.99	7.85	7.89

※ 전세가격 대비 월세보증금 평균비율(%) = $\frac{\text{평균월세보증금}}{\text{평균전세가격}} \times 100(\%)$

※ 매매가격 대비 월세보증금 평균비율(%) = $\frac{\text{평균월세보증금}}{\text{평균매매가격}} \times 100(\%)$

<보 기>

ㄱ. 7월부터 12월까지 전체 오피스텔 매매가격 대비 전세가격 평균비율은 매월 0.02%p 이상 증가하였다.

ㄴ. 85m^2 초과 오피스텔과 40m^2 이하 오피스텔의 전세가격 대비 월세보증금 평균비율 차이가 가장 큰 달은 7월이다.

ㄷ. 2023년 12월 40m^2 초과 60m^2 이하 오피스텔의 매매가격 대비 월세보증금 평균비율은 5.5% 이상이다.

ㄹ. 2023년 8월 40m^2 이하 오피스텔의 매매가격 대비 월세보증금 평균비율은 전월대비 증가하였다.

① ㄱ, ㄴ
② ㄱ, ㄷ
③ ㄴ, ㄹ
④ ㄱ, ㄷ, ㄹ
⑤ ㄴ, ㄷ, ㄹ

6. 다음 <표>와 <그림>은 '갑'국 2023년 10~12월 발주자별, 공종별 수주액 및 공종별 수주총액에 관한 자료이다. 이에 대한 <보기>의 설명 중 옳은 것만을 모두 고르면?

<표> '갑'국 2023년 10~12월 발주자별, 공종별 수주액

(단위: 백만원)

발주자	공종 \ 연도	2023.10	2023.11	2023.12
공공부문	계	2,194,496	3,155,483	18,402,755
	건축	1,154,077	1,586,639	3,361,437
	토목	1,040,419	1,568,844	15,041,318
민간부문	계	11,796,801	9,246,456	14,919,706
	건축	10,333,683	8,252,340	12,797,302
	토목	1,463,118	994,116	2,122,404
국내 외국기관	계	1,961	7,649	323,842
	건축	1,750	4,898	323,842
	토목	211	2,751	0
민자	계	257,804	201,490	35,601
	건축	21,764	40,106	14,738
	토목	236,040	161,384	20,863

<그림> '갑'국 2023년 10~12월 공종별 수주총액

(단위: 백만원)

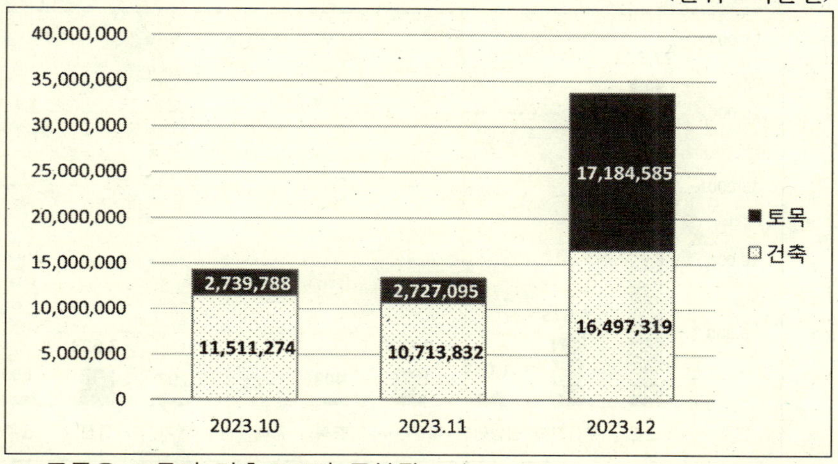

※ 공종은 토목과 건축으로만 구분됨.

<보 기>

ㄱ. 2023년 10월의 수주총액 대비 민간부문 수주액의 비율은 70% 이상이다.

ㄴ. 2023년 10월 토목 수주액 대비 건축 수주액 비율이 가장 큰 발주자는 민간부문이다.

ㄷ. 2023년 12월 전월대비 토목 수주총액의 증가액수는 전월대비 건축수주총액의 증가액수의 2배 이상이다.

ㄹ. 2023년 12월 민자 건축 수주액의 전월대비 감소율은 60% 미만이다.

① ㄱ, ㄴ
② ㄱ, ㄷ
③ ㄴ, ㄷ
④ ㄴ, ㄹ
⑤ ㄷ, ㄹ

7. 다음 <표>는 2021년 경제자유구역 권역별 사업체수, 누계투자금액 및 2021년 경제자유구역 권역별 당해연도 투자금액에 관한 자료이다. 이를 바탕으로 작성한 <보고서>의 내용 중 옳지 않은 것은?

<표> 2021년 경제자유구역 권역별 사업체수 및 누계투자금액

(단위: 개, 억원)

구분 / 권역	사업체수	누계투자금액
인천	2,369	381,449
부산진해	1,340	82,014
광양만권	694	71,193
대구경북	675	32,140
충북	75	4,206
동해안권	3	367
경기	8	6,011
울산	42	5,797
광주	19	699
전체	5,225	583,876

※ 누계투자금액은 2021년까지 해당권역에 투자된 총 금액을 의미함.

※ 누계 평균투자액 = $\frac{\text{누계투자금액}}{\text{사업체수}}$

<그림> 2021년 경제자유구역 권역별 당해연도 투자금액

(단위: 억원)

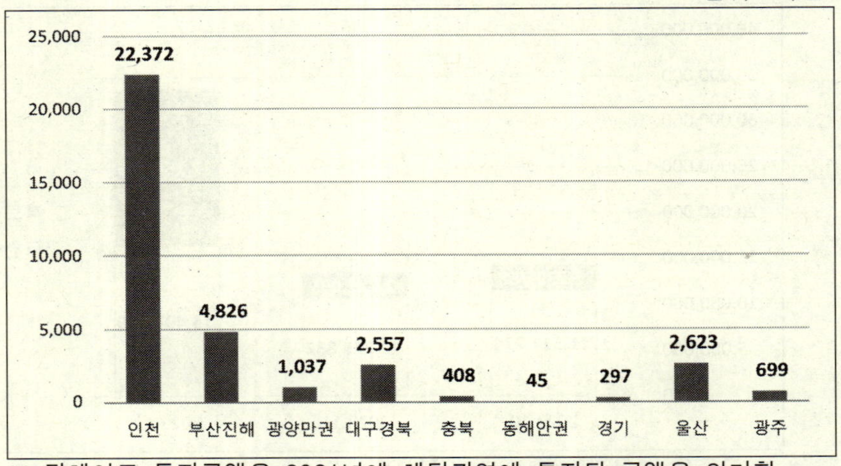

※ 당해연도 투자금액은 2021년에 해당권역에 투자된 금액을 의미함.

<보고서>

2021년 경제자유구역 권역별 투자금액 및 누계투자금액 현황을 살펴보면, ㉠누계투자금액이 가장 큰 권역이 당해년도 투자금액도 가장 크게 나타났다. 또, ㉡당해년도에 처음 투자가 이루어진 권역은 1개로 나타났다.

평균투자액을 살펴보면, ㉢누계 평균투자액이 가장 큰 권역의 당해년도 투자금액은 1,000억원 이하이다. 또한, ㉣누계 투자금액 대비 당해년도 투자금액이 두 번째로 큰 권역의 사업체수는 50개 이상으로 나타났다. 한편, ㉤전체 권역의 사업체수 중 충북권역 사업체수가 차지하는 비중은 1.5% 이하이다.

① ㄱ
② ㄴ
③ ㄷ
④ ㄹ
⑤ ㅁ

8. 다음 <표>는 2017~2022년 '갑'국 양식품종별 내수면어업 어가수에 관한 자료이다. <표>와 <조건>을 근거로 B, C, E에 해당하는 양식품종을 바르게 연결한 것은?

<표> 2017~2022년 '갑'국 양식품종별 내수면어업 어가수

(단위: 가구)

연도 / 양식품종	2017	2018	2019	2020	2021	2022
A	1,505	1,402	1,388	1,128	1,012	807
B	148	138	135	134	130	99
C	96	116	125	157	109	99
D	70	83	79	45	32	32
E	12	23	35	52	25	13

<조 건>

○ 양식품종 A~E는 갑각류, 기타수산동물류, 어류, 종묘, 패류 중 하나이다.
○ 갑각류와 어류의 어가수는 2017년 이후 매년 감소한다.
○ 2021년 전년대비 어가수 감소율이 가장 큰 양식품종은 종묘이다.
○ 패류의 어가수는 매년 기타수산동물류 어가수보다 더 크다.
○ 2020년 갑각류의 어가수는 기타수산동물류 어가수의 3배 이하이다.

	B	C	E
①	갑각류	패류	종묘
②	갑각류	기타수산동물류	종묘
③	어류	패류	기타수산동물류
④	어류	기타수산동물류	패류
⑤	종묘	기타수산동물류	어류

9. 다음 <표>는 2023년 9월~2024년 2월 제품별 주유소 평균판매가격에 대한 자료이다. 이에 대한 설명 중 옳지 않은 것은?

<표> 2023년 9월~2024년 2월 제품별 주유소 평균판매가격

(단위: 원/L, %)

월 / 제품	23.09	23.10	23.11	23.12	24.01	24.02	전년동월 대비 증감율
보통휘발유	1,769	1,776	1,684	1,601	1,569	1,615	2.3
실내등유	1,389	1,433	1,426	1,390	1,359	1,361	-7.1
자동차용 경유	1,667	1,690	1,628	1,526	1,480	1,518	-5.5

① 2023년 10월 주유소 평균판매가격의 전월대비 증가율은 실내등유가 가장 크다.
② 2023년 2월의 보통휘발유 주유소 평균판매가격은 1,600원 미만이다.
③ 2023년 10월부터 2024년 2월까지 주유소 평균판매가격의 전월대비 증감방향은 모든 제품이 동일하다.
④ 2024년 2월 주유소 평균판매가격으로 주유하는 경우, 보통휘발유 90L가 자동차용 경유 100L보다 더 비싸다.
⑤ 2024년 1월 실내등유 주유소 평균판매가격은 보통휘발유 주유소 평균판매가격의 90% 이하이다.

10. 다음 <그림>은 2018~2022년 대학구분별 발명신고건수 및 대학구분별 발명승계율에 관한 자료이다. 이에 대한 <보기>의 설명 중 옳은 것만을 모두 고르면?

<그림 1> 2018~2022년 대학구분별 발명신고건수

(단위: 건)

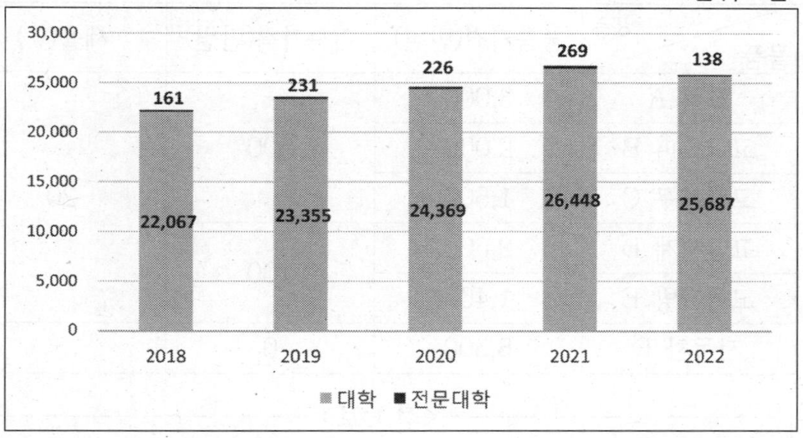

<그림 2> 2018~2022년 대학구분별 발명승계율

(단위: %)

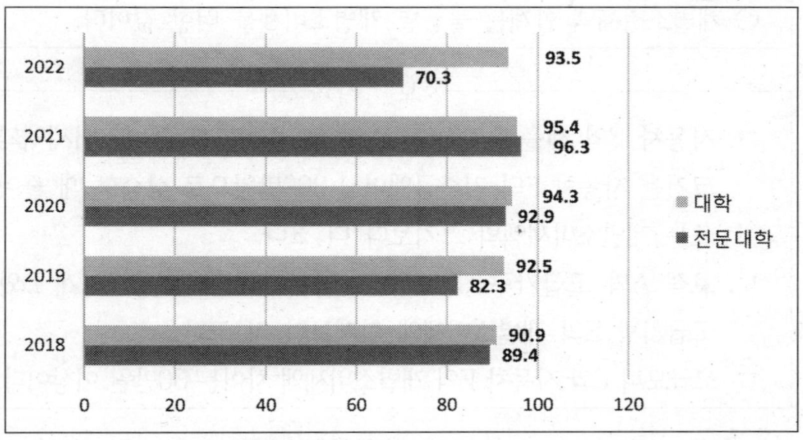

※ 발명승계율 $= \frac{\text{발명승계건수}}{\text{발명신고건수}} \times 100(\%)$

<보 기>

ㄱ. 2018년부터 2022년까지 대학과 전문대학의 발명신고건수는 각각 매년 증가하였다.

ㄴ. 2019년 전체 발명신고건수 대비 전문대학의 발명신고건수 비율은 1% 이하이다.

ㄷ. 2022년 전문대학의 발명승계건수는 90건 이상이다.

ㄹ. 2018년 대비 2021년 대학의 발명승계건수 증가율은 15% 이상이다.

① ㄱ, ㄷ
② ㄱ, ㄹ
③ ㄴ, ㄷ
④ ㄴ, ㄹ
⑤ ㄴ, ㄷ, ㄹ

11. 다음 <표>와 <그림>은 2018~2022년 유형별 어린이집 수 및 2022년 어린이집 유형별 보육아동 수에 관한 자료이다. <표>와 <그림> 및 <조건>을 근거로 하여 A~D에 해당하는 어린이집 유형을 바르게 나타낸 것은?

<표> 2018~2022년 유형별 어린이집 수

(단위: 개소)

유형 \ 연도	2018	2019	2020	2021	2022
A	3,602	4,324	4,958	5,437	6,011
사회복지법인	1,377	1,343	1,316	1,285	1,254
B	748	707	671	640	610
C	13,518	12,568	11,510	10,603	9,726
가정	18,651	17,117	15,529	13,891	12,109
D	164	159	152	142	132
E	1,111	1,153	1,216	1,248	1,201
합계	39,171	37,371	35,352	33,246	31,043

<그림> 2022년 어린이집 유형별 보육아동 수

(단위: 명)

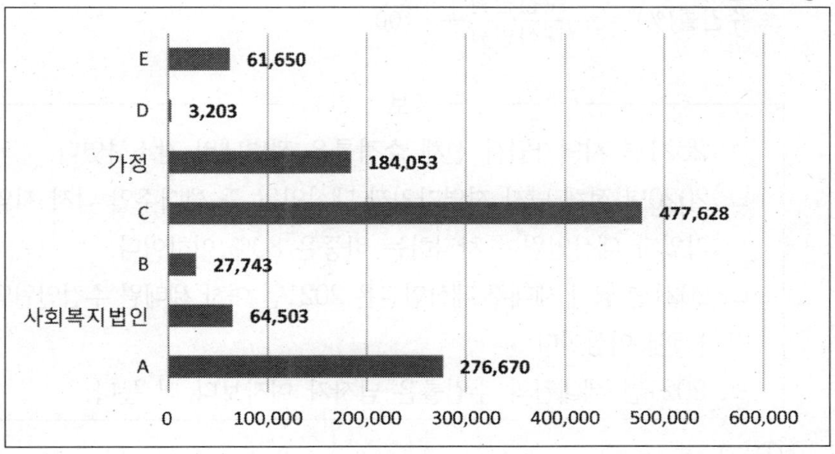

<조 건>

○ '민간' 어린이집 수는 매년 '법인·단체 등' 어린이집 수의 10배 이상이다.

○ 2022년 '국공립' 어린이집과 '직장' 어린이집의 수는 2018년보다 각각 증가하였다.

○ 전체 어린이집수 대비 '협동' 어린이집의 수는 매년 0.5% 이하이다.

○ 2022년 어린이집 수 대비 보육아동 수 비율은 '국공립' 어린이집이 '직장' 어린이집보다 더 작다.

	A	B	C	D
①	직장	법인·단체 등	협동	민간
②	직장	협동	민간	법인·단체 등
③	국공립	법인·단체 등	민간	협동
④	국공립	법인·단체 등	직장	협동
⑤	민간	협동	국공립	직장

12. 다음 <표>는 2020~2021년 건강보험 지역가입자 직역별·성별 건강검진 대상인원 및 수검인원에 관한 자료이다. 이에 대한 <보기>의 설명 중 옳은 것만을 모두 고르면?

<표> 2020~2021년 건강보험 지역가입자 직역별·성별 건강검진 대상인원 및 수검인원

(단위: 명)

직역	성별	2020 대상인원	2020 수검인원	2021 대상인원	2021 수검인원
세대주	계	3,218,400	1,819,057	3,590,466	2,339,548
	남자	2,024,552	1,129,480	2,223,636	1,432,626
	여자	1,193,848	689,577	1,366,830	906,922
세대원	계	2,151,572	1,144,660	2,390,449	1,488,444
	남자	613,266	271,263	676,827	362,318
	여자	1,538,306	873,397	1,713,622	1,126,126
지역가입자 전체	계	5,369,972	2,963,717	5,980,915	3,827,992
	남자	2,637,818	1,400,743	2,900,463	1,794,944
	여자	2,732,154	1,562,974	3,080,452	2,033,048

※ 수검률(%) = $\frac{\text{수검인원}}{\text{대상인원}} \times 100$

<보 기>

ㄱ. 2021년 지역가입자 전체 수검률은 전년대비 감소하였다.
ㄴ. 2020년 전체 남자 지역가입자 대상인원 중 세대주인 남자 지역가입자 대상인원이 차지하는 비중은 80% 이하이다.
ㄷ. 2021년 남자 세대주 대상인원은 2021년 여자 세대원 수검인원의 1.5배 이상이다.
ㄹ. 2021년 세대원의 수검률은 남자가 여자보다 더 높다.

① ㄱ, ㄷ
② ㄱ, ㄹ
③ ㄴ, ㄷ
④ ㄴ, ㄹ
⑤ ㄱ, ㄷ, ㄹ

13. 다음 <표>는 개별소비세 과세 시 적용되는 물품별 물품가격, 기준가격 및 세율에 관한 자료이다. <표>와 <정보>에 근거한 <보기>의 설명 중 옳은 것만을 모두 고르면?

<표> 물품별 물품가격, 기준가격 및 세율

(단위: 만원, %)

물품 \ 항목	물품가격(만원)	기준가격(만원)	세율(%)
보석 A	3,000	500	20
고급모피 B	2,000		
고급가구 C	1,500		
고급시계 D	2,600	200	
고급가방 E	1,400		
자동차 F	5,500	0	5

<정 보>

○ 물품별 과세가격 = 물품가격 - 기준가격
○ 물품별 개별소비세액 = 물품별 과세가격 × 세율
○ 개별소비세액 합계는 물품별 개별소비세를 더한 값이다.

<보 기>

ㄱ. 자동차 F의 세율이 1%p 감소할 때 줄어드는 개별소비세액의 크기는 자동차 F의 기준금액이 1,000만원으로 상승할 때 줄어드는 개별소비세액의 크기보다 더 크다.
ㄴ. 보석 A와 고급가구 C의 개별소비세액 합계는 고급시계 D와 고급가방 E의 개별소비세액 합계보다 더 크다.
ㄷ. 고급모피 B와 자동차 F의 개별소비세액 차이는 30만원 이상이다.

① ㄱ
② ㄴ
③ ㄱ, ㄷ
④ ㄴ, ㄷ
⑤ ㄱ, ㄴ, ㄷ

14. 다음 <표>는 방송사업자별 방송제작비 현황이다. <표>를 이용하여 작성한 <보기>의 자료 중 옳은 것만을 모두 고르면?

<표> 방송사업자별 방송제작비 현황

(단위: 백만원)

사업자	제작비＼연도	2018	2019	2020	2021	2022
지상파 방송사	자체 제작비	659,498	516,761	475,107	529,766	535,790
	외주 제작비	482,492	553,001	478,905	435,087	477,141
	국내외 구매비	14,162	14,372	15,842	18,407	22,472
	총 제작비	1,156,152	1,084,134	969,854	983,260	1,035,403
방송 채널 사용 사업자	자체 제작비	783,572	888,154	810,503	846,183	928,988
	외주 제작비	353,937	379,127	424,078	479,646	502,116
	국내외 구매비	701,589	810,212	602,398	610,365	690,343
	총 제작비	1,839,098	2,077,493	1,836,979	1,936,194	2,121,447

※ 자체제작비율(%) = $\frac{\text{자체제작비}}{\text{총제작비}} \times 100$

<보 기>

ㄱ. 2022년 방송채널사용사업자 방송제작비 제작비별 구성비

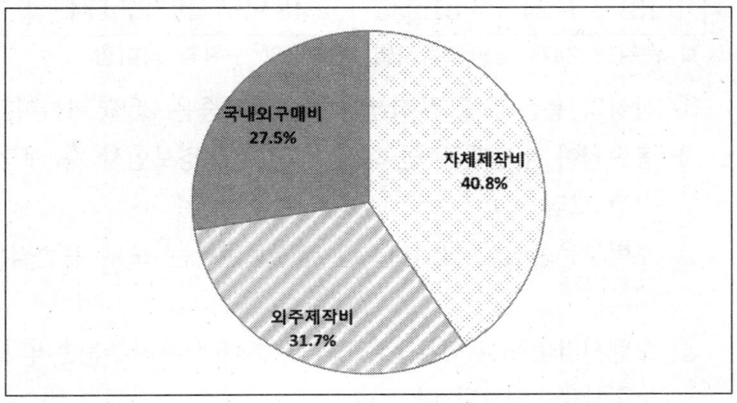

ㄴ. 2018~2022년 방송사업자별 총제작비 추이

(단위: 백만원)

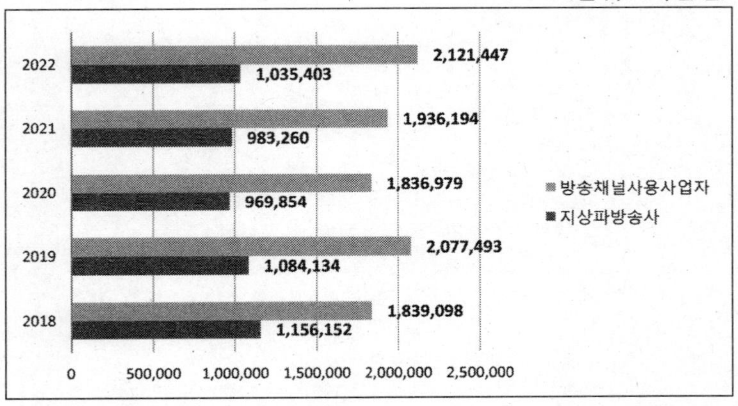

ㄷ. 2018~2022년 지상파방송사 자체제작비율 추이

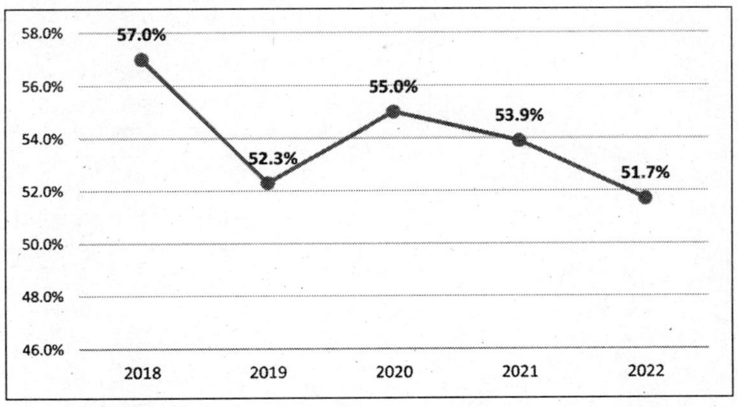

ㄹ. 2022년 방송채널사용사업자 제작비별 전년대비 증감액

(단위: 백만원)

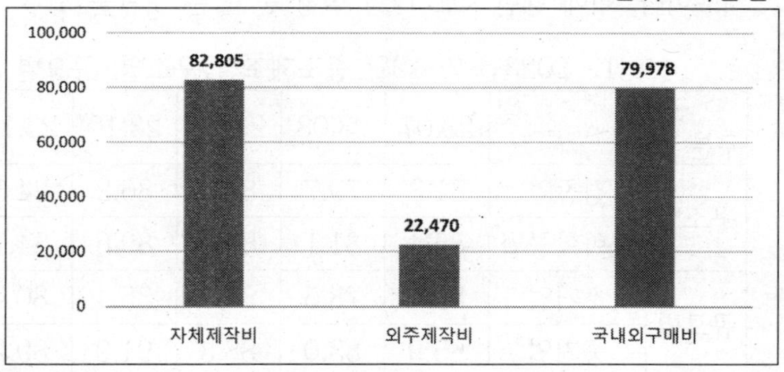

① ㄱ, ㄴ
② ㄱ, ㄷ
③ ㄴ, ㄷ
④ ㄴ, ㄹ
⑤ ㄷ, ㄹ

15. 다음 <표>는 2023년 7~12월 중소제조업 구조별, 규모별 SBHI와 2024년 1월 중소제조업 구조별, 규모별 경기전망조사 설문결과에 관한 자료이다. 이에 대한 <보기>의 설명 중 옳은 것만을 모두 고르면?

<표 1> 2023년 7~12월 중소제조업 구조별, 규모별 SBHI

구분 \ 월		23.07	23.08	23.09	23.10	23.11	23.12
구조별	경공업	81.3	79.7	86.3	86.2	84.3	78.9
	중화학공업	85.4	81.1	87.5	89.6	84.7	81.8
규모별	소기업	82.4	78.5	85.5	85.4	80.4	77.9
	중기업	85.9	83.0	88.8	91.9	89.2	84.2
전체		84.1	80.6	87.1	88.5	84.5	80.9

※ SBHI(Small Business Health Index, 건강도지수)는 100이상이면 다음 달 경기가 좋아질 것으로 전망한 업체가 그렇지 않을 것으로 보는 업체보다 더 많음을 나타내며, 100미만이면 그 반대를 뜻함.

<표 2> 2024년 1월 중소제조업 구조별, 규모별 경기전망조사 설문결과

(단위: %)

구분 \ 월		매우나쁨	다소나쁨	동일	다소좋음	매우좋음
구조별	경공업	11.4	27.3	50.8	10.3	0.1
	중화학공업	8.3	28.2	53.8	9.5	0.1
규모별	소기업	12.5	31.1	47.8	8.4	0.2
	중기업	5.9	24.4	58.3	11.3	0.0
전체		9.3	27.9	52.8	9.8	0.1

※ '나쁨'으로 응답한 비율은 '매우나쁨'과 '다소나쁨'을 합친 비율이고, '좋음'으로 응답한 비율은 '다소좋음'과 '매우좋음'을 합친 비율을 의미함.

<보 기>

ㄱ. 2024년 1월 '나쁨'으로 응답한 비율은 경공업이 중화학공업보다 더 크다.

ㄴ. 2023년 10월에 다음 달 경기가 좋아질 것으로 전망한 업체가 그렇지 않을 것으로 보는 업체보다 더 많았다.

ㄷ. 2023년 9월 전월대비 SBHI 지수 증가율은 소기업이 중기업보다 더 크다.

ㄹ. 2024년 1월 <표 2>에 주어진 모든 규모에서 나쁨으로 응답한 비율은 좋음으로 응답한 비율의 2배 이상이다.

① ㄱ, ㄷ
② ㄱ, ㄹ
③ ㄴ, ㄷ
④ ㄴ, ㄹ
⑤ ㄱ, ㄷ, ㄹ

16. 다음 <표>는 2020년 24개 생명보험사 총손익 순위에 대한 자료이다. 이에 대한 설명으로 옳은 것은?

<표> 2020년 24개 생명보험사 총손익 순위

(단위: 백만원)

보험사	순위	총손익	보험부문손익	투자부문손익	기타부문손익
삼성	1	1,272,912	360,684	353,693	558,534
교보	2	557,182	655,585	-115,517	17,114
라이나	3	491,889	462,384	41,319	-11,814
푸르덴셜	4	328,126	307,489	143,744	-123,107
오렌지라이프	5	307,658	475,683	-202,101	34,076
한화	6	284,285	782,575	-360,537	-137,752
신한	7	238,297	197,482	24,291	16,524
AIA	8	202,449	218,062	44,502	-60,115
푸본현대	9	186,701	12,699	75,872	98,131
메트라이프	10	186,309	235,807	-168,963	119,465
…					
DGB	20	3,046	129,147	-122,249	-3,852
처브라이프	21	1,694	11,611	785	-10,702
BNP 파리바	22	-7,234	-34,013	30,633	-3,854
교보라이프	23	-13,161	-16,562	4,321	-920
KB	24	-31,235	-48,977	27,174	-9,431

※ 순위는 24개 생명보험사별 총손익의 순위를 의미함.

① 삼성의 총손익 중 투자부문손익의 비중은 25% 이하이다.

② 총손익이 두번째로 큰 회사는 전체 생명보험사 중 보험부문손익이 가장 크다.

③ 보험부문손익이 마이너스인 생명보험사는 모두 총손익도 마이너스이다.

④ 오렌지라이프 기타부문손익과 푸본현대 투자부문손익의 합은 DGB 보험부문손익보다 더 크다.

⑤ 총손익이 마이너스인 생명보험사의 수는 총손익이 500,000백만원 이상인 생명보험사의 수보다 더 크다.

17. 다음 <표>는 2021~2022년 '갑'국 월별 주택보증 발급건수 및 발급금액에 관한 자료이다. 이에 대한 <보고서>의 내용 중 옳은 것만을 모두 고르면?

<표> 2021~2022년 '갑'국 월별 주택보증 발급건수 및 발급금액

(단위: 건, 억원)

구분 / 월	2021		2022	
	건수	금액	건수	금액
합계	644,331	2,361,031	658,873	2,346,619
1월	49,471	133,748	45,363	159,642
2월	49,726	169,866	41,971	166,385
3월	67,514	222,614	52,446	177,387
4월	49,361	177,282	51,027	173,902
5월	55,132	176,798	61,018	206,261
6월	55,529	208,597	54,563	180,069
7월	57,396	191,090	52,781	192,041
8월	52,304	175,563	56,286	197,821
9월	48,508	184,923	58,728	214,009
10월	49,139	186,082	61,075	220,008
11월	54,277	255,297	62,545	266,272
12월	55,974	279,171	61,070	192,822

<보고서>

'갑'국에서는 매년 주택보증 발급내역에 대한 통계를 발간하고 있는데 2021년과 2022년 통계를 살펴보면 다음과 같은 특성이 있다.

먼저, ㉠ 2022년 주택보증 발급건수는 658,873건으로 전년대비 2% 이상 증가하였다. 또, ㉡ 2022년 주택보증 발급건수 당 발급금액은 전년대비 감소하였다. 다음으로 월별로 살펴보면 ㉢ 2022년 9월, 10월, 11월의 주택보증 발급건수는 각각 전년 동월대비 20% 이상 증가하였다. 한편, ㉣ 2021년의 경우 주택보증 발급건수가 큰 달일수록 주택보증 발급금액도 더 큰 것으로 나타났다.

① ㉠, ㉡
② ㉠, ㉢
③ ㉡, ㉢
④ ㉡, ㉣
⑤ ㉠, ㉡, ㉣

18. 다음 <표>는 2018~2022년 방산부문 분야별 신규 설비투자액에 관한 자료이다. 이에 대한 설명 중 옳지 않은 것을 고르면?

<표> 2018~2022년 방산부문 분야별 신규 설비투자액

(단위: 억원)

분야 \ 연도	2018	2019	2020	2021	2022
항공유도	1,812	1,747	1,342	1,219	2,065
화력	209	294	469	382	246
탄약	815	1,117	1,260	1,456	1,115
기동	156	155	146	252	185
통신전자	304	216	476	496	712
함정	240	690	307	246	1,198
화생방	64	1	11	39	23
기타	63	26	45	33	226
계	3,663	4,246	4,056	4,123	5,770

① 방산부문 전체 신규설비투자액 대비 항공유도분야 신규설비투자액 비중은 매년 50% 미만이다.

② 화력분야 신규설비투자액의 전년대비 감소액은 2022년이 2021년보다 더 크다.

③ 2018년 대비 2022년 신규설비투자액의 증가율은 화력이 탄약보다 더 크다.

④ 기타를 제외하고 2022년 신규설비투자액의 전년대비 증가율이 가장 큰 분야는 함정이다.

⑤ 2020년 기동 분야와 화생방 분야의 신규설비투자액 합계는 2020년 화력 분야 신규설비투자액의 30% 이상이다.

[19~20] 다음 <표>는 2021~2022년 전국 시도별 자전거 주차장 설치현황 및 2022년 전국 시도별 도로유형별 자전거도로 길이에 관한 자료이다. <표>를 보고 물음에 답하시오.

<표 1> 2021~2022년 전국 시도별 자전거 주차장 설치현황

(단위: 개, 대)

연도 / 구분 / 시도	2021		2022	
	주차장수	주차가능대수	주차장수	주차가능대수
서울특별시	4,805	130,940	4,706	127,026
부산광역시	1,034	14,304	999	13,736
대구광역시	1,517	20,717	1,280	21,588
인천광역시	1,127	26,269	1,228	26,204
광주광역시	1,712	20,476	1,642	18,732
대전광역시	821	9,160	776	8,196
울산광역시	241	5,271	294	6,114
세종특별자치시	1,170	13,639	1,142	13,359
경기도	8,783	219,463	8,657	222,378
강원특별자치도	1,806	22,623	1,790	22,879
충청북도	1,029	12,967	1,047	13,147
충청남도	3,074	51,257	3,136	51,427
전라북도	968	27,944	995	30,304
전라남도	1,049	14,353	2,426	31,728
경상북도	1,326	17,977	1,250	17,570
경상남도	3,234	44,880	6,452	135,101
제주특별자치도	1,242	15,320	1,242	15,320
전국	34,938	667,560	39,062	774,809

<표 2> 2022년 전국 시도별 도로유형별 자전거도로 길이

(단위: km)

도로유형 / 시도	합계	자전거 전용도로	자전거 보행자 겸용도로	자전거 전용차로	자전거 우선도로
서울특별시	1,316	180	872	74	191
부산광역시	491	45	445	1	1
대구광역시	1,113	93	1,002	13	5
인천광역시	1,066	267	784	12	3
광주광역시	668	104	527	26	11
대전광역시	775	127	647	0	0
울산광역시	879	126	643	24	85
세종특별자치시	247	50	173	3	22
경기도	5,829	565	4,831	294	140
강원특별자치도	1,677	88	1,316	61	213
충청북도	1,311	252	803	76	181
충청남도	1,607	284	1,243	13	66
전라북도	1,842	306	1,273	37	226
전라남도	1,437	249	918	74	196
경상북도	2,376	368	1,464	155	390
경상남도	2,236	530	1,349	129	229
제주특별자치도	1,355	15	1,339	0	0
전국	26,225	3,648	19,627	992	1,957

19. 위 <표>에 대한 설명으로 옳은 것을 <보기>에서 모두 고르면?

<보 기>

ㄱ. 2022년 전체 자전거도로 길이 중 전라북도와 전라남도의 자전거도로 길이 합계가 차지하는 비중은 15% 이하이다.

ㄴ. 2022년 울산광역시 주차장수의 전년대비 증가율은 주차가능대수의 전년대비 증가율보다 더 크다.

ㄷ. 2021년 주차장수 대비 주차가능대수 비율은 부산광역시가 대전광역시보다 더 작다.

ㄹ. 2022년 인천광역시의 주차가능대수는 세종특별자치시와 제주특별자치도의 주차가능대수 합보다 더 크다.

① ㄱ, ㄴ
② ㄱ, ㄷ
③ ㄴ, ㄷ
④ ㄴ, ㄹ
⑤ ㄷ, ㄹ

20. 제시된 <표> 이외에 <보고서>를 작성하기 위해 추가로 필요한 자료만을 <보기>에서 모두 고르면?

<보고서>

2021~2022년 전국 시도별 자전거 주차장 설치현황을 살펴보면 총 주차장수는 2022년 39,062대로 전년대비 증가하였고, 총 주차가능대수도 774,809대로 전년대비 증가하였다. 2022년 전국 주차장수에서 서울특별시의 주차장수가 차지하는 비중은 약 12%로 나타났으며, 2022년 주차장수 대비 공영자전거 보유대수는 전국 시도 중 서울특별시가 가장 크게 나타났다.

한편, 2022년 전국의 자전거도로 길이는 26,225km로 전년대비 100km 이상 증가한 것으로 나타났는데, 도로유형 중 자전거보행자겸용도로의 증가율이 가장 높게 나타났다.

또한, 2022년 자전거 안전표지판 설치현황을 살펴보면, 전국 시도 중 서울이 30,246개로 가장 많은 것으로 나타났고, 울산이 521개로 가장 적은 것으로 나타났다.

<보 기>

ㄱ. 2022년 전국 시도별 주차장수 구성비

ㄴ. 2022년 전국 시도별 공영자전거 보유대수

ㄷ. 2021년 전국 시도별 도로유형별 자전거도로 길이

ㄹ. 2022년 전국 시도별 자전거 안전표지판 설치현황

① ㄱ, ㄴ
② ㄴ, ㄷ
③ ㄱ, ㄴ, ㄷ
④ ㄴ, ㄷ, ㄹ
⑤ ㄱ, ㄴ, ㄷ, ㄹ

21. 다음 <표>는 2021년 '갑'국 일간지 및 주간지 부문별 기자직 수에 관한 자료이다. 이에 대한 <보기>의 설명 중 옳은 것만을 모두 고르면?

<표> 2021년 '갑'국 일간지 및 주간지 부문별 기자직 수

(단위: 명)

구분 부문	일간지	주간지	전국종합 주간	지역종합 주간	전문주간
논설	327	136	7	50	79
취재	6,845	3,123	292	1,033	1,798
편집	1,581	1,207	98	460	649
교열	149	29	2	11	16
사진/동영상	354	55	7	13	35
온라인(SNS 포함)	375	35	7	13	15
기타	189	56	0	41	15

<보 기>

ㄱ. 일간지 기자 수 대비 주간지 기자 수 비율이 가장 작은 부문의 주간지 기자 수는 50명 이상이다.

ㄴ. 논설부문 주간지 기자 중 지역종합주간지 기자가 차지하는 비중은 40% 이하이다.

ㄷ. 전국종합주간지 기자 수가 두 번째로 큰 부문의 일간지 기자 수는 사진/동영상 부문 일간지 기자 수의 5배 이하이다.

ㄹ. 지역종합주간지 기자 수 대비 전문주간지 기자 수 비율이 가장 큰 부문의 일간지 기자 수는 1,000명 이상이다.

① ㄱ, ㄴ

② ㄱ, ㄷ

③ ㄴ, ㄷ

④ ㄴ, ㄹ

⑤ ㄱ, ㄴ, ㄹ

22. 다음 <표>는 2021년 기후기술분류별 기술이전수행 및 기술료징수 현황에 관한 자료이다. 이에 대한 <보기>의 설명으로 옳은 것을 모두 고르면?

<표> 2021년 기후기술분류별 기술이전수행 및 기술료징수 현황

(단위: 건, 백만원)

대분류	기후기술	기술이전수행		기술료징수	
		사례수	기술이전 건수	사례수	기술료 징수액
감축	소계	110	6,198	108	136,001
	비재생에너지	8	160	8	4,161
	재생에너지	24	969	24	11,839
	신에너지	7	21	7	1,455
	에너지저장	9	414	9	13,294
	에너지수요	62	4,634	60	105,252
적응	소계	134	53,467	114	262,722
	농업&축산	52	52,254	49	239,471
	물관리	2	3	2	170
	예측·모니터링	11	383	9	17,660
	해양수산연안	8	8	8	100
	건강	40	776	25	4,894
	산림육상	21	43	21	427
감축 및 적응 융복합	소계	33	166	31	24,650
	감축 및 적응 융복합	33	166	31	24,650
전체		276	59,830	252	423,371

※ 평균 기술이전건수 = $\frac{\text{기술이전건수}}{\text{기술이전수행 사례수}}$

※ 평균 기술료징수액 = $\frac{\text{기술료징수액}}{\text{기술료징수 사례수}}$

<보 기>

ㄱ. 평균 기술이전건수가 가장 큰 기후기술과 평균 기술이전건수가 가장 작은 기후기술은 동일한 대분류에 속한다.

ㄴ. 대분류가 감축인 기후기술 중 평균 기술료징수액이 가장 낮은 것은 재생에너지이다.

ㄷ. 기술이전건수 대비 기술료징수액 비율은 해양수산연안이 산림육상보다 더 크다.

ㄹ. 에너지저장과 감축 및 적응 융복합의 기술료 징수액 합계는 전체 기술료 징수액의 10% 이상이다.

① ㄱ, ㄴ

② ㄱ, ㄷ

③ ㄴ, ㄷ

④ ㄴ, ㄹ

⑤ ㄱ, ㄷ, ㄹ

23. 다음 <표>는 2017~2021년 동북·중앙아시아 국가별 비료소비량에 대한 자료이다. 이에 대한 설명 중 옳지 않은 것은?

<표> 2017~2021년 동북·중앙아시아 국가별 비료소비량

(단위: M/T)

국가 \ 연도	2017	2018	2019	2020	2021
아르메니아	90,339	90,539	92,331	93,527	90,229
아제르바이잔	76,813	127,300	158,439	220,587	220,587
중국	52,733,212	50,191,234	43,972,181	42,356,779	41,132,575
조지아	21,247	21,394	21,050	55,241	56,213
카자흐스탄	158,208	120,590	85,708	164,750	131,900
키르기스스탄	9,904	27,344	29,185	29,155	29,155
몽골	36,737	42,165	46,818	44,523	41,660
타지키스탄	14,849	12,355	77,611	81,210	75,726
투르크메니스탄	413,400	457,400	469,300	469,300	469,300
우즈베키스탄	1,023,894	876,150	1,099,003	1,079,196	1,192,134
벨라루스	815,790	892,133	879,118	1,022,922	952,524
몰도바	84,477	99,929	86,500	82,867	86,494
러시아	2,472,916	2,532,016	2,748,227	3,081,103	3,081,103
우크라이나	2,028,080	2,150,638	2,142,470	2,488,687	2,584,115

① 2018~2021년 조지아 비료소비량과 우크라이나 비료소비량의 전년대비 증감방향은 매년 같다.

② 2021년 비료소비량의 전년대비 증가율은 우즈베키스탄이 몰도바보다 더 크다.

③ 2019년 중국의 비료소비량은 2020년 러시아 비료소비량의 15배 이하이다.

④ 2017년 카자흐스탄의 전년대비 비료소비량 감소율이 25%라면 2016년 카자흐스탄의 비료소비량은 200,000M/T 이하이다.

⑤ 2017년 몰도바의 비료소비량은 아제르바이잔과 키르기스스탄의 비료소비량 합보다 더 작다.

24. 다음 <표>는 2022년 운수업 조직형태별 기업체 수, 종사자 수, 급여액, 매출액 현황 및 2022년 운수업 종사자규모별 기업체 수에 관한 자료이다. 이에 대한 <보기>의 설명 중 옳은 것만을 모두 고르면?

<표 1> 2022년 운수업 조직형태별 기업체 수, 종사자 수, 급여액, 매출액 현황

조직형태 \ 구분	기업체 수 (개)	종사자 수 (명)	급여액 (백만원)	매출액 (백만원)
합계	490,514	1,337,919	34,499,081	232,486,026
개인기업체	467,213	519,531	1,084,775	21,239,474
회사법인	21,630	725,685	27,860,241	194,512,577
회사이외법인	994	75,225	4,663,239	15,482,288
비법인단체	444	2,048	57,644	168,932
국가, 지방자치단체	233	15,430	833,182	1,082,754

<표 2> 2022년 운수업 종사자규모별 기업체 수

(단위: 개)

종사자 규모	9명 이하	10~19명	20~49명	50~99명	100~299명	300~499명	500명 이상
기업체 수	479,099	4,582	4,271	1,494	851	108	108

<보 기>

ㄱ. 기업체 수 대비 매출액 비율은 '회사법인'이 '개인기업체'의 180배 이상이다.

ㄴ. 기업체 수 1개당 종사자 수는 '국가, 지방자치단체'가 가장 크다.

ㄷ. 종사자 수 9명 이하 '회사법인'의 수는 적어도 10,215개 이상이다.

ㄹ. 매출액 대비 급여액은 '회사이외법인'이 두 번째로 크다.

① ㄱ, ㄴ

② ㄱ, ㄷ

③ ㄱ, ㄹ

④ ㄴ, ㄷ

⑤ ㄴ, ㄹ

25. 다음 <표>는 '갑'국 업체형태별 휴가관련제도 시행률에 대한 자료이다. <표>와 <보고서>을 근거로 A~D에 해당하는 휴가제도를 바르게 나열한 것은?

<표> '갑'국 업체형태별 휴가관련제도 시행률

(단위: %)

업체형태 \ 제도	A	B	C	D
본사	48.7	40.2	21.1	10.5
계열사	25.1	31.6	15.2	13.1
지사	37.2	64.5	47	31.7
분점/지점	35.7	47.5	28.8	21.2
공장	56.4	38.7	37.1	11.7
출장소	29.6	71.7	70	69.2
기타	39.4	63.9	44.8	31.8

※ 휴가관련제도는 A, B, C, D로만 분류되며, 휴가제도는 복수로 시행할 수 있다.

<보고서>

2021년 '갑'국에서는 휴가제도를 4가지로 분류하여 업체형태별로 시행률을 조사하였는데 그 결과는 다음과 같다.

먼저, 공장의 경우 '보상휴가제'와 '대체휴가제'의 시행률 차이는 26%p 이하로 나타났다. 또한, 출장소를 제외한 모든 업체형태에서 '보상휴가제'의 시행률이 가장 낮게 나타났다. 한편, '휴가사용촉진제'의 시행률이 가장 높은 업체형태는 출장소로 나타났고, '휴가비지원제'의 시행률이 가장 높은 업체형태는 공장으로 나타났다.

	A	B	C	D
①	휴가사용촉진제	휴가비지원제	대체휴가제	보상휴가제
②	휴가사용촉진제	휴가비지원제	보상휴가제	대체휴가제
③	휴가비지원제	휴가사용촉진제	대체휴가제	보상휴가제
④	휴가비지원제	휴가사용촉진제	보상휴가제	대체휴가제
⑤	휴가비지원제	대체휴가제	휴가사용촉진제	보상휴가제

26. 다음 <그림>은 시도별 주민 만명당 화재발생건수 및 시도별 화재발생건수에 관한 자료이다. 이에 대한 <보기>의 설명 중 옳은 것만을 모두 고르면?

<그림 1> 시도별 주민 만명당 화재발생건수

(단위: 건)

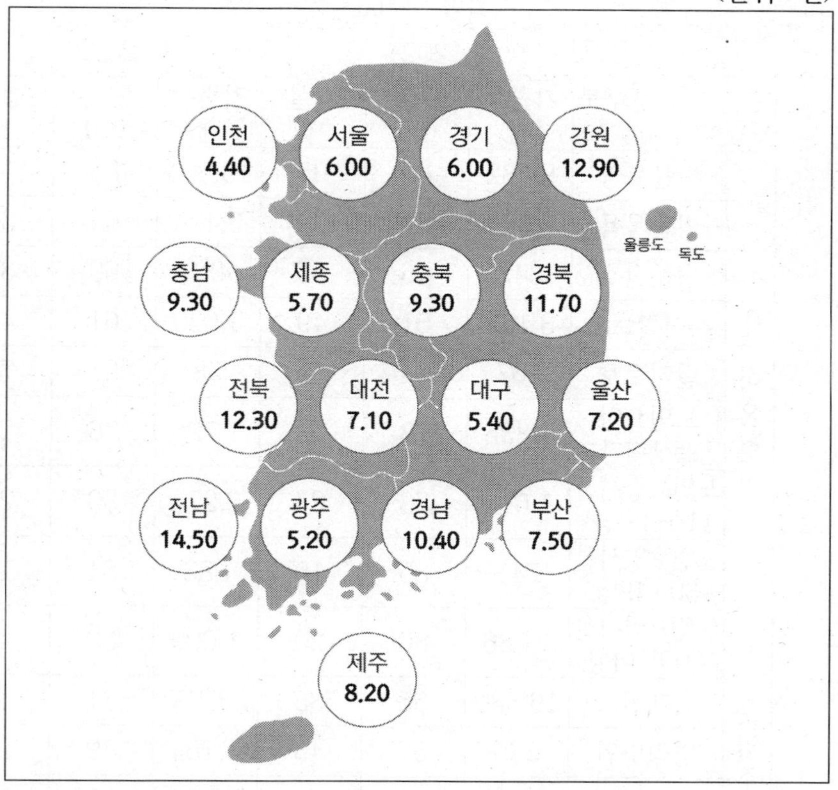

<그림 2> 시도별 화재발생건수

(단위: 건)

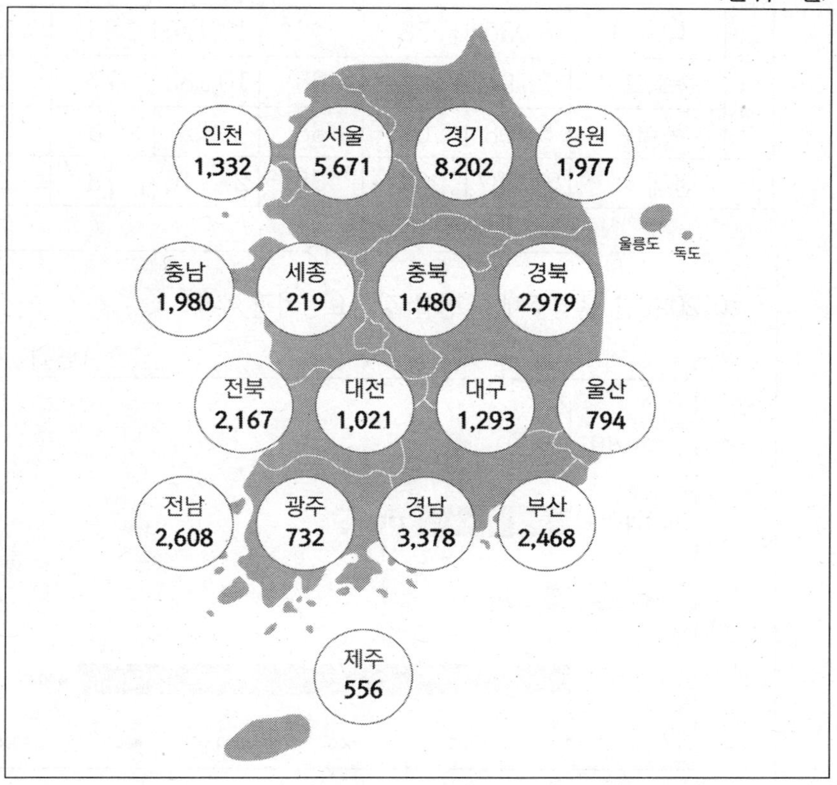

<보 기>

ㄱ. 화재발생건수가 가장 큰 시도와 가장 작은 시도의 화재발생건수 차이는 7,700건 이하이다.

ㄴ. 전남과 전북의 화재발생건수 합은 충남과 충북의 화재발생건수 합의 1.5배 이하이다.

ㄷ. 경남 주민 수는 광주 주민 수의 2배 이상이다.

ㄹ. 경기 주민 수는 서울 주민 수의 1.5배 이상이다.

① ㄱ, ㄷ

② ㄴ, ㄷ

③ ㄱ, ㄴ, ㄹ

④ ㄱ, ㄷ, ㄹ

⑤ ㄴ, ㄷ, ㄹ

27. 다음 <표>는 2021~2022년 급여유형별, 운영형태별, 지역별 장기요양기관 현황에 관한 자료이다. <표>를 이용하여 작성한 <보기>의 그래프 중 옳은 것만을 모두 고르면?

<표> 2021~2022년 급여유형별, 운영형태별, 지역별 장기요양기관 현황

구분 \ 연도		2021			2022		
	구분	기관수(개)	단독(%)	병설(%)	기관수(개)	단독(%)	병설(%)
급여유형별	방문요양	9,782	65	35	13,228	86	14
	방문목욕	2,943	37	63	3,425	69	31
	방문간호	345	46	55	483	69	31
	주야간보호	3,183	51	49	4,630	61	40
	단기보호	107	14	86	58	21	79
	노인요양 공동생활가정	1,836	78	22	1,726	76	24
	노인요양시설 (10~29명)	1,614	73	27	2,274	80	20
	노인요양시설 (30~49명)	741	85	15	883	84	16
	노인요양시설 (50명 이상)	1,086	80	20	1,009	83	17
운영주체별	개인	16,380	65	35	23,170	81	19
	영리법인	535	57	43	1,154	79	21
	비영리법인	4,710	51	49	3,339	59	41
	기타	12	0	100	53	24	76
지역별	대도시	8,035	58	42	10,176	83	17
	중소도시	7,794	65	35	10,283	77	24
	농어촌	5,808	62	38	7,257	73	27
전체		21,637	62	38	27,716	78	22

<보 기>

ㄱ. 2022년 운영주체별 병설 장기요양기관 수

(단위: 개)

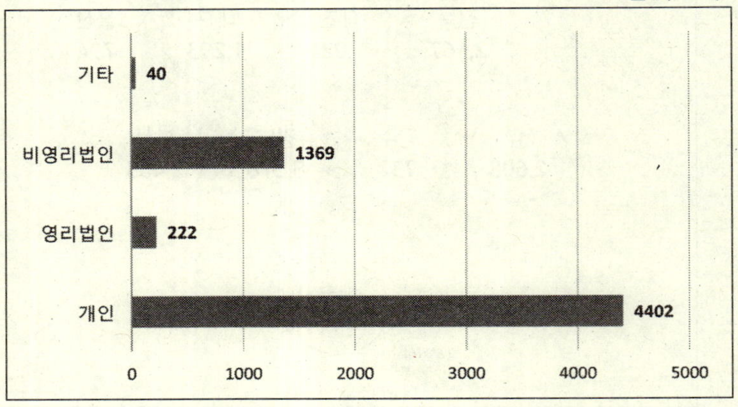

ㄴ. 2021~2022년 노인요양시설(10명 이상) 장기요양기관 수

(단위: 개)

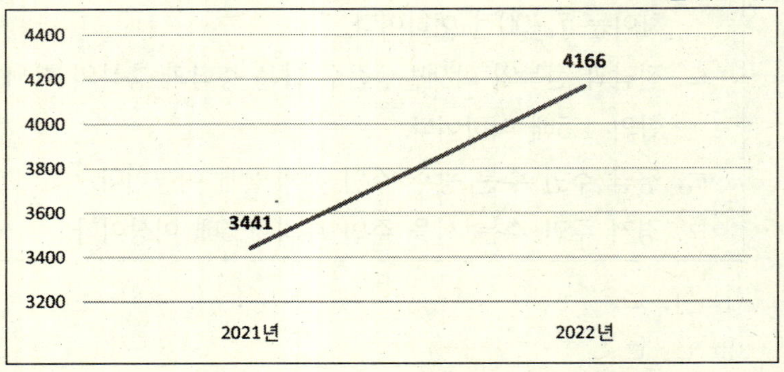

ㄷ. 2022년 급여유형별 장기요양기관 수

(단위: 개)

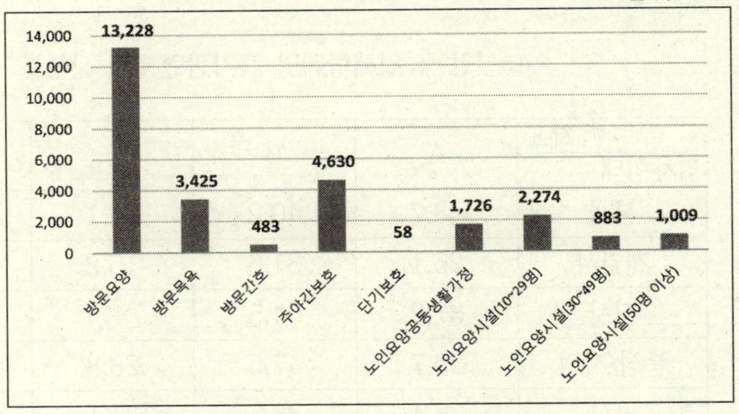

ㄹ. 2021년 지역별 장기요양기관 수 구성비

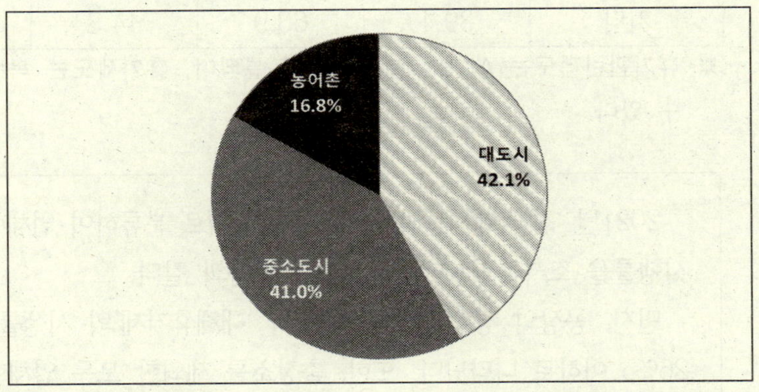

① ㄱ, ㄴ
② ㄱ, ㄷ
③ ㄱ, ㄹ
④ ㄴ, ㄷ
⑤ ㄴ, ㄹ

28. 다음 <표>는 2014~2018년 내외국인별 특허권 및 실용신안권 출원건수 및 내외국인별 특허권 및 실용신안권 심판청구건수에 관련된 자료이다. <표>를 이용하여 작성한 그래프로 옳지 않은 것은?

<표 1> 2014~2018년 내외국인별 특허권 및 실용신안권 출원건수

(단위: 건)

구분 \ 연도		2014	2015	2016	2017	2018
내국인	특허	164,073	167,273	163,424	159,031	162,561
	실용신안	8,754	8,294	7,395	6,449	5,768
외국인	특허	46,219	46,421	45,406	45,744	47,431
	실용신안	430	417	372	360	464

<표 2> 2014~2018년 내외국인별 특허권 및 실용신안권 심판청구건수

(단위: 건)

구분 \ 연도		2014	2015	2016	2017	2018
특허	내국인	3,814	5,809	3,891	3,608	3,214
	외국인	3,521	3,303	2,905	2,190	1,662
실용신안	내국인	244	240	301	238	201
	외국인	7	12	5	3	6

① 2014~2018년 내외국인별 실용신안권 출원건수

(단위: 건)

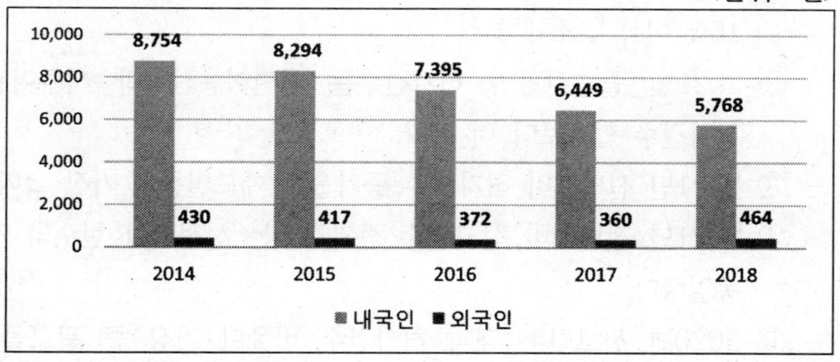

② 2016년 특허 출원건수의 내외국인별 구성비

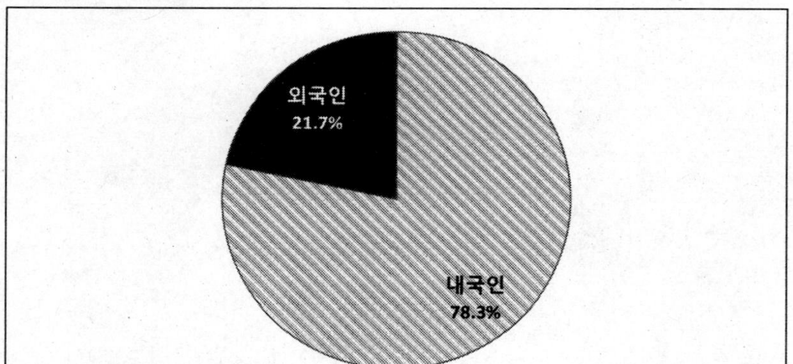

③ 2015~2018년 외국인 실용신안권 심판청구건수의 전년대비 증감율

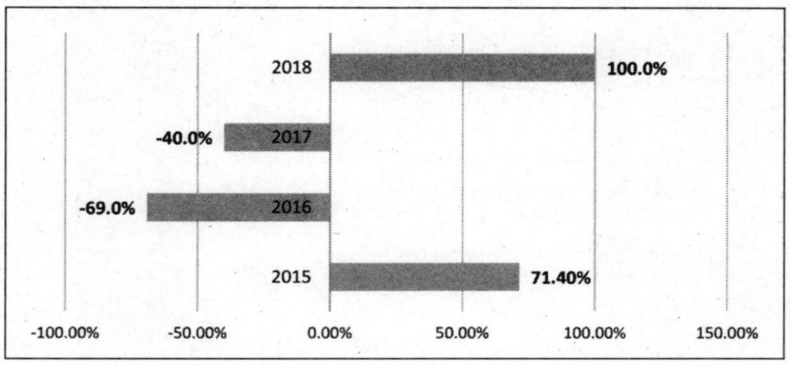

④ 2015~2018년 외국인 특허권 출원건수의 전년대비 증감건수

(단위: 건)

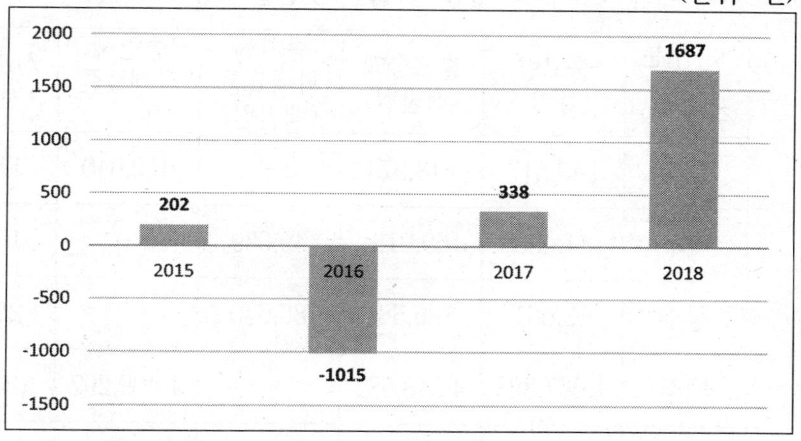

⑤ 2014~2018년 내국인의 특허권, 실용신안권 심판청구건수

(단위: 건)

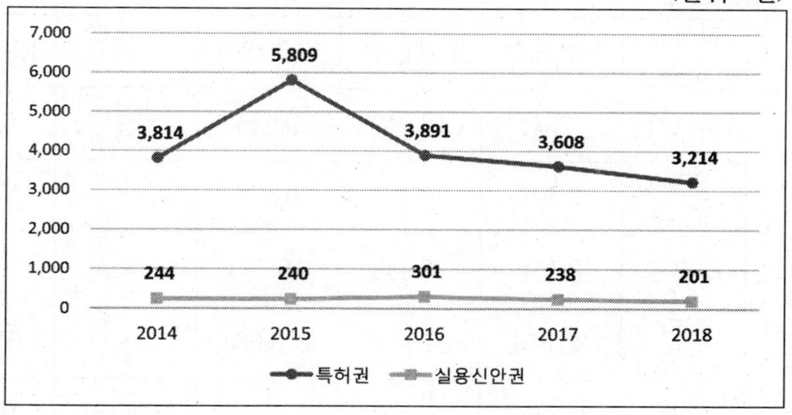

29. 다음 <표>는 2023년 주류별 주세 신고현황에 대한 관한 자료이다. 이에 대한 <보기>의 설명 중 옳은 것만을 모두 고르면?

주류 \ 구분	출고량 (kℓ)	출고금액 (백만원)	종가세 과세표준 (백만원)	종량세 과세표준 (kℓ)	산출세액 (백만원)
탁주	342,517	518,974	-	412,640	17,438
약주	11,438	69,218	49,659	-	13,213
청주	19,661	126,584	86,670	-	25,824
맥주	1,697,823	4,148,585	-	1,409,297	1,235,954
과실주	14,128	127,967	89,956	-	23,984
증류식 소주	4,905	141,206	69,015	-	46,195
희석식 소주	861,540	3,984,178	1,870,857	-	1,347,017
위스키	234	19,240	9,035	-	6,505
일반 증류주	2,491	16,175	9,677	-	4,282
리큐르	3,151	33,444	16,765	-	10,714
기타 주류	30,574	299,055	203,684	-	61,720
주정	280,161	485,660	-	280,161	15,969
계	3,268,623	9,970,286	2,405,318	2,102,098	2,808,815

※ 주류별로 종가세 또는 종량세 과세방식이 적용되는데 종가세가 적용되는 주류는 종가세 과세표준이, 종량세가 적용되는 주류는 종량세 과세표준이 제시되어 있다.

<보 기>

ㄱ. 과세방식이 종량세인 주류 중 출고량 대비 출고금액 비율이 가장 큰 주류는 맥주이다.

ㄴ. 출고금액이 가장 큰 주류와 산출세액이 가장 큰 주류의 과세방식은 같다.

ㄷ. 전체 산출세액 대비 위스키 산출세액 비율은 0.2% 이상이다.

ㄹ. 출고금액이 300,000백만원 이상인 주류 중 과세방식이 종량세인 주류의 비중은 70% 미만이다.

① ㄱ, ㄷ

② ㄴ, ㄷ

③ ㄷ, ㄹ

④ ㄱ, ㄴ, ㄹ

⑤ ㄱ, ㄷ, ㄹ

30. 다음 <표>는 2020~2021년 옥외광고물 분류별 허가 및 신고 현황에 관한 자료이다. 이에 대한 설명으로 옳지 않은 것은?

<표> 2020~2021년 옥외광고물 분류별 허가 및 신고 현황

(단위: 건)

분류 \ 구분	2020		2021	
	허가	신고	허가	신고
벽면 이용 간판	94,895	175,236	68,761	140,047
돌출간판	108,151	40,075	98,751	42,468
공연간판	34	32	27	31
옥상간판	7,225	1,445	6,494	79
지주 이용 간판	37,332	8,642	34,253	9,228
공공시설물 이용 광고물	9,622	332	7,954	399
교통시설 이용 광고물	51	126	88	132
교통수단 이용 광고물	10,628	968	10,991	1,191
선전탑	31	17	30	28
아치광고물	11	4	10	5
창문 이용 광고물	56	64	54	72
애드벌룬	9	8	18	14
현수막 게시틀	1,451	1,575	1,448	1,586
기타	154	337	146	433
전체	269,650	228,861	229,025	195,713

① 2021년 전체 옥외광고물 허가건수와 신고건수는 각각 전년대비 10% 이상 감소했다.

② 2021년 돌출간판의 허가건수는 벽면이용간판과 지주이용간판의 허가건수 합계보다 더 작다.

③ 2021년 전년대비 허가건수 증가율은 애드벌룬이 가장 크다.

④ 2021년 전년대비 신고건수 증가건수는 선전탑과 현수막 게시틀이 동일하다.

⑤ 2020년 신고건수 대비 허가건수 비율이 가장 큰 광고물 종류는 지주이용간판이다.

31. 다음 <표>는 '갑' 부서의 직원별 업무 완료건수 및 미완료건수에 관한 자료이다. <표>와 <정보>에 근거하여 <보기>의 설명 중 옳은 것만을 모두 고르면?

<그림> '갑' 부서 직원별 업무 완료건수 및 미완료건수

(단위: 건)

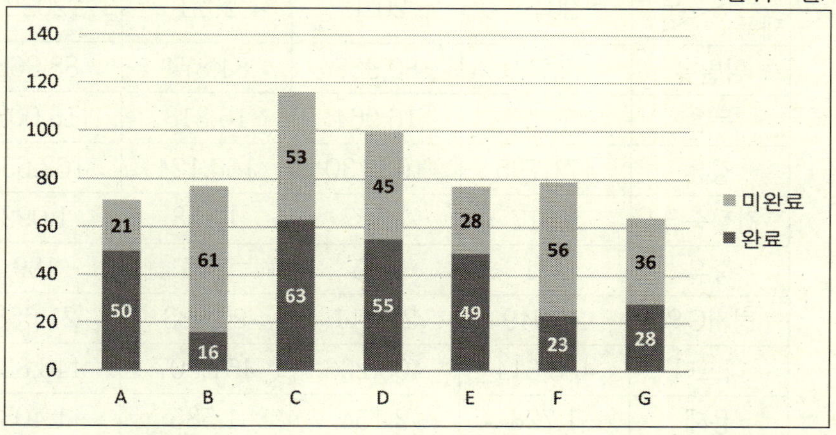

<정 보>

○ '갑'부서의 직원은 A~G 총 7명이다.

○ 1팀은 A와 B, 2팀은 C, D, E, 그리고 3팀은 F와 G로 구성되어 있다.

○ 완료율(%) = $\frac{\text{완료건수}}{\text{완료건수 + 미완료건수}}$

<보 기>

ㄱ. 완료율이 가장 높은 직원과 완료율이 가장 낮은 직원은 동일한 팀이다.

ㄴ. 2팀에서 완료율이 가장 높은 직원과 3팀에서 완료율이 가장 높은 직원의 완료율 차이는 10%p 이상이다.

ㄷ. 미완료건수 대비 완료건수 비율은 F가 G보다 더 크다.

ㄹ. 완료율은 1팀이 2팀보다 더 높다.

① ㄱ, ㄴ

② ㄴ, ㄷ

③ ㄷ, ㄹ

④ ㄱ, ㄴ, ㄹ

⑤ ㄱ, ㄷ, ㄹ

32. 다음 <표>는 A국의 전체 관광사업체 전자상거래 활용 현황 및 관광사업체 업종별 전자상거래 활용 현황에 관한 자료이다. 이에 대한 <보기>의 설명 중 옳은 것만을 모두 고르면?

<표 1> A국 전체 관광사업체 전자상거래 활용 현황

(단위: 개)

구분	계	구매 및 판매에 활용	구매에만 활용	판매에만 활용	활용하지 않음
관광사업체 수	33,325	6,105	2,852	8,152	16,216

<표 2> A국 관광사업체 업종별 전자상거래 활용 현황

(단위: 개)

연도 / 업종	계	구매 및 판매에 활용	구매에만 활용	판매에만 활용	활용하지 않음
여행업	18,223	2,864	1,348	3,881	10,130
관광숙박업	2,219	1,043	60	860	256
관광객이용시설업	4,657	1,073	304	1,936	1,344
국제회의업	1,040	79	180	74	707
카지노업	17	0	2	1	14
유원시설업	2,981	359	636	387	1,599
관광편의시설업	4,188	687	322	1,013	2,166

※ 관광사업체의 업종은 표에서 제시된 업종으로만 구분됨.

<보 기>

ㄱ. 여행업 사업체 중 전자상거래를 구매 및 판매에 활용하는 사업체 비중은 관광숙박업 사업체 중 전자상거래를 활용하지 않는 사업체 비중보다 더 크다.

ㄴ. 전체 관광사업체 수 대비 관광객이용시설업 사업체 수 비율은 15% 이하이다.

ㄷ. 전자상거래를 판매에만 활용하는 관광숙박업과 유원시설업 사업체 수 합계는 전자상거래를 구매에만 활용하는 여행업 사업체 수보다 더 크다.

ㄹ. 카지노업 사업체 중 전자상거래를 활용하지 않는 사업체 비중은 80% 이하이다.

① ㄱ, ㄴ

② ㄴ, ㄷ

③ ㄷ, ㄹ

④ ㄱ, ㄴ, ㄹ

⑤ ㄱ, ㄷ, ㄹ

33. 다음 <표>는 업체의 요금제별 전기요금 계산방법 및 업체 갑~정의 요금제 선택현황, 사용시간대 및 월별 전력사용량에 관한 자료이다. 이에 대한 <보기>의 설명 중 옳은 것만을 모두 고르면?

<표 1> 업체의 요금제별 전기요금 계산방법

(단위: 원, kWh/원)

요금제	기본요금	전력량요금 단가			
		시간대	여름철 (6~8월)	봄가을철 (3~5월, 9~10월)	겨울철 (11~2월)
A	6,490	경부하	87.2	87.2	94.6
		중간부하	113.0	92.0	111.5
		최대부하	146.5	111.2	140.9
B	7,470	경부하	82.3	82.3	89.7
		중간부하	108.1	87.1	106.6
		최대부하	141.6	106.3	136.0

※ 전기요금(원) = 기본요금(원) + 전력량요금(원)

※ 전력량요금(원) = 전력사용량(kWh) × 단가(kWh/원)

※ 업체는 요금제 A와 요금제 B 중 하나를 선택할 수 있다.

<표 2> 업체 갑~정의 요금제 선택현황, 사용시간대 및 월별 전력사용량

(단위: kWh)

	선택요금제	사용시간대	월별 전력사용량
갑	A	중간부하	15
을	B	경부하	10
병	( )	최대부하	( )
정	A	중간부하	10

※ 각 업체는 매월 동일한 양의 전력을 사용함.

<보 기>

ㄱ. '갑'의 6월 전기요금은 '을'의 11월 전기요금보다 더 크다.

ㄴ. 요금제와 계절에 관계없이 최대부하 시간대 단가는 경부하 시간대 단가의 2배 이하이다.

ㄷ. '병'의 5월 전기요금이 요금제 A를 선택할 때가 요금제 B를 선택할 때보다 더 작다면, '병'의 월별 전기사용량은 200kWh보다 작다.

ㄹ. 만약 요금제 A의 기본요금이 7,440원으로 오른다면, '정'이 요금제 B로 변경하는 경우 12월 전기요금을 낮출 수 있다.

① ㄱ, ㄴ
② ㄱ, ㄷ
③ ㄴ, ㄷ
④ ㄴ, ㄹ
⑤ ㄴ, ㄷ, ㄹ

34. 다음 <표>는 2019~2022년 '갑'국 석유제품별 소비량 현황이다. 이에 대한 <보기>의 설명 중 옳은 것만을 모두 고르면?

<표> 2019~2022년 '갑'국 석유제품별 소비량 현황

(단위: 천배럴)

제품 \ 연도	2019	2020	2021	2022
휘발유	82,750	80,965	84,874	88,368
등유	17,127	16,964	16,813	16,008
경유	171,795	163,730	166,124	163,658
경질중유	1,617	1,457	1,158	1,092
중유	431	205	145	159
벙커C유	21,949	22,111	20,933	21,658
나프타	438,614	405,266	451,807	446,832
용제	1,728	2,154	1,585	1,403
항공유	38,833	21,729	21,174	25,273
LPG	122,138	121,294	123,227	132,789
아스팔트	10,540	10,054	9,450	8,383
윤활유	4,764	4,593	8,030	7,594
부생연료유	1,551	1,577	1,465	1,515
기타제품	18,111	25,081	31,385	32,543
전체	931,948	877,180	938,170	947,275

<보 기>

ㄱ. 2020년 전체 석유제품소비량 대비 벙커C유 소비량 비율은 3% 이상이다.

ㄴ. 2022년 전체 석유제품소비량의 2020년 대비 증가율은 5% 이상이다.

ㄷ. 2022년 소비량의 전년대비 증가율은 항공유가 중유의 1.5배 이상이다.

ㄹ. 기타제품을 제외하고 소비량 상위 5개 제품은 2022년과 2019년이 동일하다.

① ㄱ, ㄴ
② ㄱ, ㄷ
③ ㄴ, ㄷ
④ ㄴ, ㄹ
⑤ ㄴ, ㄷ, ㄹ

35. 다음 <표>는 2017~2021년 주요 국가별 기술수출액에 관련된 자료이다. <표>를 이용하여 작성한 그래프로 옳지 않은 것은?

<표> 2017~2021년 주요 국가별 기술수출액 추이

(단위: 백만 달러)

국가 \ 연도	2017	2018	2019	2020	2021
전체	11,798	12,430	13,756	12,781	14,921
미국	2,180	2,176	2,592	2,553	3,198
일본	487	423	564	489	622
독일	158	109	166	136	171
영국	861	1,037	1,271	1,147	1,205
프랑스	77	130	23	23	32
중국	2,159	3,164	2,565	3,008	3,164
기타	5,876	5,391	6,575	5,425	6,529

① 2018~2021년 전체 기술수출액 전년대비 증감액

(단위: 백만 달러)

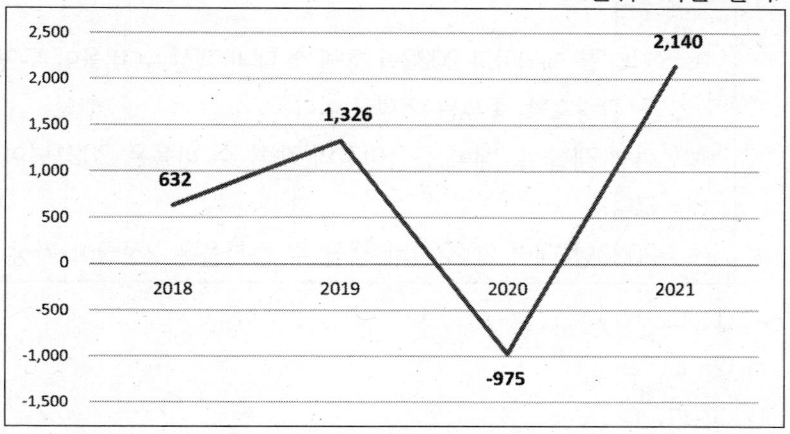

② 2017~2021년 미국 및 일본 기술수출액 추이

(단위: 백만 달러)

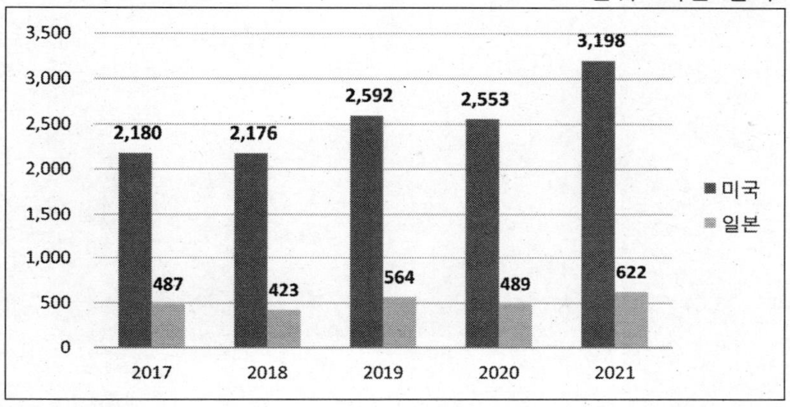

③ 2018~2021년 중국 기술수출액 전년대비 증감율

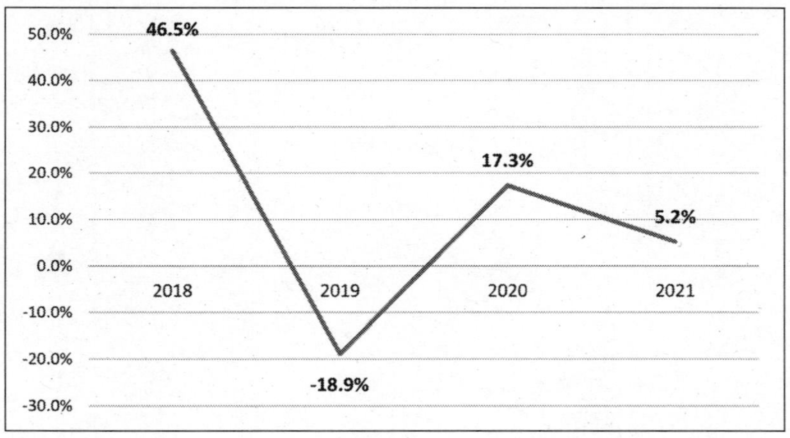

④ 2019~2021년 전체 기술수출액 중 독일 기술수출액 비중

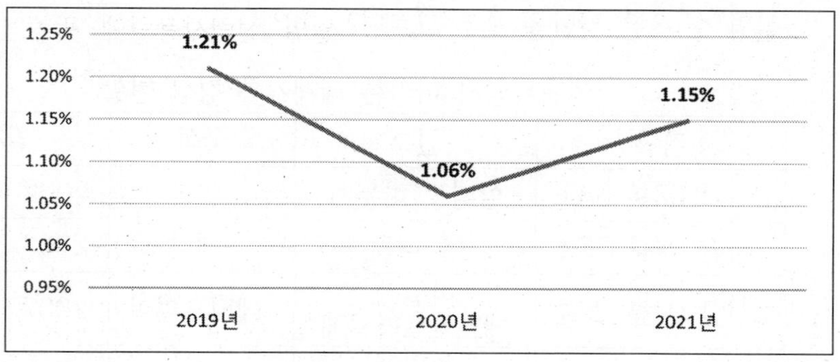

⑤ 2021년 전체 기술수출액 국가별 구성비

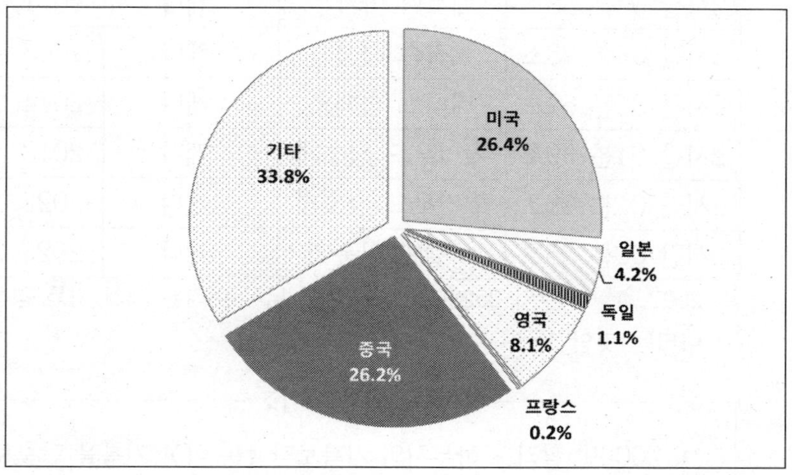

36. 다음 <표>는 남자 마라톤 세계기록 경신 현황이다. 이에 대한 <보기>의 설명 중 옳은 것만을 모두 고르면?

<표> 남자 마라톤 세계기록 경신 현황

기록	선수	국적	일자
2시간 05분 38초	할리드 하누치	미국	2002. 4. 14.
2시간 04분 55초	폴 터갓	케냐	2003. 9. 28.
2시간 04분 26초	하일레 게브르셀라시에	에티오피아	2007. 9. 30.
2시간 03분 59초	하일레 게브르셀라시에	에티오피아	2008. 9. 28.
2시간 03분 38초	패트릭 마카우	케냐	2011. 9. 25.
2시간 03분 23초	윌슨 킵상	케냐	2013. 9. 29.
2시간 02분 57초	데니스 키메토	케냐	2014. 9. 28.
2시간 01분 39초	일리우드 킵초게	케냐	2018. 9. 16.
2시간 01분 09초	일리우드 킵초게	케냐	2022. 9. 25.
2시간 00분 35초	켈빈 킵툼	케냐	2023. 10. 8.

※ 2002. 4. 14.부터 2023. 12. 31.까지 남자 마라톤 세계 기록 경신 현황을 나타낸 것임.

<보 기>

ㄱ. 2002년 할리드 하누치의 기록보다 4분 이상 기록을 단축시키는 데 걸린 시간은 17년 이하이다.

ㄴ. 2003년 이후 2023년까지 동일한 연도에 세계기록이 경신된 적은 없다.

ㄷ. 2023.12.31. 기준 2시간 5분 이내의 기록을 세운 케냐 선수는 총 7명이다.

ㄹ. 2013년 윌슨 킵상의 기록과 2014년 데니스 키메토의 기록 차이는 2022년 일리우드 킵초게의 기록과 2023년 켈빈 킵툼의 기록 차이와 같다.

① ㄱ
② ㄴ
③ ㄱ, ㄴ
④ ㄴ, ㄷ
⑤ ㄴ, ㄹ

37. 다음 <표>는 2020~2022년 A구 관광호텔 종류별 호텔수 및 객실수 현황이다. 이에 대한 <보기>의 설명 중 옳은 것만을 모두 고르면?

<표> 2020~2022년 A구 관광호텔 종류별 호텔수 및 객실수

(단위: 개)

구분 종류	2020		2021		2022	
	호텔 수	객실 수	호텔 수	객실 수	호텔 수	객실 수
5성급	5	3,039	6	3,503	7	3,236
4성급	11	3,584	12	3,879	16	5,260
3성급	28	5,015	27	4,709	31	5,230
2성급	10	1,150	7	795	11	1,352
등급미정	17	3,806	21	4,333	10	1,864
기타	6	1,276	5	1,035	5	1,035
계	77	17,870	78	18,254	80	17,977

<보 기>

ㄱ. '5성급' 호텔 수의 전년대비 증가율은 2022년이 2021년보다 더 작다.

ㄴ. '기타'를 제외하고 2022년 호텔 수 대비 객실 수 비율이 두 번째로 큰 관광호텔 종류는 '5성급'이다.

ㄷ. 전체 객실 수 대비 등급미정의 객실 수 비율은 2021년이 가장 크다.

ㄹ. 2020년 대비 2022년의 객실 수 증가율은 2성급이 가장 크다.

① ㄴ, ㄷ
② ㄴ, ㄹ
③ ㄱ, ㄷ
④ ㄱ, ㄹ
⑤ ㄱ, ㄷ, ㄹ

[38~39] **다음 <표>는 2018~2023년 '갑'국 인국동태건수 및 동태율 추이(출생, 사망, 혼인, 이혼, 기대수명)를 조사한 자료이다. 다음 물음에 답하시오.**

<표 1> 2018~2023년 '갑'국 출생 및 사망 현황

구분 \ 연도	2018	2019	2020	2021	2022	2023
출생아 수 (명)	326,822	302,676	272,337	260,562	249,186	230,000
사망자 수 (명)	298,820	295,110	304,948	317,680	372,939	352,700
조출생률 (천명당)	6.4	5.9	5.3	5.1	4.9	4.5
조사망률 (천명당)	5.8	5.7	5.9	6.2	7.3	6.9
합계출산율 (명)	0.977	0.918	0.837	0.808	0.778	0.720
출생성비 (명)	105.4	105.5	104.8	105.1	104.7	105.1
영아사망률 (출생아천명당)	2.8	2.7	2.5	2.4	2.3	2.2

※ 1) 자연증가건수 = 출생아수 − 사망자수
2) 출생성비는 출생여아 100명당 출생남아수를 의미함.
3) 조출생률은 인구 1,000명당 연간 출생아수를 의미하고, 조사망률은 인구 1,000명당 연간 사망자수를 의미함.

<표 2> 2018~2022년 '갑'국 혼인 및 이혼, 기대수명 현황

구분 \ 연도	2018	2019	2020	2021	2022
혼인건수 (건)	257,622	239,159	213,502	192,507	191,690
조혼인율 (천명당)	5.0	4.7	4.2	3.8	3.7
이혼건수 (건)	108,684	110,831	106,500	101,673	93,232
조이혼율 (천명당)	2.1	2.2	2.1	2.0	1.8
기대수명 (세)	82.7	83.3	83.5	83.6	82.7
남자 기대수명 (세)	79.7	80.3	80.5	80.6	79.9
여자 기대수명 (세)	85.7	86.3	86.5	86.6	85.6

38. 위 <표>에 대한 <보기>의 설명 중 옳은 것만을 모두 고르면?

<보 기>

ㄱ. 자연증가건수는 2018년이 2019년의 4배 이상이다.
ㄴ. 2023년 조출생률의 감소율은 2023년 조사망률의 감소율보다 더 크다.
ㄷ. 합계출산율이 낮은 해일 수록 영아사망률도 더 낮다.
ㄹ. 2023년 출생여아수가 130,000명이라면, 2023년 출생남아수는 136,000명 이하이다.

① ㄱ
② ㄴ
③ ㄷ
④ ㄱ, ㄴ
⑤ ㄴ, ㄷ

39. <표>를 이용하여 작성한 <보기>의 자료 중 옳은 것만을 모두 고르면?

<보 기>

ㄱ. 2018~2022년 '갑'국 조혼인율, 조이혼율 추이

(단위: 천명당)

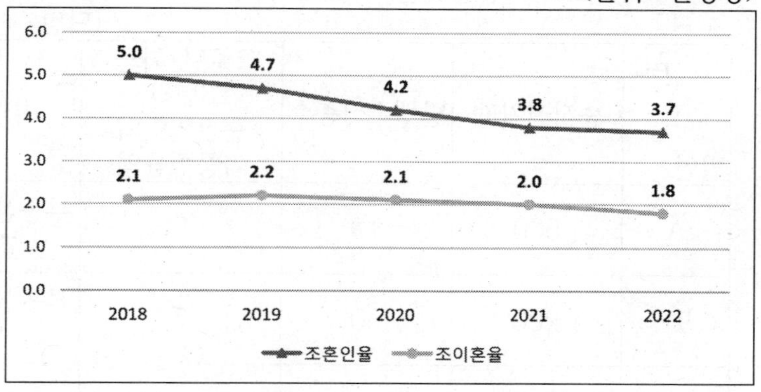

ㄴ. 2018~2022년 '갑'국 혼인건수 대비 이혼건수 비율

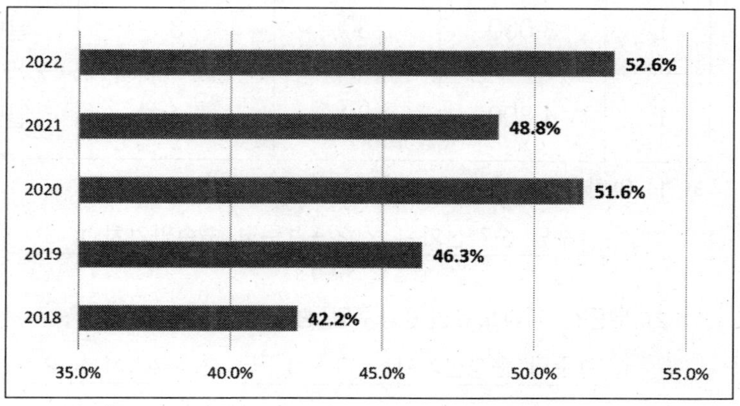

ㄷ. 2018~2022년 '갑'국 남녀 기대수명 차이

(단위: 세)

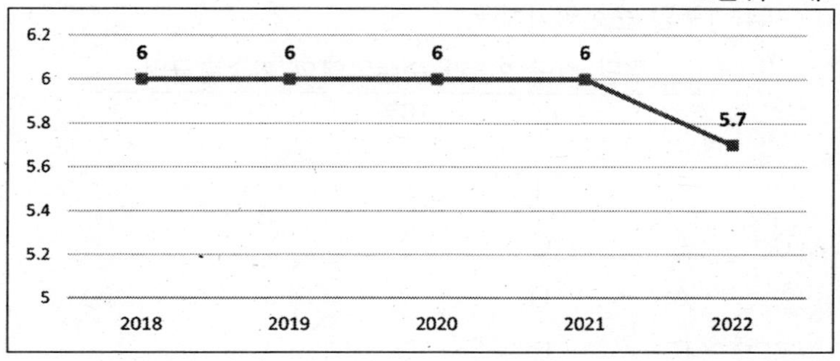

ㄹ. 2018~2022년 1~6월 '갑'국 자연증가건수 추이

(단위: 명)

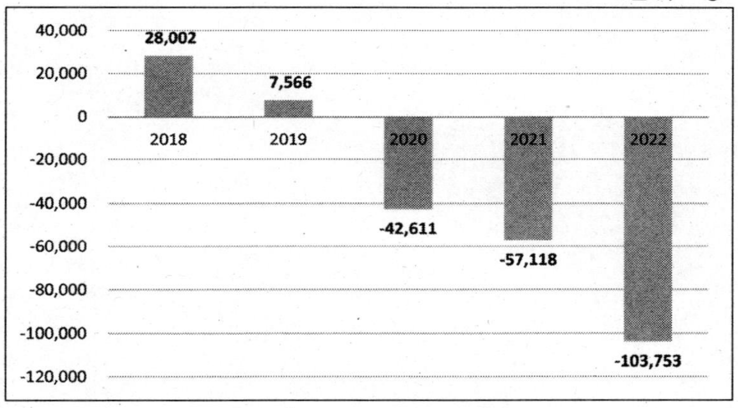

① ㄱ, ㄴ
② ㄱ, ㄷ
③ ㄱ, ㄹ
④ ㄴ, ㄹ
⑤ ㄷ, ㄹ

40. 다음 <표>는 비상장법인 A~E의 주식 평가를 위한 자료이다. <표>에 근거하여 법인별로 1주당 평가액을 구할 때, '1주당 평가액이 가장 큰 법인'(가)와 '1주당 평가액이 가장 작은 법인'(나)를 바르게 나열한 것은?

<표> 비상장법인 A~E의 주식 평가를 위한 자료

(단위: 천원, 천주)

구분 법인	순자산가액	발행주식총수	1주당 최근 3년간 순손익액의 가중평균액	법인 종류
A	500	10	5	부동산과다보유법인
B	900	30	7	부동산과다보유법인
C	1,000	20	4	일반법인
D	3,000	50	3	일반법인
E	4,800	80	4	일반법인

※ 1) 일반법인 1주당 평가액 = $\frac{\text{1주당 순자산가치} \times 2 + \text{1주당 순손익가치} \times 3}{5}$

2) 부동산 과다보유법인 1주당 평가액 = $\frac{\text{1주당 순자산가치} \times 3 + \text{1주당 순손익가치} \times 2}{5}$

3) 1주당 순자산가치 = $\frac{\text{순자산가액}}{\text{발행주식총수}}$

4) 1주당 순손익가치 = $\frac{\text{1주당 최근 3년간 순손익액의 가중평균액}}{10\%}$

	가	나
①	A	C
②	A	D
③	E	B
④	E	C
⑤	B	D

2025년 2월 8일 시행 (제7회)

2025년도 국가공무원 5급 공채·외교관후보자 제1차시험·지역인재 7급·법원행시 대비

상황판단영역

3 교시

응시번호	
성 명	

문제책형: 널

응시자 주의사항

1. **시험시작 전 시험문제를 열람하는 행위나 시험종료 후 답안을 작성하는 행위를 한 사람**은 「공무원 임용시험령」 제51조에 의거 **부정행위자**로 처리됩니다.
2. **답안지 책형 표기는 시험시작 전** 감독관의 지시에 따라 **문제책 앞면에 인쇄된 문제책형을 확인**한 후, **답안지 책형란에 해당 책형(1개)을 '●'로 표기**하여야 합니다.
3. 시험이 시작되면 문제를 주의 깊게 읽은 후, **문항의 취지에 가장 적합한 하나의 정답만을 고르며,** 문제내용에 관한 질문은 할 수 없습니다.
4. **답안을 잘못 표기하였을 경우에는 답안지를 교체하여 작성**하거나 **수정할 수 있으며,** 표기한 답안을 수정할 때는 **응시자 본인이 가져온 수정테이프만을 사용**하여 해당 부분을 완전히 지우고 부착된 수정테이프가 떨어지지 않도록 손으로 눌러주어야 합니다. **(수정액 또는 수정스티커 등은 사용 불가)**
   ▪ **불량한 수정테이프의 사용과 불완전한 수정처리로 발생하는 모든 문제는 응시자 본인에게 책임이 있습니다.**
5. **시험시간 관리의 책임은 응시자 본인에게 있습니다.**
6. **성적확인용 비밀번호**는 성적확인시 꼭 필요하니 **임의로 4자리를 마킹**하고 기억해야 합니다.
   ※ 문제책은 시험종료 후 가지고 갈 수 있습니다.

정답공개 및 이의제기 안내

1. 최종정답 공개 : 2.13(목) 오후 5시 네이버 카페 'PSAT의 정석'(cafe.naver.com/lecpsat)에 공지
2. 이의제기 : 2.10(월) 오후 2시까지 / 네이버 카페 'PSAT의 정석'(cafe.naver.com/lecpsat) '이의제기 신청 게시판'에서 연결된 구글폼에 입력
3. 성적확인 안내
   - 각 과목별 성적통계는 2.14(금)에 네이버 카페 'PSAT의 정석'(cafe.naver.com/lecpsat) '통계 게시판'에서 확인
   - 개인 성적표는 2.14(금)에 법률저널 접수페이지의 '성적확인페이지'에서 확인
4. 시험 일정 안내(온·오프 동시 시행)
   - 8회 2025.2.15(토), 9회 2025.2.23.(일), 10회 2025.3.1.(토)
     * 6~10회 장학금 회차(지방시험장 운영)
     * 매회 성적우수 6명(현장응시자 대상)에게 격려 장학금 지급
5. 면학장학금 신청자는 3월 18일까지 관련 서류를 제출 바랍니다.
6. 법률저널 예측시스템 운영(3월 8일 오후 5시부터 법률저널 홈페이지 및 네이버 카페 PSAT의 정석)

법률저널

1. 다음 글을 근거로 판단할 때 옳지 않은 것은?

> 제○○조(임원) ① 재단에 임원으로서 이사장 및 상임이사 각 1명을 포함한 15명 이내의 이사와 감사 1명을 둔다.
> ② 이사장은 문화부장관이 임면하고, 상임이사는 이사장이 이사회의 추천을 받은 사람 중에서 문화부장관의 승인을 받아 임면한다.
> ③ 이사장 및 상임이사를 제외한 이사는 다음과 같이 선임한다.
> 1. 당연직 이사 : 문화예술위원회 사무처장, 문화부 예술인지원팀장
> 2. 일반 이사 : 문화예술에 조예가 깊은 자 중 이사장이 임명하는 자
> ④ 이사장·이사 및 감사의 임기는 3년으로 하되, 한 차례만 연임할 수 있다.
> ⑤ 상임이사는 재단을 대표하고, 재단의 업무를 총괄한다.
> 제□□조(이사회) ① 재단에 그 업무에 관한 중요 사항을 심의·의결하기 위하여 이사회를 둔다.
> ② 이사회는 이사장을 포함한 이사로 구성한다.
> ③ 이사장은 이사회를 소집하고 그 의장이 된다.
> ④ 이사회의 회의는 재적이사 과반수의 출석과 출석이사 과반수의 찬성으로 의결한다.
> ⑥ 감사는 이사회에 출석하여 의견을 진술할 수 있다.
> 제△△조(사업연도 및 사업계획서) ① 재단의 사업연도는 정부의 회계연도에 따른다.
> ② 재단은 매년도 사업계획서 및 예산서, 세입세출결산서를 문화부장관에게 제출하여야 한다.
> ③ 재단이 사업계획서 및 예산서를 변경하고자 할 경우 이를 문화부장관에게 제출하여야 한다.

① 재단의 최대 임원 수는 16명이다.
② 감사의 최대 임기는 6년이다.
③ 이사회의 의장인 이사는 재단을 대표하고, 재단의 업무를 총괄한다.
④ 이사회 재적위원이 14명인 경우, 이사 중 최소 5명의 찬성이 있어야 이사회의 회의에서 의결할 수 있다.
⑤ 재단은 예산서를 변경하고자 할 때, 세입세출결산서를 제출할 때와 동일하게 이를 문화부장관에게 제출하여야 한다.

2. 다음 글을 근거로 판단할 때 옳지 않은 것은?

> 제○○조(기관의 지정) ① 농림축산식품부장관은 우수관리인증에 필요한 인력과 시설 등을 갖춘 자를 우수관리인증기관으로 지정하여 다음 각호의 업무의 전부 또는 일부를 하도록 할 수 있다. 다만, 외국에서 수입되는 농산물에 대한 우수관리인증의 경우에는 외국 국적을 가진 자도 우수관리인증기관으로 지정할 수 있다.
> 1. 우수관리인증
> 2. 농산물우수관리시설(이하 "우수관리시설"이라 한다)의 지정
> ② 우수관리인증기관으로 지정을 받으려는 자는 농림축산식품부장관에게 인증기관 지정 신청을 하여야 하며, 우수관리인증기관으로 지정받은 후 다음 각호의 사항이 변경된 경우에는 변경신고를 하여야 한다.
> 1. 우수관리인증기관의 대표자·주소 및 전화번호
> 2. 우수관리인증기관의 업무 등 정관
> ③ 우수관리인증기관 지정이 취소된 후 2년이 지나지 아니한 경우에는 신청을 할 수 없다.
> 제□□조(유효기간) ① 우수관리인증의 유효기간은 우수관리인증을 받은 날부터 2년으로 한다. 다만, 품목의 특성에 따라 달리 적용할 필요가 있는 경우에는 10년의 범위에서 유효기간을 달리 정할 수 있다.
> ② 우수관리인증을 받은 자가 유효기간이 끝난 후에도 계속하여 우수관리인증을 유지하려는 경우에는 그 유효기간이 끝나기 전에 해당 우수관리인증기관의 심사를 받아 우수관리인증을 갱신하여야 한다.
> 제△△조(준수사항) 우수관리인증기관은 다음 각 호의 사항을 준수하여야 한다.
> 1. 우수관리인증 또는 우수관리시설의 지정 과정에서 얻은 정보와 자료를 그 신청인의 동의 없이 공개하지 아니할 것
> 2. 우수관리인증 또는 우수관리시설의 지정의 신청, 심사 및 사후 관리에 관한 자료를 5년간 보관할 것
> 제◇◇조(지정취소 등) 농림축산식품부장관은 우수관리인증기관이 다음 각 호의 어느 하나에 해당하면 지정을 취소하거나 6개월 이내의 기간을 정하여 업무의 정지를 명할 수 있다. 다만, 제1호의 규정에 해당하면 지정을 취소하여야 한다.
> 1. 거짓이나 그 밖의 부정한 방법으로 지정을 받은 경우
> 2. 제△△조에 따른 준수사항을 지키지 아니한 경우

① 외국 국적을 가진 우수관리인증기관은 우수관리시설 지정 업무를 할 수 없다.
② 우수관리인증기관의 명칭을 바꾸고자 하는 경우에는 농림축산식품부장관에게 변경신고를 하지 않아도 된다.
③ 2023.6.1.에 우수관리인증을 받은 자가 2025.7.2.에도 영업을 지속하고 있다면, 이 자는 반드시 갱신신청을 하였다.
④ 2021.5.7.에 우수관리인증기관이 취소된 자가 2022.5.9.에 재지정을 신청하였다면, 이는 받아들여지지 않는다.
⑤ 우수관리인증기관이 우수관리인증의 심사에 관한 자료를 4년간 보관하고 폐기한 경우, 3개월의 업무 정지에 처할 수 있다.

3. 다음 글과 <상황>을 근거로 판단할 때, 지불하여야 할 위약금의 총합이 많은 순서대로 A~D를 나열한 것은?

제○○조(입주비 등) ① 연습실에 입주하는 자의 입주비는 매 1개월마다 지불하며, 그 구체적 입주비는 다음 각호에 따른다.
1. 3개월 미만 계약 : 월 30만 원
2. 3개월 이상 6개월 미만 계약 : 월 28만원
3. 6개월 이상 계약 : 월 26만원
② 중도에 퇴실 시 다음 각호에 따라 처리한다.
1. 3개월 미만 계약 : 위약금 3만 원 지불
2. 3개월 이상 6개월 미만 계약 : 3만 원 +2×(사용 개월 수)만 원
3. 6개월 이상 계약 : 3만 원 +4×(사용 개월 수)만 원
③ 중도 퇴실 시, 마지막으로 입주비를 지불한 날이 속한 개월까지 사용한 것으로 간주한다.
④ 보증금은 퇴실 시 위약금 공제 후 입주자에게 반환된다.
제□□조(벌점) ① 타인의 사용을 방해하는 경우, 다음 각호의 구분에 따라 벌점을 받게 되며, 30점 이상 누적 시 강제퇴실된다.
1. 30점 : 무단침입, 공용시설 손괴, 방음시설 훼손
2. 15점 : 연습실 내부 훼손
3. 10점 : 연습실 내부 취식, 전열기구 사용
4. 5점 : 연습실 외부 소란, 외부인 출입 허용
② 벌점은 매년 1월 1일에 초기화된다.
③ 강제퇴실 시 중도 계약 해지로 보고, 제○○조 제2항을 준용한다.
④ 강제퇴실 시 향후 6개월 간 재입주가 불가하며, 재입주시 벌점을 10점 부과받고 입주할 수 있다.

<상 황>

○ A는 2022.9.11.에 입주하여 18개월 계약을 하였다. 이후 2022.12.15. 연습실 내부를 훼손하고, 2022.12.31.에 연습실 내부에서 취식을 하였다. 이후, 2023.3.14.에 전열기구를 사용하였다.
○ B는 2022.10.11.에 입주하여 2개월 계약을 하였다가 2022.11.15.에 연습실 외부에서 소란을 일으키고, 퇴실하였다. 이후, 2023.5.18.에 재입주하여 5개월 계약을 하였고, 2023.5.20.에 연습실 내부에서 취식을 하였고, 2023.8.15.에 전열기구를 사용하였다.
○ C는 2021.12,1.에 입주하여 6개월 계약을 하였다가, 2023.1.5.에 방음시설을 훼손한 후 퇴실하였다. 이후 2023.7.9.에 5개월 계약을 한 후 2023.7.10.에 연습실 내부를 훼손하고, 2023.9.1.에 외부인 출입을 허용하였다.
○ D는 2023.6.12.에 입주하여 16개월 계약을 하였다. 이후 2023.7.1.에 공용시설을 손괴하였다.

※ 단, A~D는 위약금을 지불한 적이 없다.

① A, B, C, D
② B, A, C, D
③ B, C, D, A
④ C, D, B, A
⑤ D, C, A, B

4. 다음 글을 근거로 판단할 때, 옳은 것은?

제○○조(기본계획의 수립) ① 관계 중앙행정기관의 장은 소재·부품·장비산업 경쟁력강화 기본계획(이하 "기본계획"이라 한다)의 기초가 되는 소관 분야의 부문계획을 작성하여 산업통상자원부장관에게 제출해야 한다.
② 기본계획은 산업통상자원부장관이 관계 중앙행정기관별 부문계획을 종합하여 수립하되, 소재·부품·장비 경쟁력강화위원회의 심의를 거쳐 이를 확정한다.
③ 기본계획에는 다음 각호의 사항이 포함되어야 한다.
1. 소재·부품·장비 경쟁력 강화를 위한 기본방향
2. 소재·부품·장비 분야의 발전전망
3. 소재·부품·장비 분야의 세계교역 및 국내 수급동향
④ 산업통상자원부장관은 제2항에 따라 기본계획을 확정한 때에는 국회 소관 상임위원회에 보고하여야 한다.
제□□조(시행계획의 수립) ① 관계 중앙행정기관의 장은 기본계획에 따라 매년 소관별로 그에 대한 시행계획을 수립·시행하여야 한다.
② 관계 중앙행정기관의 장은 소재·부품·장비 경쟁력강화위원회에 전년도의 시행계획 추진실적을 보고하고, 다음 연도의 시행계획을 제출하여 심의를 받아야 한다.
③ 관계 중앙행정기관의 장은 시행계획의 주요 내용을 변경하려는 경우에는 소재·부품·장비 경쟁력강화위원회의 심의를 거쳐야 한다. 이 경우 산업통상자원부장관은 변경된 내용을 고시해야 한다.

① 관계 중앙행정기관의 장은 기본계획을 작성하여 산업통상자원부장관에게 제출하여야 한다.
② 관계 중앙행정기관의 장은 수립된 시행계획을 산업통상자원부장관에게 제출하여야 한다.
③ 산업통상자원부장관은 기본계획이 확정된 경우, 소재·부품·장비 경쟁력강화위원회에 이를 보고하여야 한다.
④ 관계 중앙행정기관의 장은 매년 부문계획을 세워 산업통상자원부장관에게 제출하여야 한다.
⑤ 시행계획이 변경된 경우, 변경한 자와, 변경 사항을 고시하는 자는 다르다.

5. 다음 글과 <상황>을 근거로 판단할 때, 2023.11.5.에 극장을 대관할 수 있는 개인 내지 단체를 우선순위대로 나열한 것은?

제○○조(대관) 극장장은 극장 자체의 공연에 지장을 주지 아니하는 범위에서 공연이나 행사를 위하여 극장시설을 대관할 수 있다.
제□□조(대관 범위) 대관할 수 있는 국립중앙극장(이하 "극장"이라 한다)의 시설의 범위는 다음 각 호와 같다.
1. 실내 소극장
2. 실내악 연주실

제△△조(대관 신청의 경합) 대관 신청 일정이 경합된 경우에는 다음 각 호의 기준에 따라 우선 순위를 부여한다.
1. 개인 간 경합의 경우: 공연실적이 많은 신청자에게 우선 대관
2. 단체 간 경합의 경우: 정기공연을 하는 단체, 공연실적이 많은 단체 및 비중이 큰 공연을 신청한 단체의 순서로 대관
3. 단체와 개인 간 경합의 경우: 단체에 우선 대관

제◇◇조 ① 극장장은 대관 또는 대여를 받은 자가 다음 각 호의 어느 하나에 해당할 때에는 대관 또는 대여를 취소하거나 공연 또는 행사의 정지를 명할 수 있다.
1. 대관 신청한 공연 또는 행사의 내용과 다른 공연 또는 행사를 하였을 때
2. 대관 중 극장이나 부대품을 고의적으로 파손하였을 때

② 제1항 제2호를 위반한 자는 3년 간 극장을 대관할 수 없다.

<상 황>

○ 甲은 솔로 바이올린 연주자로 극장에서 32회 연주한 경력이 있으며, 정기연주를 위하여 실내 소극장을 대관하고자 한다.
○ 乙극단은 실내 소극장을 대관하여 정기공연을 하고자 한다. 乙극단은 극장에서 14번 공연한 경력이 있으며, 2021.11.4.에 연극을 위하여 조명을 고의적으로 훼손한 바가 있다.
○ 丙관현악단은 특별공연을 위하여 실내 소극장을 대관하고자 한다. 丙은 19번 공연한 경력이 있다.
○ 丁은 단독 성악가로 실내 소극장을 대관하고자 한다. 丁은 극장에서 24번 공연한 경력이 있다.
○ 戊는 아이돌 그룹으로, 정기공연을 위하여 실내 소극장을 대관하고자 한다. 戊는 극장에서 3번 공연한 경력이 있다.

① 甲, 乙, 丙
② 甲, 戊, 丁, 丙
③ 戊, 丙, 丁, 甲
④ 戊, 丙, 甲, 丁
⑤ 戊, 乙, 丙, 丁, 甲

6. 다음 글과 <상황>을 근거로 판단할 때, 이수여부가 불확실한 과목은?

甲 : 나 이번에 회계사 시험 보기로 했어.
乙 : 오 그래? 너 행정학과인데 학점 이수는 했어?
甲 : 학점 이수라니? 따로 해야 하는 게 있는 거야?
乙 : 응응. 회계사 시험을 보려면 회계학 분야 과목 12학점, 경제학 분야 과목 3학점을 이수해야 돼.
甲 : 헉 진짜? 음... 생각해 보니까 회계학 분야 과목은 3학점 정도 들었었어. 그럼 최소 노력으로 나머지를 채워보자!
乙 : 그래. 힘내!

<상 황>

다음은 甲이 다니는 대학에 개설된 강좌 목록이다.

과목 이름	과목 분야	학점	요구 노력
고급회계학	회계학	3	1.5
회계수학	회계학	1	1
중급회계학	회계학	2	1
회계원리	회계학	2	1
재무관리론	회계학	3	1.5
회계원론	회계학	1	0.5
금융론	경제학	1	0.5
산업조직론	경제학	1	0.5
재정학	경제학	3	2
정책론	경제학	2	1

① 고급회계학
② 회계수학
③ 회계원리
④ 재무관리론
⑤ 재정학

7. 다음 글을 근거로 판단할 때, <보기>에서 옳은 것만을 모두 고르면?

다이어트를 할 때 가장 중요한 것은 흔히 칼로리라고 알려져있다. 하지만, 칼로리 외에도 영양소의 구성, 혈당 수치, 식습관 등에 따라 같은 칼로리를 섭취하더라도 전혀 다른 결과가 나올 수 있다.

동일한 칼로리를 섭취할 때, 단백질이 풍부한 음식은 탄수화물과 지방으로 이루어진 음식보다 살이 덜 찐다. 우리가 살이 찐다고 말하는 것은 주로 체지방이 많아지는 것으로, 체지방은 지방을 섭취하거나, 대사되지 않은 탄수화물이 지방으로 변환되어 증가하게 된다. 반면 단백질은 지방이 아닌 우리 몸의 근육, 장기, 모발 등을 구성하는 데에 이용되므로, 단백질이 풍부한 음식을 먹으면 상대적으로 체지방이 덜 증가하게 된다.

앞서 말하였듯 체지방이 많아지는 이유는 지방을 많이 섭취하거나 대사되지 않은 탄수화물이 많기 때문이다. 대사되지 않은 탄수화물은 글리코겐의 형태로 저장되는데, 간과 근육 등이 그러한 탄수화물을 저장할 수 있는 한도를 넘으면, 지방으로 전환되어 지방조직에 저장된다. 혈당수치는 바로 이 대사되지 않은 탄수화물이 지방으로 변하는 과정에 개입한다. 우리가 섭취하는 모든 탄수화물은 체내에서 포도당으로 변해 흡수된다. gi 수치란 식사 후 인체가 얼마나 빨리 탄수화물을 분해해 포도당으로 변화시키는지를 계수화한 것이다. 포도당의 혈당치 상승률을 지수로 표시한 것이 gi이며 숫자가 클수록 혈액 내 혈당치를 높이는 속도가 빠르다.

혈당의 상승 속도가 빠르면 췌장이 자극돼 인슐린이 필요 이상으로 많이 분비되고, 과잉 분비된 인슐린은 췌장을 지치게 만들어 당뇨를 유발하게 된다. 뿐만 아니라 남은 열량은 지방으로 축적되어 지방 세포가 비대해지며 자연스럽게 비만의 원인이 될 수 있다. 반면 gi 수치가 낮으면 그만큼 체내 흡수가 더디고 천천히 혈당을 올리기 때문에 포만감도 오래 느끼고 공복감도 느리게 오기 때문에 살이 덜 찌게 된다.

<보 기>

ㄱ. 같은 칼로리라도 지방보다 탄수화물이 풍부한 음식을 먹으면 살이 덜 찌게 된다.
ㄴ. 탄수화물을 먹고 운동 등의 대사활동을 하지 않으면, 지방으로 전환될 수 있다.
ㄷ. gi 수치가 낮은 음식을 먹으면 인슐린이 상대적으로 적게 분비될 것이다.

① ㄱ
② ㄴ
③ ㄱ, ㄴ
④ ㄴ, ㄷ
⑤ ㄱ, ㄴ, ㄷ

8. 다음 글을 근거로 판단할 때, 수영이 선택할 시술은?

충치치료를 할 때, 우리는 치아 위에 무언가를 덧씌우곤 한다. 이때 덧씌우는 소재는 치아와 열팽창계수가 최대한 비슷한 것을 사용하는데, 보통은 금과 기타 금속을 섞은 합금을 사용하게 된다. 일반 치아의 열팽창계수는 15이고, 금은 14, 은은 19, 구리는 16이다. 수영이 충치치료를 받기 위해 방문한 A병원에서 시술받을 수 있는 합금의 종류는 다음과 같으며, 이 중 일반치아와 열팽창계수가 가장 비슷한 것을 선택한다. 단, 수영은 일반치아의 열팽창계수와 1% 이상 차이나는 합금은 고르지 않으며, 고를 수 있는 합금이 없다면 임플란트 시술을 받는다.

구분	금	은	구리
A	50%	40%	10%
B	60%	30%	10%
C	70%	20%	10%
D	80%	10%	10%

※ 각 합금의 열팽창 계수는 합금을 구성하는 금속의 열팽창계수비이다. 예를 들어 금과 구리를 절반씩 섞은 합금이 있다면, 그 열팽창계수는 15이다.

① A합금 치료
② B합금 치료
③ C합금 치료
④ D합금 치료
⑤ 임플란트

9. 다음 글과 <상황>을 근거로 판단할 때, 2023.9.5. 기준 코로나19 문화예술인 활동지원금을 받을 수 있는 사람은?

> 국장 : 코로나19 문화예술인 활동지원금에 대하여 설명 드리겠습니다. 우선 지급일 기준 3년 이내에 예술활동 증명이 이루어져 있어야 하고, 이번년도 소득 인정액이 1,000만원 이하여야 합니다.
>
> A : 국장님, 소득 인정액이 1,000만원을 넘더라도 활동지원금을 받을 수 있던데, 이것은 어떤 경우에 가능합니까?
>
> 국장 : 아, 소득인정액이 1,000만원 이상이더라도, 전년도 대비 소득인정액이 50% 이상 감소하였다면, 활동지원금 지급이 가능합니다. 단, 이 경우에도 금년도 소득인정액이 2,000만원을 초과하여서는 안됩니다.
>
> B : 활동 기간에 대한 제한도 있습니까?
>
> 국장 : 활동 기간은 2년 이상이기만 하면 됩니다.

<상 황>

이름	소득인정액(만 원)		활동 기간	예술활동증명
	2022년	2023년		
甲	2,000	1,500	2년 4개월	2020.10.18.
乙	1,000	800	3년 6개월	2021.6.5.
丙	5,000	2,100	5년 2개월	2022.5.8.
丁	500	600	4년 5개월	2020.9.3.
戊	1,500	400	1년 6개월	2023.2.3.

① 甲
② 乙
③ 丙
④ 丁
⑤ 戊

10. 다음 글과 <상황>을 근거로 판단할 때, 점수를 원래의 값으로 측정할 경우, 판정 등급이 바뀌는 곡을 모두 고른 것은?

> 甲부처에서는 최근 심해지는 음악 표절을 방지하기 위하여 '표절판정점수'를 개발하였다. '표절판정점수'는 화성점수, 멜로디점수, 리듬점수를 곱한 값이다. 다음은 甲부처의 표절판정점수별 판정 등급이다.

표절판정지수	판정 등급
599 이하	정상곡
600~699	주요 감시곡
700 이상	표절곡

<상 황>

○ 甲부처에서 화성점수를 측정하는 담당관은 유화적인 사람으로, 원래의 값보다 50% 줄여 측정하고, 멜로디 점수를 측정하는 담당관은 엄격한 사람으로, 원래의 값의 1.5배로 측정한다.
○ 이번 표절 심사에는 A, B, C의 곡이 등록되었고, 이 중 A는 원래의 점수보다 162점, B는 180점, C는 240점 낮은 점수를 받았다.

① A
② B
③ A, B
④ B, C
⑤ A, B, C

11. 다음 글과 <상황>을 근거로 판단할 때, 지훈이 선택할 일정과 그때의 경비는?

○ 지훈은 여름 휴가로 여행을 가려고 한다.
○ 지훈은 경비를 최소화할 수 있는 일정을 선택한다.
○ 지훈은 1달간 여행을 가려고 하며, 6월 1일~6월 30일, 7월 1일~7월 30일, 8월 1일~8월 30일의 기간 중 하나의 일정을 선택하여 여행을 갈 수 있다.
○ 지훈은 여행 1~10일차까지는 일본 여행을, 11~20일차까지는 유럽 여행을, 21~30일차까지는 미국 여행을 가려고 한다.
○ 지훈은 1일당 일본에서는 5000엔을, 유럽에서는 30유로를, 미국에서는 40달러를 사용한다.

<상 황>

다음은 1~3월의 환율 예상치이다.

	6월	7월	8월
100엔/원	1100	1000	1300
유로/원	1400	1450	1350
달러/원	1300	1300	1250

	일정	경비
①	6월	149만 원
②	6월	149만 5천 원
③	7월	145만 5천 원
④	7월	146만 원
⑤	8월	155만 5천 원

12. 다음 글을 근거로 판단할 때, 상현이 모의고사를 완성하는 시간은?

○ 상현은 모의고사를 출제하는 일을 하고 있다.
○ 상현은 매일 6~22시까지 활동하며, 6~7시는 아침 식사, 12~13시는 점심 식사, 18~19시까지는 저녁 식사를 한다.
○ 상현은 월요일 14~17시에, 화요일 9~12시, 13~17시에, 수요일 10~12시, 13~17시에, 목요일 9~11시에, 금요일 15~17시에 수업이 있다.
○ 상현은 하루의 첫 수업 직전과 마지막 수업 직후에 등·하교를 하며, 이는 각각 1시간씩 소요된다.
○ 식사, 등교, 수업 시간 외의 시간은 모두 집중하여 모의고사를 출제하며, 1시간에 3/4문제를 만들 수 있다.
○ 등·하교 시간에도 모의고사를 출제하나, 1시간에 1/2문제를 만들 수 있다.
○ 상현은 일요일에 모의고사 20문제를 출제해달라는 부탁을 받았고, 월요일부터 이를 만들기로 하였다.

① 수요일 12시 이전
② 수요일 12시 이후
③ 목요일 12시 이전
④ 목요일 12시 이후
⑤ 금요일 12시 이후

13. 다음 글을 근거로 판단할 때, 화요일과 금요일에 갈 장소를 순서대로 짝지은 조합으로 가능한 것은?

> 영수 : 우리 다음 주 평일 내내 데이트하기로 한 거 기억하지?
> 수영 : 물론이지! 5일 동안 매일 다른 곳을 가볼 수 있다는게 정말 신나. 카페, 원데이 클래스, 맛집, 방탈출 체험, 백화점 쇼핑까지, 컨텐츠도 정말 다양하잖아.
> 영수 : 응 맞아. 첫날, 월요일은 우선 카페를 갈까?
> 수영 : 좋아! 근데 원데이 클래스는 화요일, 금요일에만 한데.
> 영수 : 음... 그리고 우리가 가는 맛집은 목요일에 특별메뉴가 나온데. 이날 갈까?
> 수영 : 좋아. 그리고 방탈출 체험은 금요일에 하면 더 비싸지네. 이날은 피하자.
> 영수 : 그리고 백화점은 화요일에 쉬니까, 이날은 피하자.

① 맛집, 백화점 쇼핑
② 방탈출, 원데이 클래스
③ 방탈출, 백화점 쇼핑
④ 백화점 쇼핑, 원데이 클래스
⑤ 백화점 쇼핑, 방탈출

14. 다음 글과 <상황>을 볼 때, 가방에 들어가지 않는 물품은?

> 甲 : 이제 여행도 끝이네. 이제 짐을 어떻게 나누지?
> 乙 : 일단 기내에 반입할 수 있는 것은 가방에, 없는 것은 캐리어에 넣어야 돼.
> 甲 : 알겠어. 우선 폭발위험성이 있는건 캐리어에 넣으면 안되지?
> 乙 : 응 맞아. 그리고 기내에 반입하는 액체류는 모두 합쳐서 500ml를 넘기면 안되고, 넘기는 것은 캐리어에 넣어야 돼.
> 甲 : 액체류인 것 중에서 유리병에 담긴 것은 같은 부피라면 최대한 많은 종류를 가방에 넣어 가져가고 싶어. 물론, 500ml 부피를 꽉 채우는게 우선이겠지.
> 乙 : 좋아. 그리고 비행기를 오래 타니까 오락용 물건은 기내로 가져가는 게 좋겠지?
> 甲 : 좋았어. 그럼 짐 정리 좀 해보자.

<상 황>

○ 가방의 용량은 부피 5000ml, 무게 10kg이고, 캐리어는 부피 12000ml, 무게 12kg다.
○ 다음은 甲이 정리할 짐의 목록이다.

종류	부피(ml)	무게(kg)	비고
의류	5,000	4	
커피	1,000	1.4	액체
세면용품	600	1.5	액체
보조전원	100	0.3	폭발물
충전기	200	0.5	오락
노트북	200	1.5	오락
와인	350	1	액체, 유리병
향수	80	0.3	액체, 유리병
미스트	50	0.1	액체, 유리병
식초	70	0.2	액체, 유리병
신발	3,000	2	
기념품	4,000	5	기내 반입 금지

① 신발
② 의류
③ 와인
④ 향수
⑤ 식초

15. 다음 글을 근거로 판단할 때, 우주선을 만드는 데에 걸리는 시간은?

○ 3명으로 이루어진 XX팀은 우주선을 만들려고 한다.
○ 우주선을 만들기 위해서는 재료 모으기, 부품조립, 완성의 단계를 거쳐야 하며, 조건이 충족된다면, 여러 단계가 동시에 진행될 수도 있다. 또한, 완성 단계를 제외하고는 두 명 이상의 사람이 같은 일을 동시에 할 수는 없다.
○ 재료는 강철, 티타늄, 우라늄, 납을 모아야 하며, 재료를 모았다면, 모든 부품을 만드는 데에 사용할 수 있다. 각 재료를 모으는 데에 필요한 시간은 다음과 같다.

재료	강철	티타늄	우라늄	납
시간	1시간 40분	2시간	3시간	1시간 20분

○ 부품은 골조, 외벽, 추진체, 내부로 이루어져 있으며, 각 부품을 만드는 데에 필요한 시간과 필요한 재료는 다음과 같다. 부품을 조립하기 위해서는 필요 재료를 모두 모아야만 한다.

부품	필요 재료	시간
골조	강철, 티타늄	1시간 40분
외벽	납, 우라늄	1시간 30분
내부	티타늄	2시간 30분

○ 부품이 모두 완성된 후에 3명이 함께 우주선을 완성하며, 완성단계에서 필요한 작업과 시간은 다음과 같다. 완성단계의 소요 시간은 3명이 동시에 작업할 때를 기준으로 한다.

단계	모으기	골조 구성	마감
소요 시간	30분	1시간 30분	1시간

① 7시간
② 7시간 20분
③ 7시간 40분
④ 8시간
⑤ 8시간 20분

16. 다음 글을 근거로 판단할 때, 학열, 주형, 지현이 선택한 지불방법과, 그 금액을 올바르게 짝지은 것은?

학열, 주형, 지현은 G 회전초밥집에 가서 초밥을 먹기로 했다. 이들은 지불금액을 최소화하는 지불방법을 선택한다.
○ G회전초밥집에는 일반접시가 있고, 특별접시가 있다. 일반접시는 개당 1,500원, 특별접시는 개당 3,000원으로 계산한다.
○ 학열은 일반접시 30개, 특별접시 1개, 주형은 일반접시 10개, 특별접시 2개, 지현은 일반접시 5개, 특별접시 5개를 먹기로 하였다.
○ 이외에도 G회전초밥집에는 정액제가 있어, 일반접시를 무제한으로 먹을 수 있고, 특별접시를 일부 무료 제공하는 정액제 상품을 판매하고 있다. 단, 두 명 이상이 방문한 경우, 일부만 정액제를 구입할 수 없으며, 모두 같은 등급의 정액제를 구입하여야 한다.
○ 다음은 G회전초밥집의 지불방법이다.

종류	가격	비고
일반	인당 0원	접시 개수로 계산
레귤러	인당 25,000원	일반접시 무제한, 특별접시 인당 1개 무료 제공
스페셜	인당 30,000원	일반접시 무제한, 특별접시 인당 2개 무료 제공

○ 특별접시 개수의 계산은 일행이 먹은 접시를 모두 합쳐서 계산한다. 즉, 2명이 5개의 특별접시를 먹은 경우, 스페셜을 선택하였다면, 누가 몇 개를 먹었는지에 관계없이 특별접시를 1개만 별도계산하면 된다.

	지불방법	금액
①	일반	91,500원
②	레귤러	75,000원
③	레귤러	90,000원
④	스페셜	90,000원
⑤	스페셜	96,000원

17. 다음 글을 근거로 판단할 때, D 테마파크가 7×7칸일 때와, 9×9칸일 때 설치해야 하는 쓰레기통의 개수의 차는?

> D 테마파크에서는 고객의 편의를 위하여 어떤 곳에서든 가장 가까운 쓰레기통까지 4걸음 이하가 되도록 공간을 설계하고 있다. 또한, 한 쓰레기통에서 가장 가까운 다른 쓰레기통까지의 거리가 4걸음 이하가 되도록 설계하고 있다. D 테마파크는 □×□칸의 정사각형으로 되어 있으며, 고객은 한 걸음 당 상, 하, 좌, 우의 칸으로 움직일 수 있으며, 대각선으로는 움직일 수 없다고 가정한다. 이때, D 테마파크는 설치하는 쓰레기통의 수를 최소화하고자 한다는 조건을 추가해주면 좋을 것 같습니다.

① 1
② 2
③ 3
④ 4
⑤ 5

18. 다음 글과 <상황>을 근거로 판단할 때, 봉규가 물어야 하는 위약금은?

> K 철도회사는 운용하는 열차의 등급별, 일자별로 환불 위약금 규정을 적용한다.
> ○ 고객이 환불을 요청하면 열차표 가격에서 위약금을 공제하고 남은 금액을 환불한다.
> ○ 단, 구매일 포함 7일 이내에 환불시, 열차 출발일 3일 전이라면 위약금은 0원으로 한다.
> ○ 다음은 열차의 등급별, 일자별 환불 위약금 기준이다. %로 표시된 것은 열차표 가격을 기준으로 계산한다.

<월~목요일 출발 열차>

구분	위약금 (열차 출발일 기준)		
	7일 전	6~1일 전	당일
KTX	400원		5%
SRT	400월	5%	10%
무궁화호	무료		1000원

<금~일요일 출발 열차>

구분	위약금 (열차 출발일 기준)		
	7일 전	6~1일 전	당일
KTX	10%	20%	50%
SRT	20%	50%	80%
무궁화호	무료	1000원	30%

<상 황>

다음은 봉규가 2023.11.5.에 구입한 열차표이다. 2023.11.5.는 일요일이다.

구분	가격	환불일	출발일
KTX	125,000	2023.11.15.	2023.11.23.
SRT	80,000	2023.11.7.	2023.11.10.
무궁화호	50,000	2023.11.15.	2023.11.18.

① 1,000원
② 1,400원
③ 13,500원
④ 41,400원
⑤ 53,900원

[19~20] 다음 글을 읽고 물음에 답하시오.

최근 생태주의와 동물윤리 등이 대두되며, 채식주의가 전세계적으로 퍼지고 있다. 채식주의란 말 그대로 동물성 음식의 섭취를 제한하고, 식물성 음식, 즉 과채류와 곡물을 섭취하는 식습관 내지 사상이라고 할 수 있다.

채식주의를 따르는 데에는 다양한 이유가 있는데, 크게 종교적 이유, 윤리적 이유, 환경적 이유로 분류할 수 있다. 불필요한 살생을 금지하는 규율에 따르는 것이 바로 대표적인 종교적 이유이다. 이외에도 소고기를 먹지 않는 힌두교의 규율, 돼지고기를 먹지 않는 이슬람교의 규율도 이와 같다. 윤리적 이유는 싱어나 벤담의 공리주의로부터 기원한다. 이에 따르면, 공장식 사육 등의 비윤리적 사육 환경, 감정과 고통을 느낄 수 있는 동물에 대한 생명으로서의 대우를 그 근거로 하여 육식을 금기시하고 있다. 환경주의에 근거하여 채식을 하는 사람들은 축산과 낙농이 환경 문제의 원인이 되며, 특히 메테인 등의 온실 가스는 지구온난화 등 기후 이변의 위협이 된다고 보아 육식 내지는 축산 자체를 하여서는 안된다고 보고 있다.

채식주의를 따르는 채식주의자라고 하여서 모두가 채소만 먹는 것은 아니다. 가장 낮은 단계인 플렉시테리언부터 가장 강한 단계인 플루테리언까지, 채식주의와 채식주의자에도 다양한 분류가 있다. 플렉시테리언은 그 어원에서도 알 수 있듯이, 기본적으로 채식주의를 지향하나 육류를 다소 섭취하는 식습관이다. 이들은 보통 육류의 경계에 있다고 여겨지는 우유와 알, 생선들은 섭취한다. 하지만 공장식으로 사육된 육류는 섭취하지 않는 등 본인만의 기준을 설정하여 따르는 경우가 많다.

이 다음 단계는 고기에 유제품과 알을 포함시킬 것인가의 논의로 넘어간다. 여기서 유제품을 섭취하는 채식주의자를 락토 베지테리언, 알을 섭취하는 채식주의자를 오보 베지테리언, 둘 다 섭취하는 채식주의자를 락토-오보 베지테리언이라고 한다. 알의 허용 논의에서는 수정되지 않은 무정란을 섭취하는 것이 생명을 살상하고 동물을 착취하는 것인가가 주된 논점이 된다. 유제품의 허용 논의에서 또한 젖을 짜는 행위는 동물을 죽여서 얻는 것이 아니라 괜찮은지, 동물을 착취하는 행위이기에 안되는 것인지에 대한 논란이 가장 크다. 만약 이러한 논의에서 섭취해도 된다는 쪽을 선택하였더라도, 만약 유제품, 내지 알을 가공하는 과정에서 동물을 도축하여 얻은 물질을 사용하는 등의 문제가 있다면, 이들은 그러한 제품을 섭취하지 않을 것이다.

알과 유제품조차도 섭취하지 않는, 우리가 생각하는 완전한 채식주의자는 비건이다. 이들은 동물성 식품을 전부 거부하며, 이에는 당연히 우유, 벌꿀, 알 등의 부산물도 포함된다. 이에서 한 발 더 나아간 플루테리언은 식물도 생명이기 때문에 먹어서는 안되며, 식물이 우리에게 먹을 수 있도록 직접 제공한 것만 먹어야 한다고 본다. 즉, 과일 등의 열매만 먹는 채식주의자이다.

이러한 채식주의가 건강에 어떤 영향을 끼치는지는 아직도 논의가 뜨겁다. 분명 역사적 인물 중에 신념 등으로 인하여 평생 채식주의를 하고 살았음에도 장수한 인물이 있다. 그러나, 임산부, 유아기의 아동은 성인보다도 많은 단백질과 여러 무기질이 필요하며, 이는 육식을 통해 손쉽게 해결될 수 있다. 즉, 채식을 하면, 여러 결핍되는 영양소가 생기기 쉽다는 뜻이다. 특히, 오메가-3 지방산, 필수 아미노산, 철분, 칼슘, 비타민 D, 비타민 B12, 이 중에서도 비타민 B12는 채식으로 섭취할 수 없다는 주장이 매우 크다. 즉, 신념으로 채식을 할 수는 있겠으나, 건강을 위해 채식을 하여야 한다는 주장은 그 설득력이 상당부분 퇴색되었다.

19. 윗글을 근거로 판단할 때 <보기>에서 옳은 것을 모두 고른 것은?

<보 기>

ㄱ. 불필요한 살생을 금지하는 규율에 따라 채식주의를 하는 것은 윤리적 이유로 채식주의를 하는 것이다.
ㄴ. 락토 베지테리언이라 하더라도, 먹지 않는 유제품이 있을 수 있다.
ㄷ. 채식주의는 성인보다 아동의 건강에 더욱 악영향을 끼칠 수 있다.

① ㄱ
② ㄴ
③ ㄱ, ㄴ
④ ㄴ, ㄷ
⑤ ㄱ, ㄴ, ㄷ

20. 윗글과 <상황>을 근거로 판단할 때, 옳지 않은 것은?

<상 황>

○ 甲~戊 5명은 모두 다른 분류의 채식주의자이다.
○ 이 중 육식을 하는 사람이 1명, 우유를 먹는 사람이 3명, 알을 먹는 사람이 2명 있다. 다음은 甲~戊의 대화이다.

甲 : 나는 우유를 먹지 않아.
乙 : 나는 우유를 먹어
丙 : 나는 고기를 먹지 않아.
丁 : 나는 고기를 먹어
戊 : 나는 어떤 동물성 식품도 먹지 않아

① 甲~戊 중 한 명은 플루테리언이다.
② 甲은 알을 먹지 않는다.
③ 乙은 락토-오보 베지테리언이다.
④ 丙은 우유를 먹는다.
⑤ 丁은 가장 낮은 단계의 채식주의자이다.

21. 다음 글을 근거로 판단할 때 옳은 것은?

제○○조(등록 및 신고) ① 비료를 생산하여 판매하거나 무상으로 유통·공급하는 것을 업으로 하려는 자는 시장·군수·구청장(이하 "시장 등"이라 한다.)에게 등록하여야 한다. 다만, 부산물비료 생산업의 경우는 제외한다.
② 비료를 수입하여 판매하거나 무상으로 유통·공급하는 것을 업으로 하려는 자는 시장 등에게 신고하여야 한다.
제□□조(준수사항) ① 비료생산업자등은 비료의 용기나 포장의 외부에 보증 표시를 하여야 한다. 다만, 비료를 용기에 넣지 아니하고 판매·유통·공급하려는 경우에는 그 상대방에게 보증표를 발급함으로써 보증 표시를 갈음할 수 있다.
② 비료생산업자등은 비료의 종류별로 비료제조에 사용되는 원료의 종류·구입처·수량 등을 장부(전자화된 장부를 포함한다)에 기재하고 이를 3년간 보존하여야 한다.
제◇◇조(등록취소 등) 시장 등은 비료생산업자등이 다음 각 호의 어느 하나에 해당하는 경우에는 등록을 취소하거나 6개월 이내의 기간을 정하여 영업의 전부 또는 일부의 정지를 명할 수 있다. 다만, 제1호에 해당하는 경우에는 등록을 취소하여야 한다.
1. 거짓이나 그 밖의 부정한 방법으로 비료생산업등의 등록을 한 경우
2. 제□□조 제1항을 위반한 경우
3. 제□□조 제2항을 위반한 경우
제△△조(과징금) 시장 등은 비료생산업자등이 제◇◇조 제3호에 해당하는 경우 영업정지처분을 갈음하여 2천만원 이하의 과징금을 부과할 수 있다.

① 부산물 비료를 생산하여 판매하려는 자는 시장 등에게 신고하여야 한다.
② 비료를 수입하여 무상으로 공급하려는 자는 시장 등에게 신고하지 아니하고 영업할 수 있다.
③ 비료생산업자가 구매자에게 적법하게 보증표를 발급하였다면, 판매한 비료는 용기에 넣지 아니하였을 수 있다.
④ 비료생산업자가 거짓으로 비료생산업의 등록을 한 경우 3개월의 영업정지에 처할 수 있다.
⑤ 비료생산업자가 판매하는 비료의 용기에 보증 표시를 하지 아니한 경우 시장 등은 이에 대하여 1천만원의 과징금을 부과할 수 있다.

22. 다음 글과 <상황>을 근거로 판단할 때, 옳은 것은?

제○○조(시설 등의 지정) ① 조경사업자가 집중적으로 입주하거나 입주하려는 건축물 등을 조경진흥시설(이하 "진흥시설"이라 한다)로 지정받으려는 자는 다음 각호의 지정 요건을 갖추어 국토교통부장관에게 지정을 신청하여야 한다.
1. 5개 업체 이상의 조경사업자가 입주할 것
2. 진흥시설로 인정받으려는 시설에 입주한 조경사업자 중 중소기업자가 100분의 30 이상일 것
② 조경 관련 사업체의 기반 및 부속시설 등이 집중적으로 위치한 지역을 조경진흥단지(이하 "진흥단지"라 한다)로 지정받으려는 자는 다음 각호의 지정 요건을 갖추어 국토교통부장관에게 지정을 신청하여야 한다.
1. 10개 업체 이상의 조경사업자가 밀집하여 상주하고 있을 것
2. 해당 지역에 조경지원센터가 있을 것
제□□조(지정 해제)국토교통부장관은 다음 각 호의 어느 하나에 해당하는 경우에는 진흥단지 또는 진흥시설의 지정을 해제할 수 있다. 다만, 제1호에 해당하면 지정을 해제하여야 한다.
1. 거짓이나 그 밖의 부정한 방법으로 지정을 받은 경우
2. 진흥시설이나 진흥단지가 지정 요건을 갖추지 못하게 된 경우
제△△조(지원센터) ① 국토교통부장관은 조경분야의 진흥을 위하여 조경업무를 수행하는 공공기관을 조경지원센터(이하 "지원센터"라 한다)를 지정할 수 있다.
② 국토교통부장관은 제1항에 따라 지정된 지원센터가 다음 각호의 어느 하나에 해당하는 경우에는 지정을 취소하거나 시정을 명할 수 있다. 다만, 제1호에 해당하면 지정을 취소하여야 한다.
1. 제◇◇조에 따른 보고 및 검사를 기피한 경우
2. 지원센터가 지정에 적합하지 아니하게 된 경우
제◇◇조(보고 및 검사) ① 국토교통부장관은 지원센터에 대하여 그 업무 상황에 관한 보고를 명하거나, 장부·서류나 그 밖의 물건을 검사할 수 있다.
② 제1항에 따른 보고를 기피하거나 거짓으로 보고한 자에게는 200만원 이하의 과태료를 부과한다.

<상 황>

A단지는 15명의 조경사업자가 밀집하여 상주하고, 1개의 지원센터가 있는 진흥단지이다. 이 중, 5명의 조경사업자는 B진흥시설에 입주하여 있으며 이 중 2명은 중소기업자이다. 그러던 중 그 중 1명이 대기업자가 되어, B에 입주한 중소기업자는 1명이 되었다. 또한, 2022.5.7.에 A단지에 입주한 지원센터에 대하여 국토교통부장관이 업무 보고를 명하였으나 이를 기피하였다.

① B진흥시설이 없었다면, 2022.5.7. 이전에 A단지는 진흥단지로 지정받지 못했을 것이다.
② 국토교통부장관은 A진흥단지에 대하여 그 지정을 해제하여야 한다.
③ 국토교통부장관은 B진흥시설에 대하여 그 지정을 해제할 수 있다.
④ 국토교통부장관은 지원센터에 대하여 시정을 명하여야 한다.
⑤ 지원센터는 100만원의 벌금을 부과받을 수 있다.

23. 다음 글과 <상황>을 근거로 판단할 때, 경영자 수를 정확하게 알 수 없는 학교는?

○ 학교에는 경영자로 교장, 교감, 행정실장을 두고 있다.
○ 교장은 각 학교 당 1명만 존재하며, 교감과 행정실장의 수는 학교급, 학급 수, 학생 수에 따라 다르게 하며, 그 기준은 다음과 같다.
○ 각 학급의 학생 수는 20명 이상 40명 이하이고, 각 학급별 학생 수의 차이가 1명 이내이도록, 학생 수가 최대한 고르게 분배되도록 한다.

<초등학교 경영자 TO 규정>

학급 수	교감	행정실장
1~20	1	0
21~42	1	1
43~60	2	1
61~78	2	2
79~96	3	2

<중·고등학교 경영자 TO 규정>

학생 수	교감	행정실장
1~300	0	1
301~630	1	1
631~900	1	2
901~1170	2	2
1171~1440	2	3

<상 황>

○ A초등학교는 학급 수가 45개이고, 학생 수가 900명이다.
○ B중학교는 학급 수가 30개이고, 행정실장이 1명이다.
○ C고등학교는 학급 수가 45개이고, 행정실장이 2명이다.
○ D중학교는 학급 수가 32개이고, 교감이 1명이다.
○ E초등학교는 학생 수가 500명이고, 행정실장이 1명이다.

① A초등학교
② B중학교
③ C고등학교
④ D중학교
⑤ E초등학교

24. 다음 글을 근거로 판단할 때 옳은 것은?

제○○조(제조업의 허가 등) ① 의약품 제조를 업으로 하려는 자는 식품의약품안전처장의 허가를 받아야 한다.
② 제1항에 따른 제조업자가 그 제조한 의약품을 판매하려는 경우에는 품목별로 식품의약품안전처장의 제조판매품목허가(이하 "품목허가"라 한다)를 받거나 제조판매품목 신고(이하 "품목신고"라 한다)를 하여야 한다.
③ 의약품등의 제조업자 또는 품목허가를 받은 자가 다음 각 호의 어느 하나에 해당하는 경우에는 7일 이내에 식품의약품안전처장에게 그 사실을 신고하여야 한다. 다만, 휴업기간이 1개월 미만인 경우에는 신고하지 아니할 수 있다.
1. 제조소 또는 위탁제조판매업소를 폐업 또는 휴업하는 경우
2. 휴업한 제조소 또는 위탁제조판매업소를 다시 연 경우
제□□조(품목허가 등의 갱신) ① 제○○조 제2항에 따른 의약품의 품목허가 및 품목신고의 유효기간은 5년으로 한다. 다만, 다음 각 호의 어느 하나에 해당하는 의약품은 유효기간을 적용하지 아니한다.
1. 원료의약품
2. 수출만을 목적으로 생산하는 수출용 의약품
② 품목허가를 받은 자는 제1항에 따른 유효기간이 끝난 후에 계속하여 해당 의약품을 판매하려면 그 유효기간이 끝나기 전에 식품의약품안전처장에게 품목허가를 갱신받거나 품목신고를 갱신하여야 한다.
제△△조(안전상비의약품의 판매) ① 안전상비의약품을 약국이 아닌 장소에서 판매하려는 자는 시장·군수·구청장에게 안전상비의약품 판매자로 등록하여야 한다. 등록사항을 변경하려는 경우에도 같다.
③ 안전상비의약품 판매자는 안전상비의약품의 판매 업무를 폐업 또는 휴업하거나 휴업 이후 그 업무를 재개한 경우에는 시장·군수·구청장에게 신고하여야 한다. 다만, 휴업기간이 1개월 미만인 경우에는 그러하지 아니하다.
제◇◇조(의약품 판매) ① 약국개설자 및 안전상비의약품 판매자는 그 약국 또는 점포 이외의 장소에서 의약품을 판매하여서는 아니 된다.
② 약국개설자는 일반의약품을 판매할 때에 필요하다고 판단되면 복약지도를 할 수 있다.

① 의약품 제조업자가 의약품을 판매하려는 경우, 식품의약품안전처장의 허가를 받아야 한다.
② 의약품 제조업자가 원료의약품을 제조 후 이를 판매하려는 경우, 품목허가 또는 품목신고를 5년마다 갱신하여야 한다.
③ 안전상비의약품을 편의점에서 판매하려는 자는 시장·군수·구청장에게 신고하여야 한다.
④ 안전상비의약품 판매자가 2023.7.5.부터 2023.8.1.까지 휴업하려는 경우, 그 판매자는 7일 이내에 식품의약품 안전처장에게 그 사실을 신고하여야 한다.
⑤ 안전상비의약품 판매자는 일반의약품을 판매할 때 복약지도를 할 수 없다.

25. 다음 글과 <상황>을 근거로 판단할 때, 졸업이 가능한 사람을 모두 고른 것은?

> 제00조(학점) ① 졸업에 필요한 학점은 전공과정 70학점, 교직과정 35학점, 교양과정 35학점이며, 교직과정 학업성적 평점 평균 2.5, 전체 학업성적 평점 평균 2.0보다 높은 평점을 취득하여야 한다.
> ② 복수전공과정 이수자는 제1항 이외에 추가로 20학점 이상을 취득하여야 한다.
> ③ 학업성적 평점 평균은 단순 이수 학점으로 가중평균하여 산정한다.
> 제00조(졸업 과제) ① 졸업을 위하여는 졸업 학위 논문을 작성하여야 한다.
> ② 미술교육 전공자와 음악교육 전공자는 제1항의 논문 대신 각각 졸업작품 전시회와 연주회를 개최할 수 있다.
> 제00조(교육이수) 졸업을 위하여는 다음 각호의 구분에 따라 성인지 교육을 이수하여야 한다.
> 1. 20학년도 이전 입학자
> 가. 23학년도 이전 졸업예정자 : 면제
> 나. 24학년도 이후 졸업예정자 : 2회 이수
> 2. 20~21학년도 입학자
> 가. 24학년도 이전 졸업예정자 : 2회 이수
> 나. 25학년도 이후 졸업예정자 : 4회 이수
> 3. 22학년도 및 그 이후 입학자 : 4회 이수

<상 황>

가영, 나영, 라영모두 전공과정 70학점, 교직과정 35학점, 교양과정 35학점을 이수하였고, 다영은 전공과정 80학점, 교직과정 60학점, 교양과정 60학점을 이수하였다.

○ 가영은 21학년도 입학자로서, 교직과정에서 평점 2.8, 교양과정에서 3.2, 전공과정에서 1.2를 받았다. 가영은 미술교육 전공자로, 졸업작품 전시회를 개최하였고, 25학년도 졸업예정자로, 성인지 교육을 2회 이수하였다.
○ 나영은 19학년도 입학자로서, 교직과정에서 평점 3.2, 교양과정에서 3.0, 전공과정에서 1.5를 받았다. 나영은 체육교육 전공자로, 졸업 학위 논문을 작성하였고, 23학년도 졸업예정자로, 성인지 교육을 이수받지 않았다.
○ 다영은 25학년도 입학자로서, 교직과정에서 평점 2.8, 교양과정에서 3.0, 전공과정에서 1.0를 받았다. 수학교육과 국어교육 복수 전공자로, 졸업 학위 논문을 작성하였고, 29학년도 졸업예정자로, 성인지 교육을 4회 이수받았다.
○ 라영은 23학년도 입학자로서, 교직과정에서 평점 2.6, 교양과정 2.8, 전공과정에서 평점 1.2을 받았다. 다영은 음악교육 전공자로, 졸업 학위 논문을 작성하였고, 28학년도 졸업예정자로, 성인지 교육을 4회 이수하였다.

① 가영, 나영
② 가영, 다영
③ 나영, 다영
④ 나영, 라영
⑤ 다영, 라영

26. 다음 글을 근거로 판단할 때, 동하가 원판을 끼우는 데에 들이는 노력은?

> 동하는 운동을 할 때, 점진적 과부하의 원리를 따르기 위해 중량을 점차 늘려가는 방식을 사용한다. 오늘은 처음에 20kg에서 시작하여 40kg, 60kg, 80kg, 100kg, 120kg, 135kg의 무게로 운동을 하였다.
> 동하가 다니는 체육관에는 봉(20kg)과 봉의 양쪽에 끼워서 봉의 중량을 늘릴 수 있는 원판들이 있다. 봉에 원판을 끼울 때에는 양쪽의 중량이 맞아야 한다. 현재 체육관에는 20kg 원판 4개, 10kg원판 4개, 5kg원판 2개, 2.5kg원판 2개가 있다.
> 또한, 원판을 끼울 때는 무거운 원판을 바깥쪽에 끼울 수 없다. 즉, 10kg원판을 꽂은 채로, 추가로 20kg원판을 꽂을 수는 없으며, 10kg 원판을 제거한 뒤, 20kg원판을 먼저 꽂고, 10kg 원판을 그 위에 끼워야 한다.
> 또한, 원판을 끼우거나 뺄 때는 한 개씩 하여야 한다. 동하는 원판을 한 번 끼우거나 뺄 때, 그 무게에 관계없이 노력이 1만큼 든다. 동하는 이 노력을 최소화하고자 한다.

① 7
② 8
③ 9
④ 18
⑤ 20

27. 다음 글을 근거로 판단할 때, <보기>에서 옳은 것만을 모두 고르면?

세계화가 진행되면서 외국어를 한 가지 이상 습득 하는 것이 권장되고 있다. 그중에서도 영어와 같이 링구아 프랑카(lingua franca)로 쓰이고 있는 언어는 그 효용성을 크게 인정받고 있다. 링구아 프랑카란 서로 다른 모어를 사용하는 화자들이 의사소통을 하기 위해 국제어, 공통어로 사용하는 제3언어를 의미하며, 이는 국가 내의 공용어와는 다른 개념이다. 링구아 프랑카로서 영어가 쓰이는 시대에는 명확한 문법지식과 정확성보다는 각기 다른 상황에 대처하고 다양한 사람과 의사소통할 수 있는 회화능력이 중시되기 때문에 영어를 자연스럽게 쓸 수 있는 능력이 중요해진다. 이와 더불어 각 어휘에 들어있는 미묘한 맥락과 뉘앙스 차이를 파악하고, 그에 담겨 있는 문화를 파악하는 능력 또한 중요해지고 있다. 이에 따라 각국에서는 다양한 방식으로 영어를 교육하고 있고, 이러한 방식은 각국 언어의 특징, 지리적 근접성에 따라 확연히 차이가 난다.

대표적인 방식 중 하나는 영어를 외국어로서 교육하는 EFL(English as a Foreign Language) 방식이다. EFL 방식은 주로 영어가 공용어가 아닌 나라에서 사용된다. EFL은 영어를 하나의 언어체계로 보고, 그 단어와 문장체계를 학습하는 활동을 전제로 하는 방식이다. 즉, 읽기, 쓰기, 듣기, 말하기의 활동은 문법체계의 이해를 전제하고 진행되며, 이 때문에 문법이 매우 중요한 비중을 차지한다. 이 때문에, 읽기, 쓰기의 능력은 매우 높으나 실질적인 회화 능력은 상당히 떨어지게 된다. 이는 영어교육이 주로 12세 이전의 자연 습득 단계에서 이루어지는 것이 아닌 12세 이후의 학습 단계에서 이루어지는 것에 기인한다.

또 다른 방식은 ESL (English as a Second Language) 방식이다. ESL 방식은 EFL과 반대로 영어가 공용어인 나라에서 주로 사용된다. ESL은 영어를 하나의 언어로 보고, 영어에 최대한 많이 노출시키는 방법을 사용하여 교육한다. 이에따라 영어는 12세 이전의 자연습득 단계에서 체화되는 방식으로 교육이 진행된다.

<보 기>

ㄱ. 영어가 공용어로 쓰이는 국가에서는 영어가 링구아 프랑카로 쓰인다.
ㄴ. 12세 이후에 영어를 배우게 된다면, EFL 방식으로 교육받게 될 것이다.
ㄷ. ESL 방식은 영어를 하나의 언어체계로 바라본다.

① ㄱ
② ㄴ
③ ㄱ, ㄴ
④ ㄴ, ㄷ
⑤ ㄱ, ㄴ, ㄷ

28. 다음 글을 근거로 판단할 때, A가 섭취하는 단백질의 양은?

○ 운동선수 A는 매일 2500g의 음식을 먹는다.
○ 모든 음식은 탄수화물, 단백질 지방으로 이루어져 있다.
○ A는 자신의 식단에서 탄수화물 섭취량에 1, 단백질 섭취량에 3, 지방 섭취량에 2를 곱한 뒤 이를 더한 값이 항상 5200이 되도록 한다.
○ A는 모든 영양소를 100g 단위로 섭취하며, 한 영양소를 1kg 이상 섭취하지 않는다.

① 500g
② 600g
③ 700g
④ 800g
⑤ 900g

29. 다음 글과 <상황>을 근거로 판단할 때, K가 모든 경기를 치른 후의 점수는?

세계 체스협회에서는 각 선수의 등급을 책정하기 위하여 Elo Rating이라는 시스템을 도입하였다.

○ Elo Rating에서 경기 후의 점수는 다음과 같이 측정한다. 이때, Pa = 경기 후의 점수, Pb = 경기 전의 점수, K = 20, W = 경기 결과. 승리 시 1, 무승부 시 0.5, 패배 시 0, We = 예측된 승률이다.

$$Pa = Pb + K \times (W - We)$$

○ 상대의 점수에 따른 예상 승률은 다음과 같다.

점수 차이(자신이 높은 경우)	승률
0	0.5
70	0.6
132	0.7
208	0.8
360	0.9

<상 황>

○ K의 경기 전 점수는 1500점이다.
○ K는 첫 경기에서 1570점인 선수와 겨루어 이겼다. 그 후, 1720점인 선수와 겨루어 졌다. 그 후, 1640점인 선수와 겨루어 비겼다.

① 1500점
② 1504점
③ 1508점
④ 1512점
⑤ 1516점

30. 다음 글을 근거로 판단할 때, 정훈이 얻는 승점은?

○ 정훈과 창우는 끝났을 때 말을 가장 멀리 움직인 쪽이 이기는 보드게임을 하려고 한다.
○ 정훈은 동전 4개로, 창우는 주사위 1개로 게임을 한다.
○ 동전이 한 개만 앞면이 나오면 한 칸 앞으로, 동전이 두 개만 앞면이 나오면 두 칸 앞으로, 세 개가 앞면이 나오면 세 칸 앞으로, 모두 앞면이 나오면 네 칸 앞으로, 모두 뒷면이 나오면 다섯 칸 앞으로 간다.
○ 창우의 주사위는 정육면체로 각 면이 나올 확률이 같으며, 1~6까지의 숫자가 하나씩 적혀 있다.
○ 게임은 3번 진행하며, 이긴 쪽은 승점 2점, 비기면 1점, 지면 0점을 가져간다.
○ 첫 번째 게임은 정훈에게 아무런 특전 없이 진행된다. 두 번째 게임에서는 정훈이 동전을 처음 던질 때 모두 뒷면이 나오면 한 번 더 동전을 던질 수 있게 해준다. 세 번째 게임에서는 동전을 처음 던질 때, 모두 뒷면이 나오거나 모두 앞면이 나오면 한 번 더 동전을 던질 수 있게 해준다. 이때 정훈은 한 번 더 동전을 던져 나온 결과와 처음 동전을 던져 나왔을 때 전진하는 칸수를 합쳐 앞으로 간다.
○ 각 게임은 정훈과 창우 중 한 차례에 전진할 것으로 기대되는 값이 더 큰 쪽이 승리한다.

① 0
② 2
③ 3
④ 4
⑤ 6

31. 다음 글을 근거로 판단할 때, X 유형에 속한 사람과 우상단 패드에 들어있는 소리는?

○ A, B, C, D는 같은 드럼패드를 사용한다.

○ 드럼패드는 2×3의 칸수를 갖고 있으며, 각 칸을 누르면 베이스 드럼, 스네어드럼, 탐탐, 하이햇, 심벌즈, 스플래쉬의 소리를 낼 수 있다.

○ A, B, C, D는 드럼패드의 각 칸에 숫자를 부여했는데, 2명은 X유형으로, 2명은 Y유형으로 부여했다.

1	2	3
4	5	6

<X 유형>

1	2	5
3	4	6

<Y 유형>

○ 다음은 A, B, C, D가 나눈 대화이고, 이 대화는 모두 참이다.

A : 1번 패드에 있던게 베이스 드럼이었지?

B : 응 맞아. 그리고 4번 패드에는 심벌즈 소리가 들어있어.

C : 6번에는 스플래쉬였던가?

D : 맞아. 그리고 3번에는 탐탐이 들어있지.

A : 맞아, 그랬었지. 2번 패드는 뭐였더라.

C : 스네어 드럼이었잖아. 그리고 좌하단이 하이햇이었고.

	X 유형	우상단 패드
①	A, B	심벌즈
②	A, D	탐탐
③	B, C	심벌즈
④	B, D	탐탐
⑤	C, D	심벌즈

32. 다음 글과 <상황>을 근거로 판단할 때, <보기>에서 홀수 관계인 경우를 모두 고른 것은?

○ 甲~戊는 서로 각각 지인, 친구, 절친 중 1개의 관계를 맺고 있다.

○ 각각은 지인, 친구, 절친인 관계의 사람을 1명 이상 갖고 있다.

○ 다음은 임의의 세 명 a, b, c가 모였을 때의 관계를 정리한 표이다.

관계	종류
겹지인 관계	a, b가 지인, b, c가 지인, a, c가 지인인 경우 / a, b가 친구, b, c가 친구, a, c가 친구인 경우 / a, b가 절친, b, c가 절친, a, c가 절친인 경우
홀수 관계	a, b가 지인, b, c가 지인, a, c가 친구인 경우 / a, b가 지인, b, c가 지인, a, c가 절친인 경우 / a, b가 친구, b, c가 친구, a, c가 절친인 경우
어색 관계	a, b가 지인, b, c가 친구, a, c가 친구인 경우 / a, b가 지인, b, c가 절친, a, c가 절친인 경우 / a, b가 친구, b, c가 절친, a, c가 절친인 경우
특이 관계	a, b가 지인, b, c가 친구, a, c가 절친인 경우

<상 황>

다음은 甲~戊의 대화이다. 다음의 대화는 모두 참이다.

甲 : 나는 지인이 두 명이고, 戊와는 절친이야.

乙 : 나도 지인이 두 명이고, 丁과 친구야.

丙 : 나는 乙과 지인이고, 丁과 절친이야.

丁 : 나는 甲과 지인이고, 친구가 두 명 있어.

戊 : 나는 절친이 두 명이야.

<보 기>

ㄱ. 甲, 乙, 丙

ㄴ. 甲, 乙, 丁

ㄷ. 甲, 乙, 戊

ㄹ. 乙, 丙, 丁

ㅁ. 乙, 丁, 戊

① ㄱ, ㄴ

② ㄴ, ㄹ

③ ㄱ, ㄴ, ㅁ

④ ㄱ, ㄷ, ㄹ

⑤ ㄴ, ㄹ, ㅁ

33. 다음 글과 <상황>을 근거로 판단할 때, 교육부가 얻을 수 있는 최대의 효용과 영기준 예산제도 하에서 얻을 수 있는 효용의 차는?

영기준 예산제도(ZBB, Zero Based Budget)는 모든 분야의 예산을 영점에서 검토하여, 필요하지 않은 예산을 줄이고, 꼭 필요한 곳에 예산을 투입하도록 하는 제도이다.

영기준 예산제도 하에서 예산 투입은 예산 대비 효용을 기준으로 이루어진다. 단, 모든 예산 투입은 최저 수준부터 고려되며, 최저 수준에서의 예산 투입이 이루어진 뒤에야 유지 수준에서의 예산 대비 효용이 검토된다. 즉, 증액 수준에서 예산 대비 효용이 아무리 높더라도, 최저 수준에서의 예산 대비 효용이 낮다면, 애초에 예산 투입 자체가 이루어지지 않을 수도 있다.

<상 황>

교육부는 올해부터 영기준 예산제도를 활용하여 예산을 분배하고자 한다. 예산은 15억 원이며, 다음은 각 분야의 예산 투입 단계별 효용을 나타낸 표이다.

분야	수준	예산	효용
시설	최저	2억 원	30
	유지	4억 원	45
	증액	6억 원	55
돌봄	최저	3억 원	40
	유지	5억 원	50
	증액	7억 원	65
학술	최저	4억 원	50
	유지	6억 원	80
	증액	8억 원	120
국제	최저	1억 원	8
	유지	3억 원	80
	증액	5억 원	150

① 80
② 85
③ 90
④ 95
⑤ 100

34. 다음 글을 근거로 판단할 때, 건우가 공부를 시작하는 날은?

○ 건우는 12월 31일, 교사임용고시를 보기 위하여 개념암기와 모의고사 풀이를 진행하려고 한다. 교사임용고시 당일에는 공부를 하지 못한다.
○ 건우는 하루에 개념 암기와 모의고사 풀이 둘 중 하나만을 할 수 있으며, 최대한 공부를 늦게 시작하려고 한다.
○ 교사임용고시에 합격하기 위해서는 암기상태와 실전감각이 각각 80이 넘어야 한다. 암기상태와 실전감각은 각각 0~100 사이의 수치를 갖는다. 만약, 감소하여 음수가 되거나, 증가하여 100을 초과하는 경우, 각각 0과 100으로 간주한다.
○ 개념암기를 할 경우, 암기상태는 5만큼 증가하고, 실전감각은 5만큼 감소한다.
○ 모의고사 풀이를 할 경우, 암기상태는 5만큼 감소하고, 실전감각은 암기상태에 따라 다음과 같이 다르게 증가한다.

암기 상태	실전 감각 증가량
0~19	0
20~39	2
40~59	4
60~79	6
80~100	8

① 11월 05일
② 11월 03일
③ 11월 01일
④ 10월 31일
⑤ 10월 30일

35. 다음 글을 근거로 판단할 때, 가장 빨리 도착할 때의 도착 시간(X)과, 가장 늦게 도착할 때의 도착 시간(Y)을 짝 지은 것은?

> 민서는 16시에 A역을 출발하여 17시까지 B역에 도착하고자 한다. A역에서 B역으로 가는 방법은 두 가지 방법이 있다. A역에서 3호선을 타고 C역까지 간 후, 중앙선을 타고 B역까지 가는 방법과 A역에서 3호선을 타고 D역까지 간 후, 1호선을 타고 B역까지 가는 방법이 그것이다. A역에서 C역까지는 11분, C역에서 B역까지는 9분이 걸린다. A역에서 D역까지는 10분, D역에서 B역까지는 12분이 걸린다. 이때, 환승시간은 고려하지 않는다. 다음은 A~D역의 시간표이다.

A역 출발(3호선)	C역 출발(중앙선)	D역 출발(1호선)
16:04	16:22	16:14
16:10	16:45	16:19
16:16	-	16:22
16:22	-	16:30
16:28	-	16:34
-	-	16:40

	X	Y
①	16:26	16:50
②	16:26	16:52
③	16:26	16:54
④	16:31	16:52
⑤	16:31	16:54

36. 다음 글을 참고할 때, 이번 앨범에서 C와 D 사이에 위치하는 사람은?

> ○ 7명으로 구성된 □□그룹은 매 앨범마다 인기투표를 하며, 그 투표의 결과에 따라 해당 앨범에서의 멤버의 위치가 다음과 같이 정해진다.

6등	4등	2등	1등	3등	5등	7등

> ○ 투표의 결과가 발표되기 1주일 전, 중간 결과가 발표되는데, 1~3등, 6~7등의 결과가 발표된다. 4~5등은 등수가 발표되지 않는다.
> ○ 중간 결과에서 2등을 한 후보는 최종 결과에서 1등을 하며, 1, 3등을 한 후보 중 한 명은 1~3등에 잔류하고, 한 명은 6~7등으로 떨어진다.
> ○ 중간 결과에서 7등을 한 후보는 최종결과에서 4~5등 중 하나가 된다. 6등을 한 후보는 최종 결과에서 6~7등 중 하나가 된다.
> ○ 중간 결과에서 4~5등을 한 후보 중 한 명은 최종결과에서 1~3등이 되고, 한 명은 4~5등이 된다.
> ○ 다음은 각 맴버들의 발언이고, 모두 참이다.
> A : 난 중간 결과에서 등수가 발표되었고, 최종 결과에서 중간 결과보다 2등이 내려갔어.
> B : 나는 이번 앨범에서 중앙에 서게 되었어.
> C : 난 최종 결과에서 중간 결과보다 3등이 내려갔어.
> D : 난 이번 앨범에서 왼쪽에서 세 번째 자리에 서게 되었어.
> E : 난 중간 결과에서 등수가 발표되지 않았어.
> F : 난 중간 결과와 최종 결과에서 모두 6~7등이야.
> G : 나는 최종 결과에서 중간 결과보다 2등이 올라갔어.

① A
② B
③ E
④ F
⑤ G

37. 다음 글과 <상황>을 근거로 판단할 때, 형섭이 선택할 유심 서비스로 옳은 것은?

○ 형섭이는 해외여행을 가기 위해 유심 서비스를 활용하고자 한다.
○ 형섭은 하루에 데이터를 2GB씩 사용한다. 단, 나라 간 이동시에는, 출발지와 도착지에서 각각 1GB씩 사용한다.
○ 형섭은 OSA 체제의 기기를 사용한다.
○ 다음은 형섭이 알아본 유심 서비스이다.

종류	사용 불가국	데이터	기기	비고
A	스페인, 독일	55GB	OSA, OSI	
B	아일랜드	49GB	OSI	스페인, 독일에서 데이터 8GB로 제한
C	헝가리	45GB	OSA	스위스, 독일에서 데이터 8GB로 제한
D	포르투갈	42GB	OSA	
E	이탈리아, 벨기에	48GB	OSA, OSI	독일, 오스트리아에서 데이터 8GB로 제한

<상 황>

다음은 형섭의 여행 일정이다.
(1) 7.24. 영국 런던 입국 (데이터 사용 없음)
(2) 7.28. 영국 맨체스터 이동
(3) 7.30. 프랑스 파리 이동
(4) 8.4. 스위스 베른 이동
(5) 8.7. 독일 뮌헨 이동
(6) 8.9. 독일 베를린 이동
(7) 8.11. 오스트리아 빈 이동
(8) 8.16. 서울로 출국 (데이터 사용 없음)

① A
② B
③ C
④ D
⑤ E

38. 다음 글을 근거로 판단할 때, 비타민 E가 들어있는 음식을 모두 고른 것은?

○ 우리가 섭취해야 하는 비타민에는 A, B, C, D, E의 다섯 종류가 있다.
○ 비타민 A의 결핍은 야맹증, B의 결핍은 각기병, C의 결핍은 결석증, D의 결핍은 골다공증, E의 결핍은 빈혈을 불러일으킨다.
○ 다음은 甲~戊의 식단과 그에 따라 나타난 증상을 나타낸 표이다. 호박, 브로콜리, 오렌지는 비타민을 2개 갖고 있고, 나머지 음식은 비타민을 1개 갖고 있다.

이름	甲	乙	丙	丁	戊
음식	호박, 오렌지, 우유	오렌지, 우유, 아몬드	브로콜리, 우유, 아몬드	호박, 오렌지, 아몬드	브로콜리, 오렌지, 우유
결핍증	없음	야맹증	결석증	골다공증	빈혈

① 호박, 브로콜리
② 호박, 아몬드
③ 오렌지, 아몬드
④ 브로콜리, 오렌지
⑤ 브로콜리, 아몬드

[39~40] 다음 글을 읽고 물음에 답하시오.

피아노는 우리 주변에서 가장 흔하게 볼 수 있는 악기이다. 그리고 가장 쉽게 입문할 수 있는 악기이기도 하다. 이는 건반 악기의 특성상 음계가 명확하게 보이기 때문이다. 이런 피아노는 어떻게 만들어졌을까?

피아노와 비슷한 형태이면서, 가장 오래된 악기는 바로 오르간이다. 오르간은 3세기 경에 최초로 만들어졌다고 한다. 오르간은 파이프 속으로 공기가 들어가 소리를 내는 건반악기이다. 파이프 속으로 공기를 들여보내기 위하여 발로 페달을 밟고, 그에 맞는 음정의 건반을 눌렀다. 과거에 초등학교에 있었던 풍금도 이와 같은 원리로 작동한다. 오르간은 주로 가톨릭 전례에서 성가 등을 부를 때 사용되었다. 특유의 웅장하고 장엄한 음색은 교회의 엄숙한 미사 분위기를 만들어냈다.

이후 하프시코드라는 피아노의 직접적인 원형이 만들어졌다. 하프시코드는 1300년대 후반에 발명되었으나, 주로 사용된 시기는 17~18세기인 바로크 시대였다. 바로크 시대에는 바흐가 평균율을 제정하여 우리가 아는 음계인 '도레미파솔라시도'가 제정되었고, 바로크 시대부터 건반악기는 이 음계를 바탕으로 하여 만들어졌다. 하프시코드는 건반을 누르면 촉이 현을 뜯으며 소리를 내는 악기였는데, 즉, 건반악기이지만, 그 조음원리는 기타와 같은 발현 악기와 유사했다. 이러한 조음원리는 하프시코드의 치명적 약점을 주었는데, 바로 강약조절이 제대로 되지 않는 것이다. 이러한 약점을 극복하고자 페달을 밟아 강약조절을 가능하게 만드는 3단 하프시코드 등이 발명되었으나, 그때는 이미 피아노에 밀려 사장되기 시작된 후였다.

피아노는 이렇게 하프시코드의 시대가 저문 후, 18세기 후반인 고전주의 시대부터 본격적으로 사용되기 시작하였다. 피아노는 17세기 말에 메디치를 위해 만들어진 건반악기로, 그 본명은 피아노포르테이다. 피아노는 작게, 포르테는 크게 연주하라는 악상 표기이다. 즉, 작게, 크게를 쉽게 조절할 수 있는 건반악기라는 뜻이다. 이것이 가능한 가장 큰 이유는, 피아노는 건반을 누르면 망치가 현을 때려 소리를 내는 악기이기 때문이다. 즉, 건반을 살살 누르면 망치가 현을 살살 때리고, 강하게 누르면 망치가 현을 강하게 때려 소리를 낸다. 이로써 악기 한 대로 다양한 음역대와 강도를 손쉽게 표현할 수 있게 되었다. 이러한 피아노가 발명된 고전주의 시대에는 깔끔하고 정형적이며, 대칭적인 음악들이 주를 이루었다. 특히, 모차르트와 베토벤은 수많은 피아노 소나타를 남김으로써, 피아노 음악의 토대를 닦았다.

피아노 음악은 19세기에 시작되는 낭만주의 시대에 크게 발전하게 된다. 낭만주의 시대의 대표적 작곡가인 쇼팽과 리스트는 피아노 음악을 소나타에 국한 시키지 않고, 녹턴, 에튀드, 발라드 등의 장르로 발전시켰으며, 그 기교 또한 크게 향상시켰다. 낭만주의 시대에는 산업사회가 진척된 시대로, 악기의 대량생산이 시작되었으며, 음악의 수요가 늘어나 공개음악회를 위한 다양한 연주홀이 개장되기도 하였다.

39. 윗글을 근거로 판단할 때 <보기>에서 옳은 것을 모두 고른 것은?

<보 기>

ㄱ. 풍금은 파이프 속으로 공기가 들어가 소리를 낸다.
ㄴ. 오르간 중에는 피아노와 달리 도레미파솔라시도의 음계를 갖지 않은 악기가 있을 수 있다.
ㄷ. 피아노는 낭만주의 시대에 처음 등장하였다.
ㄹ. 소나타 외의 피아노 음악이 발전한 시기는 18세기이다.

① ㄱ, ㄴ
② ㄱ, ㄹ
③ ㄴ, ㄷ
④ ㄴ, ㄹ
⑤ ㄷ, ㄹ

40. 다음 <상황>에서 윤찬이 음악을 연주하기 위해 밟는 페달을 바꾼 횟수는?

<상 황>

○ 윤찬이는 3단 하프시코드로 바로크 음악을 연주하려고 한다.
○ 윤찬이는 밟는 페달을 바꾸는 횟수를 최소화하기 위해 노력한다.
○ 윤찬이가 연주하려는 음악에서 표현하여야 하는 강약은 p, mp, m, mf, f의 다섯 종류이다. 왼쪽에서 오른쪽으로 갈수록 강한 박이다.
○ 3단 하프시코드는 0단 페달을 밟았을 때는 p와 mp를, 1단 페달을 밟았을 때는 mp와 m을, 2단 페달을 밟았을 때는 m과 mf를, 3단 페달을 밟았을 때는 mf와 f를 표현할 수 있다.
○ 다음은 윤찬이가 연주하려는 악보의 강약 표시이다. 악보는 일반적인 책을 읽듯이, 왼쪽에서 오른쪽으로, 위에서 아래로 읽는다. 즉, m-f-p-mp-m-mf-f-mf-mp -m-…의 순서로 읽는다.

m	f	p	mp	m	mf	f	mf
mp	m	p	mf	m	mp	p	f
p	mp	mf	m	f	mp	mf	f
mp	p	mf	m	p	m	mf	f

① 16번
② 17번
③ 18번
④ 19번
⑤ 20번

PSAT

전국모의고사

제7회

시행일 : 2025.2.8.

정답 및 해설

헌 법 · 언어논리 · 자료해석 · 상황판단

법률저널

2025년도 국가공무원 5급 공채·외교관후보자 제1차시험·
지역인재 7급·법원행시 대비

헌 법

제7회

정답 및 해설

PSAT 헌법 정답

1	2	3	4	5
③	③	②	①	④
6	7	8	9	10
④	②	①	④	③
11	12	13	14	15
①	①	③	②	④
16	17	18	19	20
③	④	①	①	②
21	22	23	24	25
②	③	④	③	①

PSAT 헌법 해설

1. 정답 ③

① (○) **헌법 제12조** ③ 체포·구속·압수 또는 수색을 할 때에는 적법한 절차에 따라 검사의 신청에 의하여 법관이 발부한 영장을 제시하여야 한다. 다만, 현행범인인 경우와 장기 3년 이상의 형에 해당하는 죄를 범하고 도피 또는 증거인멸의 염려가 있을 때에는 사후에 영장을 청구할 수 있다.

② (○) 이 사건 영장청구조항은 체포한 때로부터 48시간 이내라 하더라도 피의자를 구속할 필요가 있는 때에는 지체 없이 구속영장을 청구하도록 함으로써 사후영장청구의 시간적 요건을 강화하고 있다. 따라서 이 사건 영장청구조항은 헌법상 영장주의에 위반되지 아니한다(헌재 2021.3.25. 2018헌바212).

③ (×) 이 사건 녹음조항에 따라 접견내용을 녹음·녹화하는 것은 직접적으로 물리적 강제력을 수반하는 강제처분이 아니므로 영장주의가 적용되지 않아 영장주의에 위배된다고 할 수 없다(헌재 2016.11.24. 2014헌바401).

④ (○) **형사소송법 제75조(구속영장의 방식)** ① 구속영장에는 피고인의 성명, 주거, 죄명, 공소사실의 요지, 인치 구금할 장소, 발부년월일, 그 유효기간과 그 기간을 경과하면 집행에 착수하지 못하며 영장을 반환하여야 할 취지를 기재하고 재판장 또는 수명법관이 서명날인하여야 한다.

2. 정답 ③

① (○) 자기결정권은 인간의 존엄성을 실현하기 위한 수단으로서 인간이 자신의 생활영역에서 인격의 발현과 삶의 방식에 관한 근본적인 결정을 자율적으로 내릴 수 있는 권리다. 자기결정권의 근거이자 동시에 목적인 인간의 존엄성은 국가에 인간의 존엄성을 존중하고 보호해야 할 의무를 부과한다. 인간은 그 자체로서 궁극적 목적이자 최고의 가치로서 대우받아야 하며, 어떠한 경우에도 인간이 다른 가치나 목적, 법익을 위한 수단으로 취급되어서는 안 된다(헌재 2019.4.11. 2017헌바127).

② (○) 만일 자신의 사후에 시체가 본인의 의사와는 무관하게 처리될 수 있다고 한다면 기본권 주체인 살아있는 자의 자기결정권이 보장되고 있다고 보기는 어렵다. 따라서 본인의 생전 의사에 관계없이 인수자가 없는 시체를 해부용으로 제공하도록 규정하고 있는 이 사건 법률조항은 청구인의 시체의 처분에 대한 자기결정권을 제한한다고 할 것이다(헌재 2015.11.26. 2012헌마940).

③ (×) … 심판대상조항으로 인하여 제한되는 사익은 19세 이상의 자의 성행위 상대방이 16세 이상의 자로 제한된다는 것에 불과하다. 그에 비하여 13세 이상 16세 미만의 미성년자가 자신이 인식하지 못한 사이에 성적 학대나 성적 착취의 대상이 됨으로써 입게 될 정신적·육체적 건강의 훼손은 물론 그로 인하여 가족이 입게 될 피해나 2차 피해로부터 이들을 보호하여야 할 공익은 훨씬 더 중대하므로, 심판대상조항은 법익의 균형성도 충족한다. … 따라서 심판대상조항은 과잉금지원칙을 위반하여 19세 이상의 자의 성적 자기결정권을 침해하지 아니한다(헌재 2024.8.29. 2024헌바241).

④ (○) … 심판대상조항은 위험성을 가진 재화의 제조·판매조건을 제약함으로써 최고속도 제한이 없는 전동킥보드를 구입하여 사용하고자 하는 소비자의 자기결정권 및 일반적 행동자유권을 제한할 뿐이다(헌재 2020.2.27. 2017헌마1339).

3. 정답 ②

① (○) 헌법 제13조 제2항이 금하고 있는 소급입법은 진정소급효를 가지는 법률만을 의미하는 것으로서 부진정소급효의 입법은 원칙적으로 허용된다. 다만 부진정소급효를 가지는 입법에서도 소급효를 요구하는 공익상의 사유와 신뢰보호의 요청 사이의 비교형량 과정에서, 신뢰보호의 관점이 입법자의 형성권에 제한을 가하게 된다(헌재 1999.4.29. 94헌바37 등).

② (×) 살처분 명령은 이처럼 가축의 전염병이 전파가능성과 위해성이 매우 커서 타인의 생명, 신체나 재산에 중대한 침해를 가할 우려가 있는 경우 이를 막기 위해 취해지는 조치로서, 가축 소유자가 수인해야 하는 사회적 제약의 범위에 속한다(헌재 2014.4.24. 2013헌바11).

③ (○) 댐사용권변경조항은 이미 형성된 구체적인 재산권을 공익을 위하여 개별적이고 구체적으로 박탈·제한하는 것으로서 보상을 요하는 헌법 제23조 제3항의 수용·사용·제한을 규정한 것이라고 볼 수 없고, 적정한 수자원의 공급 및 수재방지 등 공익적 목적에서 건설되는 다목적댐에 관한 독점적 사용권인 댐사용권의 내용과 한계를 정하는 규정인 동시에 공익적 요청에 따른 재산권의 사회적 제약을 구체화하는 규정이라고 보아야 한다(헌재 2022.10.27. 2019헌바44).

④ (○) 재산권이 헌법 제23조에 의하여 보장된다고 하더라도, 입법자에 의하여 일단 형성된 구체적 권리가 그 형태로 영원히 지속될 것이 보장된다고까지 하는 의미는 아니다. 재산권의 내용과 한계를 정할 입법자의 권한은, 장래에 발생할 사실관계에 적용될 새로운 권리를 형성하고 그 내용을 규정할 권한뿐만 아니라, 더 나아가 과거의 법에 의하여 취득한 구체적인 법적 지위에 대하여까지도 그 내용을 새로이 형성할 수 있는 권한을 포함하고 있는 것이다(헌재 1999.4.29. 94헌바37 등).

4. 정답 ①

① (○) **헌법 제52조** 국회의원과 정부는 법률안을 제출할 수 있다.
국회법 제51조(위원회의 제안) ① 위원회는 그 소관에 속하는 사항에 관하여 법률안과 그 밖의 의안을 제출할 수 있다.
② 제1항의 의안은 위원장이 제안자가 된다.

② (×) **헌법 제53조** ① 국회에서 의결된 법률안은 정부에 이송되어 15일 이내에 대통령이 공포한다.

③ (×) **헌법 제53조** ② 법률안에 이의가 있을 때에는 대통령은 제1항의 기간 내에 이의서를 붙여 국회로 환부하고, 그 재의를 요구할 수 있다. 국회의 폐회 중에도 또한 같다.

④ (×) **헌법 제53조** ④ 재의의 요구가 있을 때에는 국회는 재의에 붙이고, 재적의원 과반수의 출석과 출석의원 3분의 2 이상의 찬성으로 전과 같은 의결을 하면 그 법률안은 법률로서 확정된다.
⑥ 대통령은 제4항과 제5항의 규정에 의하여 확정된 법률을 지체없이 공포하여야 한다. 제5항에 의하여 법률이 확정된 후 또는 제4항에 의한 확정법률이 정부에 이송된 후 '5일 이내'에 대통령이 공포하지 아니할 때에는 국회의장이 이를 공포한다.

5. 정답 ④

① (×) 헌법이 명문으로 규정하고 있는 선거권은 대통령선거권(헌법 제67조 제1항), 국회의원선거권(헌법 제41조 제1항), 지방의회의원선거권(헌법 제118조 제2항)에 한하지만, 지방자치단체의 장 선거권도 공직선거 및 선거부정방지법에 의하여 인정되고 있고(제15조 제2항), 이 밖에도 법률에 의하여 특정공무원에 대한 선거권을 부여할 수 있음은 물론이다(헌재 2002.3.28. 2000헌마283 등).

② (×) **헌법 제41조** ① 국회는 국민의 보통·평등·직접·비밀선거에 의하여 선출된 국회의원으로 구성한다.

③ (×) **공직선거법 제60조(선거운동을 할 수 없는 자)** ① 다음 각 호의 어느 하나에 해당하는 사람은 선거운동을 할 수 없다. 다만, 제1호에 해당하는 사람이 예비후보자·후보자의 배우자인 경우와 제4호부터 제8호까지의 규정에 해당하는 사람이 예비후보자·후보자의 배우자이거나 후보자의 직계존비속인 경우에는 그러하지 아니하다.

1. 대한민국 국민이 아닌 자. 다만, 제15조 제2항 제3호에 따른 외국인이 해당 선거에서 선거운동을 하는 경우에는 그러하지 아니하다.
2. 미성년자(18세 미만의 자를 말한다. 이하 같다)

→ 위 규정의 본문에 따르면, 미성년자는 선거운동을 할 수 없다. 한편, 단서에서는 후보자의 배우자이거나 직계존비속인 경우에 있어서 선거운동을 할 수 있는 예외를 규정하고 있으나, 그 대상을 제4호에서 제8호까지의 규정에 해당하는 사람으로 정하고 있는바, 미성년자(제2호)는 제외되어 있다. 따라서 미성년자의 경우, 후보자의 직계비속이라고 하더라도 선거운동을 할 수 없다.

④ (○) 한국철도공사 상근직원의 지위와 권한에 비추어볼 때, 특정 개인이나 정당을 위한 선거운동을 한다고 하여 그로 인한 부작용과 폐해가 일반 사기업 직원의 경우보다 크다고 보기 어려우므로, 직급이나 직무의 성격에 대한 검토 없이 일률적으로 모든 상근직원에게 선거운동을 전면적으로 금지하고 이에 위반한 경우 처벌하는 것은 선거운동의 자유를 지나치게 제한하는 것이다. 또한, 한국철도공사의 상근직원은 공직선거법의 다른 조항에 의하여 직무상 행위를 이용하여 선거운동을 하거나 하도록 하는 행위를 할 수 없고, 선거에 영향을 미치는 전형적인 행위도 할 수 없다. 더욱이 그 직을 유지한 채 공직선거에 입후보할 수 없는 상근임원과 달리, 한국철도공사의 상근직원은 그 직을 유지한 채 공직선거에 입후보하여 자신을 위한 선거운동을 할 수 있음에도 타인을 위한 선거운동을 전면적으로 금지하는 것은 과도한 제한이다. 따라서 심판대상조항은 선거운동의 자유를 침해한다(헌재 2018.2.22. 2015헌바124).

6. 정답 ④

① (○) 의회민주주의의 기본원리의 하나인 다수결의 원리는 의사형성과정에서 소수파에게 토론에 참가하여 다수파의 견해를 비판하고 반대의견을 밝힐 수 있는 기회를 보장하여 다수파와 소수파가 공개적이고 합리적인 토론을 거쳐 다수의 의사로 결정한다는 데 그 정당성의 근거가 있는 것이다. 따라서 입법과정에서 소수파에게 출석할 기회조차 주지 않고 토론과정을 거치지 아니한 채 다수파만으로 단독 처리하는 것은 다수결의 원리에 의한 의사결정이라고 볼 수 없다(헌재 2010.12.28. 2008헌라7 등).

② (○) 헌법 제49조는 의회민주주의의 기본원리인 다수결의 원리를 선언한 것으로서 이는 단순히 재적의원 과반수의 출석과 출석의원 과반수에 의한 찬성을 형식적으로 요구하는 것에 그치지 않는다. 헌법 제49조는 국회의 의결은 통지가 가능한 국회의원 모두에게 회의에 출석할 기회가 부여된 바탕 위에 재적의원 과반수의 출석과 출석의원 과반수의 찬성으로 이루어져야 한다는 것으로 해석하여야 한다(헌재 1997.7.16. 96헌라2).

③ (○) 일반정족수는 국회의 의결이 유효하기 위한 최소한의 출석의원 또는 찬성의원의 수를 의미하므로, 의결대상 사안의 중요성과 의미에 따라 헌법이나 법률에 의결의 요건을 달리 규정할 수 있다. 즉 일반정족수는 다수결의 원리를 실현하는 국회의 의결방식 중 하나로서 국회의 의사결정시 합의에 도달하기 위한 최소한의 기준일 뿐 이를 헌법상 절대적 원칙이라고 보기는 어렵다(헌재 2016.5.26. 2015헌라1).

④ (×) 이 사건 입법부작위의 위헌 여부를 선결문제로 판단하더라도, 헌법의 명문규정이나 해석상 국회 재적의원 과반수의 요구가 있는 경우 국회의장이 심사기간을 지정하고 본회의에 부의해야 한다는 의무는 도출되지 않으므로, 국회법 제85조 제1항에서 이러한 내용을 규정하지 않은 것이 다수결의 원리, 나아가 의회민주주의에 반한다고도 볼 수 없다(헌재 2016.5.26. 2015헌라1).

7. 정답 ②

① (○) **사면법 제5조(사면 등의 효과)** ① 사면, 감형 및 복권의 효과는 다음 각 호와 같다.

2. 특별사면: 형의 집행이 면제된다. 다만, 특별한 사정이 있을 때에는 이후 형 선고의 효력을 상실하게 할 수 있다.

② (×) **헌법 제79조** ② 일반사면을 명하려면 국회의 동의를 얻어야 한다.

③ (○) **사면법 제6조(복권의 제한)** 복권은 형의 집행이 끝나지 아니한 자 또는 집행이 면제되지 아니한 자에 대하여는 하지 아니한다.

④ (○) **사면법 제5조(사면 등의 효과)** ② 형의 선고에 따른 기성(旣成)의 효과는 사면, 감형 및 복권으로 인하여 변경되지 아니한다.

8. 정답 ①

① (×) **헌법 제117조** ① 지방자치단체는 주민의 복리에 관한 사무를 처리하고 재산을 관리하며, 법령의 범위 안에서 자치에 관한 규정을 제정할 수 있다.

② (○) **지방자치법 제3조(지방자치단체의 법인격과 관할)** ③ 특별시·광역시 또는 특별자치시가 아닌 인구 50만 이상의 시에는 자치구가 아닌 구를 둘 수 있고, 군에는 읍·면을 두며, 시와 구(자치구를 포함한다)에는 동을, 읍·면에는 리를 둔다.

③ (○) **지방자치법 제4조(지방자치단체의 기관구성 형태의 특례)** ① 지방자치단체의 의회(이하 "지방의회"라 한다)와 집행기관에 관한 이 법의 규정에도 불구하고 따로 법률로 정하는 바에 따라 지방자치단체의 장의 선임방법을 포함한 지방자치단체의 기관구성 형태를 달리 할 수 있다.

④ (○) **지방자치법 제9조(사무소의 소재지)** ① 지방자치단체의 사무소 소재지와 자치구가 아닌 구 및 읍·면·동의 사무소 소재지는 종전과 같이 하고, 이를 변경하거나 새로 설정하려면 지방자치단체의 조례로 정한다. 이 경우 면·동은 행정면·행정동(行政洞)을 말한다.

9. 정답 ④

① (○) 우리나라는 성문헌법을 가진 나라로서 기본적으로 우리 헌법전이 헌법의 법원이 된다. 그러나 성문헌법이라고 하여도 그 속에 모든 헌법사항을 빠짐없이 완전히 규율하는 것은 불가능하고 또한 헌법은 국가의 기본법으로서 간결성과 함축성을 추구하기 때문에 형식적 헌법전에는 기재되지 아니한 사항이라도 이를 불문헌법 내지 관습헌법으로 인정할 소지가 있다(헌재 2004.10.21. 2004헌마554 등).

② (○) 헌법사항에 관하여 형성되는 관행 내지 관례가 전부 관습헌법이 되는 것은 아니고 강제력이 있는 헌법규범으로서 인정되려면 엄격한 요건들이 충족되어야만 하며, 이러한 요건이 충족된 관습만이 관습헌법으로서 성문의 헌법과 동일한 법적 효력을 가진다(헌재 2004.10.21. 2004헌마554 등).

③ (○) 헌법 제1조 제2항은 '대한민국의 주권은 국민에게 있고, 모든 권력은 국민으로부터 나온다.'고 규정한다. 이와 같이 국민이 대한민국의 주권자이며, 국민은 최고의 헌법제정권력이기 때문에 성문헌법의 제·개정에 참여할 뿐만 아니라 헌법전에 포함되지 아니한 헌법사항을 필요에 따라 관습의 형태로 직접 형성할 수 있다(헌재 2004.10.21. 2004헌마554 등).

④ (×) … 이러한 형식적인 헌법개정 외에도, 관습헌법은 그것을 지탱하고 있는 국민적 합의성을 상실함에 의하여 법적 효력을 상실할 수 있다. 관습헌법은 주권자인 국민에 의하여 유효한 헌법규범으로 인정되는 동안에만 존속하는 것이며, 관습법의 존속 요건의 하나인 국민적 합의성이 소멸되면 관습헌법으로서의 법적 효력도 상실하게 된다. 관습헌법의 요건들은 그 성립의 요건일 뿐만 아니라 효력 유지의 요건이다(헌재 2004.10.21. 2004헌마554 등).

10. 정답 ③

① (×) 국회의원의 법률안 심의·표결권은 국민에 의하여 선출된 국가기관으로서 국회의원이 그 본질적인 임무인 입법에 관한 직무를 수행하기 위하여 보유하는 권한으로서의 성격을 갖고 있으므로 국회의원의 개별적인 의사에 따라 이를 포기할 수 있는 것은 아니다(헌재 2009.10.29. 2009헌라8 등).

② (×) **국회법 제16조(보궐선거)** 의장 또는 부의장이 궐위된 때나 의장과 부의장이 모두 궐위된 때에는 지체 없이 보궐선거를 실시한다.

참고. 국회법 제18조(의장 등 선거 시의 의장 직무대행) 의장 등의 선거에서 다음 각 호의 어느 하나에 해당할 때에는 출석의원 중 최다선(最多選) 의원이, 최다선 의원이 2명 이상인 경우에는 그 중 연장자가 의장의 직무를 대행한다.

3. 의장과 부의장이 모두 궐위되어 그 보궐선거를 할 때

③ (○) **국회법 제150조(현행범인의 체포)** 경위나 경찰공무원은 국회 안에 현행범인이 있을 때에는 체포한 후 의장의 지시를 받아야 한다. 다만, 회의장 안에서는 의장의 명령 없이 의원을 체포할 수 없다.

④ (×) **국회법 제156조(징계의 요구와 회부)** ④ 징계대상자로부터 모욕을 당한 의원이 징계를 요구할 때에는 찬성의원을 필요로 하지 아니하며, 그 사유를 적은 요구서를 의장에게 제출한다.

11. 정답 ①

① (×) 헌법재판소법 제68조 제2항에 의한 헌법소원심판은 구체적 규범통제의 헌법소원으로서 기본권의 침해가 있을 것을 그 요건으로 하고 있지 않을 뿐만 아니라 행정처분에 대한 소송절차에서는 그 근거법률의 헌법적합성까지도 심판대상으로 되는 것이므로, 행정처분의 주체인 행정청도 헌법의 최고규범력에 따른 구체적 규범통제를 위하여 근거법률의 위헌 여부에 대한 심판의 제청을 신청할 수 있고, 헌법재판소법 제68조 제2항의 헌법소원을 제기할 수 있다(헌재 2008.4.24. 2004헌바44).

② (○) 형사소송법 제420조, 헌법재판소법 제47조 제4항 등에 의하면 재심은 반드시 법률에서 정한 일정한 사유가 있는 경우에만 청구할 수 있고, 재심의 청구를 받은 법원은 재심의 심판에 들어가기 전에 먼저 재심의 청구가 이유 있는지 여부를 가려 이를 기각하거나 재심개시의 결정을 하여야 하며, 재심개시의 결정이 확정된 뒤에 비로소 법원은 재심대상인 사건에 대하여 그 심급에 따라 다시 심판을 하게 된다. 그러므로 확정된 유죄판결에서 처벌의 근거가 된 법률조항은 재심의 개시 여부를 결정하는 재판에서는 재판의 전제성이 인정되지 않고, 재심의 개시 결정 이후의 '본안사건에 대한 심판'에 있어서만 재판의 전제성이 인정된다(헌재 2016.3.31. 2015헌가36).

③ (○) 행정처분의 근거법률이 헌법에 위반된다는 사정은 헌법재판소의 위헌결정이 있기 전에는 객관적으로 명백한 것이라고 할 수는 없으므로 특별한 사정이 없는 한 그러한 하자는 행정처분의 취소사유에 해당할 뿐 당연무효사유는 아니고, 제소기간이 경과한 뒤에는 행정처분의 근거 법률이 위헌임을 이유로 무효확인소송 등을 제기하더라도 행정처분의 효력에는 영향이 없음이 원칙이다. 따라서 처분의 근거가 된 법률조항의 위헌 여부에 따라 당해 사건 재판의 주문이 달라지거나 재판의 내용과 효력에 관한 법률적 의미가 달라지는 경우로 볼 수 없으므로 재판의 전제성이 인정되지 아니한다(헌재 2014.1.28. 2011헌바38).

④ (○) 헌법재판소법 제41조 제1항 및 법 제68조 제2항 전문을 해석하면 위헌심판 제청 신청은 당해사건의 당사자만 할 수 있다고 봄이 상당하고, 형사재판의 경우 피고인이 아닌 고소인은 형사재판의 당사자라고 볼 수 없으므로, 위헌제청신청을 할 수 있는 자에 해당하지 않는다. 따라서 타인의 위증사건에서 단순히 고소인의 지위에 있는 자가 청구한 헌법소원심판청구는 헌법재판소법 제68조 제2항의 요건을 갖추지 못하여 부적법하다(헌재 2010.3.30. 2010헌바102).

12. 정답 ①

① (×) **범죄피해자 보호법 제3조(정의)** ① 이 법에서 사용하는 용어의 뜻은 다음과 같다.

4. "구조대상 범죄피해"란 대한민국의 영역 안에서 또는 대한민국의 영역 밖에 있는 대한민국의 선박이나 항공기 안에서 행하여진 사람의 생명 또는 신체를 해치는 죄에 해당하는 행위(「형법」 제9조, 제10조 제1항, 제12조, 제22조 제1항에 따라 처벌되지 아니하는 행위를 포함하며, 같은 법 제20조 또는 제21조 제1항에 따라 처벌되지 아니하는 행위 및 과실에 의한 행위는 제외한다)로 인하여 사망하거나 장해 또는 중상해를 입은 것을 말한다.

→ 위 규정에 따를 때, 범죄행위자의 국적과 무관하게, 그 범죄행위가 일정한 장소에서 발생한 것으로서 사람의 생명 또는 신체를 해치는 죄에 해당하면 그러한 범죄의 피해자는 범죄피해자구조청구권을 행사할 수 있다.

② (○) **헌법 제30조** 타인의 범죄행위로 인하여 생명・신체에 대한 피해를 받은 국민은 법률이 정하는 바에 의하여 국가로부터 구조를 받을 수 있다.

③ (○) **범죄피해자 보호법 제19조(구조금을 지급하지 아니할 수 있는 경우)** ① 범죄행위 당시 구조피해자와 가해자 사이에 다음 각 호의 어느 하나에 해당하는 친족관계가 있는 경우에는 구조금을 지급하지 아니한다.

1. 부부(사실상의 혼인관계를 포함한다)

④ (○) **범죄피해자 보호법 제21조(손해배상과의 관계)** ① 국가는 구조피해자나 유족이 해당 구조대상 범죄피해를 원인으로 하여 손해배상을 받았으면 그 범위에서 구조금을 지급하지 아니한다.

13. 정답 ③

① (○) … 반면 어떤 행정심판절차에 사법절차가 준용되지 않는다 하더라도 임의적 전치제도로 규정함에 그치고 있다면 위 헌법조항에 위반된다 할 수 없다. 그러한 행정심판을 거치지 아니하고 곧바로 행정소송을 제기할 수 있는 선택권이 보장되어 있기 때문이다(헌재 2000.6.1. 98헌바8).

② (○) 이 사건 형소법 조항은, 사실인정이나 형의 양정을 전권사항으로 하는 하급심과 법령의 해석・적용의 통일을 기하는 상고심 간의 재판기능에 따라 사법자원을 적절히 분배하고, 불필요한 상고제기를 방지하며, 하급심의 충실한 재판을 도모하는 동시에 소송경제도 꾀하기 위하여 "사형, 무기 또는 10년 이상의 징역이나 금고가 선고된 경우"에만 사실오인 또는 양형부당을 이유로 상고할 수 있도록 제한하고 있는바, 이는 정당한 입법목적을 달성하기 위한 필요하고도 합리적인 제한이라 할 수 있고, 한정된 사법자원을 효율적으로 분배하고 상고심 재판의 법률심 기능을 제고할 필요성, 제1심과 제2심에서 사실오인이나 양형부당을 다툴 충분한 기회가 부여되어 있다는 점 등을 감안할 때, 이로 인해 당사자가 입게 되는 불이익과 이로써 달성하고자 하는 공익을 법익형량함에 있어 현저히 합리성을 결하였다고 할 수도 없으므로, 과잉금지원칙에 위반하여 당사자의 재판받을 권리를 침해한 것으로 볼 수 없고, 평등원칙에 위반되지도 아니한다(헌재 2012.5.31. 2010헌바90 등).

③ (×) 군대는 각종 훈련 및 작전수행 등으로 인해 근무시간이 정해져 있지 않고 집단적 병영 생활 및 작전위수 구역으로 인한 생활공간적인 제약 등, 군대의 특수성으로 인하여 일단 군인신분을 취득한 군인이 군대 외부의 일반법원에서 재판을 받는 것은 군대 조직의 효율적인 운영을 저해하고, 현실적으로도 군인이 수감 중인 상태에서 일반법원의 재판을 받기 위해서는 상당한 비용·인력 및 시간이 소요되므로 이러한 군의 특수성 및 전문성을 고려할 때 군인신분 취득 전에 범한 죄에 대하여 군사법원에서 재판을 받도록 하는 것은 합리적인 이유가 있다(헌재 2009.7.30. 2008헌바162).

④ (○) 헌법이 위임입법의 형태로 제75조와 제95조에서 열거하고 있는 대통령령, 총리령 또는 부령 등의 행정입법은 예시적인 것으로 보아야 한다. 따라서 법률은 헌법 제108조에서 열거하고 있는 사항은 물론, 열거하고 있지 않은 사항에 대해서도 이를 대법원규칙에서 정하도록 위임할 수 있으므로, 소송비용에 관한 사항이 소송절차에 관련된 사항인지와 관계없이 심판대상조항이 이를 대법원규칙에 위임하였다 하여 헌법 제108조를 위반한다고 볼 수는 없다(헌재 2016.6.30. 2013헌바370 등).

14. 정답 ②

① (○) **헌법재판소법 제3조(구성)** 헌법재판소는 9명의 재판관으로 구성한다.

헌법재판소법 제6조(재판관의 임명) ① 재판관은 대통령이 임명한다. 이 경우 재판관 중 3명은 국회에서 선출하는 사람을, 3명은 대법원장이 지명하는 사람을 임명한다.

② (×) **헌법 제111조** ④ 헌법재판소의 장은 국회의 동의를 얻어 재판관 중에서 대통령이 임명한다.

헌법재판소법 제7조(재판관의 임기) ① 재판관의 임기는 6년으로 하며, 연임할 수 있다.

③ (○) **헌법재판소법 제6조(재판관의 임명)** ④ 임기 중 재판관이 결원된 경우에는 결원된 날부터 30일 이내에 후임자를 임명하여야 한다.

④ (○) **헌법재판소법 제23조(심판정족수)** ① 재판부는 재판관 7명 이상의 출석으로 사건을 심리한다.

② 재판부는 종국심리(終局審理)에 관여한 재판관 과반수의 찬성으로 사건에 관한 결정을 한다. 다만, 다음 각 호의 어느 하나에 해당하는 경우에는 재판관 6명 이상의 찬성이 있어야 한다.

1. 법률의 위헌결정, 탄핵의 결정, 정당해산의 결정 또는 헌법소원에 관한 인용결정(認容決定)을 하는 경우
2. 종전에 헌법재판소가 판시한 헌법 또는 법률의 해석 적용에 관한 의견을 변경하는 경우

15. 정답 ④

① (○) 국회의원선거의 예비후보자 및 그 예비후보자에게 후원금을 기부하고자 하는 자와 광역자치단체장선거의 예비후보자 및 이들 예비후보자에게 후원금을 기부하고자 하는 자를 계속하여 달리 취급하는 것은, 불합리한 차별에 해당하고 입법재량을 현저히 남용하거나 한계를 일탈한 것이다. 따라서 심판대상조항 중 광역자치단체장선거의 예비후보자에 관한 부분은 … 평등권을 침해한다(헌재 2019.12.27. 2018헌마301 등).

② (○) 외국인도 국민건강보험에 당연가입하도록 하고, 국내에 체류하는 한 탈퇴를 불허하는 것은, 단지 내국인과의 형평성 제고 뿐 아니라, 이들에게 사회연대원리가 적용되는 공보험의 혜택을 제공한다는 정책적 효과도 가지게 되는 것임을 고려하면, 보험료 체납에도 불구하고 보험급여를 실시할 수 있는 예외를 전혀 인정하지 않는

것은 합리적인 이유 없이 외국인을 내국인등과 달리 취급한 것이다. 따라서 보험급여 제한 조항은 청구인들의 평등권을 침해한다(헌재 2023.9.26. 2019헌마1165).

③ (○) 헌법 제36조 제1항은 혼인과 가족생활에서 양성의 평등대우를 명하고 있으므로 남녀의 성을 근거로 하여 차별하는 것은 원칙적으로 금지되고, 성질상 오로지 남성 또는 여성에게만 특유하게 나타나는 문제의 해결을 위하여 필요한 예외적 경우에만 성차별적 규율이 정당화된다. 과거 전통적으로 남녀의 생활관계가 일정한 형태로 형성되어 왔다는 사실이나 관념에 기인하는 차별, 즉 성역할에 관한 고정관념에 기초한 차별은 허용되지 않는다(헌재 2005.2.3. 2001헌가9 등).

④ (×) 법정형의 종류와 범위를 정함에 있어서 고려해야 할 사항 중 가장 중요한 것은 당해 범죄의 보호법익과 죄질로서, 보호법익이 다르면 법정형의 내용이 다를 수 있고, 보호법익이 같다고 하더라도 죄질이 다르면 또 그에 따라 법정형의 내용이 달라질 수밖에 없다(헌재 2010.2.25. 2008헌가20).

16. 정답 ③

① (○) 탄핵심판절차와 형사소송절차는 동일한 사안에서 같은 공직자를 대상으로 하더라도 서로 별개로 진행되고 각각 독자적 결론에 도달할 수 있으므로, 탄핵심판의 결정은 법원을 기속하지 않는다(헌재 2021.10.28. 2021헌나1).

② (○) 헌법은 탄핵사유를 "헌법이나 법률에 위배한 때"로 규정하고 있는데, '헌법'에는 명문의 헌법규정뿐만 아니라 헌법재판소의 결정에 의하여 형성되어 확립된 불문헌법도 포함된다(헌재 2004.5.14. 2004헌나1).

③ (×) 헌법 제65조 제1항은 탄핵사유를 '헌법이나 법률에 위배한 때'로 제한하고 있고, 헌법재판소의 탄핵심판절차는 법적인 관점에서 단지 탄핵사유의 존부만을 판단하는 것이므로, … 정치적 무능력이나 정책결정상의 잘못 등 직책수행의 성실성여부는 그 자체로서 소추사유가 될 수 없어, 탄핵심판절차의 판단대상이 되지 아니한다(헌재 2004.5.14. 2004헌나1).

④ (○) 국가기관이 국민과의 관계에서 공권력을 행사함에 있어서 준수해야 할 법원칙으로서 형성된 적법절차의 원칙을 국가기관에 대하여 헌법을 수호하고자 하는 탄핵소추절차에는 직접 적용할 수 없다고 할 것이고, 그 외 달리 탄핵소추절차와 관련하여 피소추인에게 의견진술의 기회를 부여할 것을 요청하는 명문의 규정도 없으므로, 국회의 탄핵소추절차가 적법절차원칙에 위배되었다는 주장은 이유 없다(헌재 2004.5.14. 2004헌나1).

17. 정답 ④

① (○) **1980년 제8차 개정헌법 제30조** ① 모든 국민은 근로의 권리를 가진다. 국가는 사회적·경제적 방법으로 근로자의 고용의 증진과 적정임금의 보장에 노력하여야 한다.

② (○) **1972년 제7차 개정헌법 제1조** ① 대한민국은 민주공화국이다.
② 대한민국의 주권은 국민에게 있고, 국민은 그 대표자나 국민투표에 의하여 주권을 행사한다.

③ (○) **1960년 제3차 개정헌법 제78조** 대법원장과 대법관은 법관의 자격이 있는 자로써 조직되는 선거인단이 이를 선거하고 대통령이 확인한다.

④ (×) **1948년 제헌헌법 제39조** 국회의원과 정부는 법률안을 제출할 수 있다.

18. 정답 ①

① (×) **헌법 제68조** ② 대통령이 궐위된 때 또는 대통령 당선자가 사망하거나 판결 기타의 사유로 그 자격을 상실한 때에는 60일 이내에 후임자를 선거한다.
→ 헌법 제71조에서는 대통령의 권한대행 사유로 대통령이 궐위되거나 사고로 인하여 직무를 수행할 수 없을 때를 규정하고 있으면서도, 제68조 제2항에 따른 후임자 선거의 사유로는 '대통령이 궐위된 때'를 규정하고 있다는 점에서, 그 규정의 형식과 취지에 비추어 궐위와 사고는 구별되는 개념이라고 할 것이다.
참고로, 사고라 함은 대통령의 해외순방 일정 등 대통령이 일시적으로 그 직무를 수행할 수 없을 때를 의미한다는 점에서 구태여 후임자를 선거까지 할 필요성이 없다고 볼 수 있다.

② (○) **공직선거법 제16조(피선거권)** ① 선거일 현재 5년 이상 국내에 거주하고 있는 40세 이상의 국민은 대통령의 피선거권이 있다. 이 경우 공무로 외국에 파견된 기간과 국내에 주소를 두고 일정기간 외국에 체류한 기간은 국내거주기간으로 본다.

③ (○) **헌법 제67조** ③ 대통령후보자가 1인일 때에는 그 득표수가 선거권자 총수의 3분의 1 이상이 아니면 대통령으로 당선될 수 없다.

④ (○) **공직선거법 제223조(당선소송)** ① 대통령선거 및 국회의원선거에 있어서 당선의 효력에 이의가 있는 정당(후보자를 추천한 정당에 한한다) 또는 후보자는 당선인결정일부터 30일 이내에 제52조 제1항·제3항 또는 제192조 제1항부터 제3항까지의 사유에 해당함을 이유로 하는 때에는 당선인을, 제187조 제1항·제2항, 제188조 제1항 내지 제4항, 제189조 또는 제194조 제4항의 규정에 의한 결정의 위법을 이유로 하는 때에는 대통령선거에 있어서는 그 당선인을 결정한 중앙선거관리위원회위원장 또는 국회의장을, 국회의원선거에 있어서는 당해 선거구선거관리위원회위원장을 각각 피고로 하여 대법원에 소를 제기할 수 있다.

19. 정답 ①

ㄱ. (○) 대법원이 법관에 대한 징계처분 취소청구소송을 단심으로 재판하는 경우에는 사실확정도 대법원의 권한에 속하여 법관에 의한 사실확정의 기회가 박탈되었다고 볼 수 없으므로, 헌법 제27조 제1항의 재판청구권을 침해하지 아니한다(헌재 2012.2.23. 2009헌바34).

ㄴ. (○) 헌법과 법률이 정한 법관에 의한 재판을 받을 권리는 직업법관에 의한 재판을 주된 내용으로 하는 것이므로, 국민참여재판을 받을 권리가 헌법 제27조 제1항에서 규정한 재판을 받을 권리의 보호범위에 속한다고 볼 수 없다(헌재 2015.7.30. 2014헌바447).

ㄷ. (×) 심판대상조항들은 법률전문가인 변호사와의 소송상담의 특수성을 고려하지 않고 소송대리인인 변호사와의 접견을 그 성격이 전혀 다른 일반 접견에 포함시켜 접견 시간 및 횟수를 제한함으로써 청구인의 재판청구권을 침해한다(헌재 2015.11.26. 2012헌마858).

20. 정답 ②

① (○) … 이러한 산재보험수급권은 국가에 대하여 적극적으로 급부를 요구하는 것이므로 헌법규정만으로는 이를 실현할 수 없고 법률에 의한 형성을 필요로 한다. 즉, 산재보험수급권의 구체적 내용인 수급요건.수급권자의 범위.급여금액 등은 법률에 의하여 비로소 확정된다(헌재 1999.4.29. 97헌마333).

② (×) 이 법상의 연금수급권은 사회보장수급권의 성격을 아울러 지니고 있으므로 순수한 재산권이 아니며, 사회보장수급권과 재산권이라는 양 권리의 성격이 불가분적으로 혼재되어 있다. 공무원연금의 재원은 공무원이 납부하는 기여금과 국가가 부담하는 부담금으로 구성되는데, 이 두 재원을 각각 사회보장급여, 보험료, 후불임금으로 구분하여 정확히 귀속시킬 수가 없다(헌재 1999.4.29. 97헌마333).

③ (○) 헌법 규정에 따라 국민에게 주어진 사회보장에 따른 국민의 수급권은 국가에게 적극적으로 급부를 요구할 수 있는 권리를 주된 내용으로 한다. 국가가 국민에게 인간다운 생활을 할 권리를 보장하기 위하여 사회보장수급권에 관한 입법을 할 경우에는 국가의 재정부담 능력, 전체적인 사회보장수준과 국민감정 등 사회정책적인 고려, 상충하는 국민 각 계층의 갖가지 이해관계 등 복잡 다양한 요소를 함께 고려해야 한다(대판 2017.7.11. 2015두2864).

④ (○) 사회보장수급권이 헌법상의 재산권보장의 보호를 받기 위해서는 다음의 요건을 갖추어야 한다. 첫째, 사회보장수급권이 권리주체에게 귀속되어 개인의 이익을 위하여 이용가능해야 하고(사적 유용성), 둘째, 국가의 일방적인 급부에 의한 것이 아니라 권리주체의 노동이나 투자, 특별한 희생에 의하여 획득되어 자신이 행한 급부의 등가물에 해당하는 것이어야 하며(수급자의 상당한 자기기여), 셋째, 수급자의 생존의 확보에 기여해야 한다. 사회보장수급권은 이러한 요건을 통하여 그 사회법상의 지위가 자신의 급부에 대한 등가물로 볼 수 있는 경우에 한하여 재산권의 보호대상에 포함된다(헌재 2000.6.29. 99헌마289).

21. 정답 ②

① (×) … 사형이 비례의 원칙에 따라서 최소한 동등한 가치가 있는 다른 생명 또는 그에 못지 아니한 공공의 이익을 보호하기 위한 불가피성이 충족되는 예외적인 경우에만 적용되는 한, 그것이 비록 생명을 빼앗는 형벌이라 하더라도 헌법 제37조 제2항 단서에 위반되는 것으로 볼 수는 없다 할 것이다(헌재 1996.11.28. 95헌바1).

② (○) 포괄위임금지원칙은 행정부에 입법을 위임하는 수권법률의 명확성원칙에 관한 것으로서 법률의 명확성원칙이 위임입법에 관하여 구체화된 특별규정이라고 할 수 있다. 그렇다면 이 사건 법률조항의 명확성원칙 위반 여부는 포괄위임금지원칙 위반 여부에 대한 심사로써 충족된다(헌재 2011.2.24. 2009헌바13 등).

③ (×) 국가의 신체와 생명에 대한 보호의무는 교통과실범의 경우 발생한 침해에 대한 사후처벌뿐 아니라, 무엇보다도 우선적으로 운전면허취득에 관한 법규 등 전반적인 교통관련법규의 정비, 운전자와 일반국민에 대한 지속적인 계몽과 교육, 교통안전에 관한 시설의 유지 및 확충, 교통사고 피해자에 대한 보상제도 등 여러 가지 사전적·사후적 조치를 함께 취함으로써 이행된다 할 것이므로, 형벌은 국가가 취할 수 있는 유효적절한 수많은 수단 중의 하나일 뿐이지, 결코 형벌까지 동원해야만 보호법익을 유효적절하게 보호할 수 있다는 의미의 최종적인 유일한 수단이 될 수는 없다 할 것이다. 따라서 이 사건 법률조항은 국가의 기본권보호의무의 위반 여부에 관한 심사기준인 과소보호금지의 원칙에 위반한 것이라고 볼 수 없다(헌재 2009.2.26. 2005헌마764 등).

④ (×) 제도적 보장은 객관적 제도를 헌법에 규정하여 당해 제도의 본질을 유지하려는 것으로서 헌법제정권자가 특히 중요하고도 가치가 있다고 인정되고 헌법적으로도 보장할 필요가 있다고 생각하는 국가제도를 헌법에 규정함으로써 장래의 법발전, 법형성의 방침과 범주를 미리 규율하려는데 있다. 이러한 제도적 보장은 주관적 권리가 아닌 객관적 범규범이라는 점에서 기본권과 구별되기는 하지만 헌법에 의하여 일정한 제도가 보장되면 입법자는 그 제도를 설정하고 유지할 입법의무를 지게 될 뿐만 아니라 헌법에 규정되어 있기 때문에 법률로써 이를 폐지할 수 없고, 비록 내용을 제한하더라도 그 본질적 내용을 침해할 수 없다. 그러나 기본권 보장은 "최대한 보장의 원칙"이 적용됨에 반하여, 제도적 보장은 그 본질적 내용을 침해하지 아니하는 범위 안에서 입법자에게 제도의 구체적 내용과 형태의 형성권을 폭넓게 인정한다는 의미에서 "최소한 보장의 원칙"이 적용될 뿐이다(헌재 1997.4.24. 95헌바48).

22. 정답 ③

① (×) 헌법재판소법 제68조 제1항이 규정하고 있는 헌법소원심판의 대상으로서의 "공권력"이란 입법·사법·행정 등 모든 공권력을 말하는 것이므로 입법부에서 제정한 법률, 행정부에서 제정한 시행령이나 시행규칙 및 사법부에서 제정한 규칙 등은 그것들이 별도의 집행행위를 기다리지 않고 직접 기본권을 침해하는 것일 때에는 모두 헌법소원심판의 대상이 될 수 있는 것이다(헌재 1990.10.15. 89헌마178).

② (×) 이른바 부진정입법부작위를 대상으로 헌법소원을 제기하려면 그것이 평등의 원칙에 위배된다는 등 헌법위반을 내세워 적극적인 헌법소원을 제기하여야 하며, 이 경우에는 헌법재판소법 소정의 제소기간(청구기간)을 준수하여야 한다(헌재 1996.10.31. 94헌마204).

③ (○) 법률은 현재 시행중인 유효한 것이어야 함이 원칙이나, 공포되어 있는 경우에는 시행되어 효력을 발생하기 전이라도 이미 청구인의 권리관계가 침해될 수도 있다고 보여지고 현재의 시점에서 청구인이 불이익을 입게 될 수도 있다는 것을 충분히 예측할 수 있다면 예외적으로 헌법소원을 제기할 수 있다(헌재 1994.12.29. 94헌마201).

④ (×) 집행행위에는 입법행위도 포함되므로 법률규정이 그 규정의 구체화를 위하여 하위규범의 시행을 예정하고 있는 경우에는 당해 법률의 직접성은 부인된다(헌재 1996.2.29. 94헌마213).

23. 정답 ④

① (×) 형사절차가 규문주의에서 탄핵주의로 이행되어 온 과정을 고려할 때, 수사기관이 자신의 수사대상에 대한 영장신청 여부를 스스로 결정하도록 하는 것은 객관성을 담보하기 어려운 구조라는 점도 부인하기 어렵다. 이에 영장신청의 신속성·효율성 측면이 아니라, 법률전문가이자 인권옹호기관인 검사로 하여금 제3자의 입장에서 수사기관의 강제수사 남용을 통제하는 취지에서 영장신청권이 헌법에 도입된 것으로 해석되므로, 헌법상 검사의 영장신청권 조항에서 '헌법상 검사의 수사권'까지 도출된다고 보기 어렵다(헌재 2023.3.23. 2022헌라4).

② (×) 수사 및 소추는 우리 헌법상 본질적으로 행정에 속하는 사무이므로, 특별한 사정이 없는 한 '대통령을 수반으로 하는 행정부'(헌법 제66조 제4항)에 부여된 '헌법상 권한'이다. 그러나 수사권 및 소추권이 행정부 중 어느 '특정 국가기관'에 전속적으로 부여된 것으로 해석할 헌법상 근거는 없다(헌재 2023.3.23. 2022헌라4).

③ (×) 수사처의 권한 행사에 대해서는 여러 기관으로부터의 통제가 이루어질 수 있으므로, 단순히 수사처가 독립된 형태로 설치되었다는 이유만으로 권력분립원칙에 위반된다고 볼 수 없다. 수사처는 '고위공직자범죄수사처 설치 및 운영에 관한 법률'이라는 입법을 통해 도입되었으므로 의회는 법률의 개폐를 통하여 수사처에 대한 시원적인 통제권을 가지고, 수사처 구성에 있어 입법부, 행정부, 사법부를 비롯한 다양한 기관이 그 권한을 나누어 가지므로 기관 간 견제와 균형이 이루어질 수 있으며, 국회, 법원, 헌법재판소에 의한 통제가 가능할 뿐 아니라 행정부 내부적 통제를 위한 여러 장치도 마련되어 있다(헌재 2021.1.28. 2020헌마264 등).

④ (○) 수사처가 중앙행정기관임에도 불구하고 기존의 행정조직에 소속되지 않고 대통령과 기존행정조직으로부터 구체적인 지휘·감독을 받지 않는 형태로 설치된 것은 수사처 업무의 특수성에서 기인한 것이다(헌재 2021.1.28. 2020헌마264 등).

24. 정답 ③

① (○) 결국 이 사건 희생자 결정에 의해 내려진 희생자들에 대한 법적 평가는 당연히 진압 군경들에 대한 종전의 사회적 평가, 즉 '대한민국의 자유민주적 기본질서를 수호하기 위하여 제주4.3사건을 진압한 자'라는 객관적.외부적 평가와 상반되는 부정적 영향을 주게 되고, 나아가 위 진압 군경들에 대한 사회적 평가는 사자(死者)와의 관계를 통하여 스스로의 인격상을 형성하고 명예를 지켜온 그들의 유족에게도 미치게 된다(헌재 2010.11.25. 2009헌마146).

② (○) 근로의 권리의 구체적인 내용에 따라, 국가에 대하여 고용증진을 위한 사회적·경제적 정책을 요구할 수 있는 권리는 사회권적 기본권으로서 국민에 대하여만 인정해야 하지만, 자본주의 경제질서하에서 근로자가 기본적 생활수단을 확보하고 인간의 존엄성을 보장받기 위하여 최소한의 근로조건을 요구할 수 있는 권리는 자유권적 기본권의 성격도 아울러 가지므로 이러한 경우 외국인 근로자에게도 그 기본권 주체성을 인정함이 타당하다(헌재 2007.8.30. 2004헌마670).

③ (×) 헌법상 기본권의 주체가 될 수 있는 법인은 원칙적으로 사법인에 한하는 것이고 공법인은 헌법의 수범자이지 기본권의 주체가 될 수 없다. 축협중앙회는 지역별·업종별 축협과 비교할 때, 회원의 임의탈퇴나 임의해산이 불가능한 점 등 그 공법인성이 상대적으로 크다고 할 것이지만, 이로써 공법인이라고 단정할 수는 없을 것이고, 이 역시 그 존립목적 및 설립형식에서의 자주적 성격에 비추어 사법인적 성격을 부인할 수 없으므로, 축협중앙회는 공법인성과 사법인성을 겸유한 특수한 법인으로서 이 사건에서 기본권의 주체가 될 수 있다(헌재 2000.6.1. 99헌마553).

④ (○) 법인도 법인의 목적과 사회적 기능에 비추어 볼 때 그 성질에 반하지 않는 범위 내에서 인격권의 한 내용인 사회적 신용이나 명예 등의 주체가 될 수 있고 법인이 이러한 사회적 신용이나 명예 유지 내지 법인격의 자유로운 발현을 위하여 의사결정이나 행동을 어떻게 할 것인지를 자율적으로 결정하는 것도 법인의 인격권의 한 내용을 이룬다고 할 것이다. 그렇다면 이 사건 심판대상조항은 방송사업자의 의사에 반한 사과행위를 강제함으로써 방송사업자의 인격권을 제한한다(헌재 2012.8.23. 2009헌가27).

25. 정답 ①

① (×) **국회법 제15조** ① 의장과 부의장은 국회에서 무기명투표로 선거하고 '재적의원 과반수의 득표'로 당선된다.

② (○) **국회법 제168조(기간의 기산일)** 이 법에 따른 기간을 계산할 때에는 첫날을 산입한다.

③ (○) **국회법 제112조** ② 중요한 안건으로서 의장의 제의 또는 의원의 동의로 본회의 의결이 있거나 재적의원 5분의 1 이상의 요구가 있을 때에는 기명투표·호명투표 또는 무기명투표로 표결한다.

④ (○) 투표의 집계 결과 출석의원 과반수의 찬성에 미달한 경우는 물론 재적의원 과반수의 출석에 미달한 경우에도 국회의 의사는 부결로 확정되었다고 볼 수밖에 없다. 결국 방송법 수정안에 대한 1차 투표가 종료되어 재적의원 과반수의 출석에 미달되었음이 확인된 이상, 방송법 수정안에 대한 국회의 의사는 부결로 확정되었다고 보아야 하므로, 피청구인이 이를 무시하고 재표결을 실시하여 그 표결 결과에 따라 방송법안의 가결을 선포한 행위는 일사부재의 원칙(국회법 제92조)에 위배하여 청구인들의 표결권을 침해한 것이다(헌재 2009.10.29. 2009헌라8 등).

언 어 논 리

제7회

정답 및 해설

PSAT 언어논리 정답

1	2	3	4	5
③	③	④	①	③
6	7	8	9	10
①	②	⑤	②	④
11	12	13	14	15
③	④	③	⑤	①
16	17	18	19	20
②	⑤	②	⑤	①
21	22	23	24	25
④	⑤	④	②	②
26	27	28	29	30
①	③	③	②	④
31	32	33	34	35
①	①	②	④	⑤
36	37	38	39	40
⑤	④	⑤	①	⑤

PSAT 언어논리 해설

1. 정답 ③

① (○) 1문단, "해시태그라면 모두 '#' 기호를 사용한다"라고 밝히고 있듯, 형식적으로 일관된다는 특징을 확인할 수 있다. 따라서 제시문에 따르면 모든 해시태그에는 공통으로 '#'이라는 기호가 사용된다고 볼 수 있다.

② (○) 3문단, 해시태그의 의미는 SNS의 특성 등 특수한 맥락을 고려해야만 그 의미를 온전히 파악할 수 있다는 점에서, 해시태그는 SNS의 특성과 밀접한 연관이 있다고 볼 수 있다.

③ (×) 2문단, 해시태그 역시 텍스트의 두 가지 특징을 모두 가지므로 텍스트로 볼 수 있다. 그러나 '#'이라는 기호 자체만으로는 의미적 연관성을 의미하는 '응집성'을 가진다고 보기는 어렵다. 즉 '#'이라는 기호 그 자체가 아니라 '#'에 언어적 표현이 붙여진 것이, 해시태그로서 텍스트가 된다고 보아야 할 것이다. 1문단에서도 해시태그가 '#'과 특정 언어적 표현과 결합하여 사용된다고 하고 있다.

④ (○) 3문단에서 팔로우의 의미가 '#'이라는 기호를 통해 해시태그가 되면서 다른 의미가 있다는 것을 알 수 있다. 또한, 4문단에서도 언어적 표현의 의미와 달라질 수 있다고 밝히고 있으므로, 같은 단어라 하더라도 해시태그로 사용될 경우 다른 의미가 될 수 있다.

⑤ (○) 4문단, 해시태그가 언어적 표현의 의미가 아닌 특수한 맥락을 고려한 제3의 의미인 경우에는 합성어로 볼 수 있는데, '#팔로우' 역시 언어적 의미로 사용되지 않았다면 합성어로 볼 수 있을 것이다.

2. 정답 ③

① (○) 4문단에 따르면 산소는 탄소와 함께 2주기 원소임을 알 수 있다. 또한, 2문단 3번째 문장에 따르면 산소는 질소와 같은 주기임을 알 수 있다. 따라서 탄소, 질소, 산소는 2주기의 원소임을 알 수 있다.

② (○) 1문단, 산소는 탄소와 헬륨의 핵이 융합하여 만들어졌다. 4문단에 따르면 탄소는 2주기이고, 헬륨은 1주기 원소임을 알 수 있다. 따라서 옳은 선지이다.

③ (×) 3문단에 따르면 지구 표면에서 가장 풍부한 원소는 산소이다. 또한, 4문단에 따르면, 반응성이 없는 네온을 제외하면 2주기 원소 중에서 산소는 오른쪽 끝에 치우쳐있다. 그런데, 네온은 산소와 같은 2주기 원소이므로, 산소가 2주기 원소 중에서 가장 오른쪽에 있다고 단정하기 어렵다.

④ (○) 3문단에 따르면 산소는 인간을 포함한 대부분의 생명체 질량의 2/3를 차지한다. 즉 과반수이므로 가장 많은 부분을 차지한다고 볼 수 있다. 그런데 4문단에 따르면 수소와 헬륨이 우주 전체 물질의 98%를 차지하고, 산소가 그다음 순위를 차지함을 알 수 있다. 이는 3문단 첫째 문장을 통해서도 알 수 있다. 따라서 인간 질량의 가장 많은 부분을 차지하는 산소는 우주에서 3번째로 많은 원소이다.

⑤ (○) 3문단에 따르면 지구 전체적으로 볼 때 철이 가장 풍부함을 알 수 있다. 그런데 4문단에 따르면 일반적인 원소는 주기가 높아질수록 양이 상대적으로 적어지는데 철은 예외임을 알 수 있다. 철보다 주기가 낮은 수소와 헬륨보다는 그 양이 많을 수는 없으므로, 예외라는 것은 철이 자신보다 높은 주기의 원소에 비해 양이 더 적은 경우가 있음을 의미한다. 참고로 4문단 3번째 문장을 토해 주기가 높아질수록 양이 적어진다는 것을 통해 1주기가 2주기보다 낮은 주기임을 알 수 있다.

3. 정답 ④

① (○) 1문단, 전 세계적으로 FA의 사용률은 16%에 불과하고 나머지는 대부분 매립되고 있음을 알 수 있다. 또한, 석회로 인한 토양 오염이 발생할 수 있고, 많은 연구자가 다양한 분야에서 활용하기 위해 노력하고 있다는 점 등을 고려하였을 때, 단순히 매립하기보다는 다른 분야에서 활용하는 것이 더 바람직하다고 볼 수 있다.

② (○) 2문단에 따르면 FA는 화학적 조성, 입자의 형상 등의 특성으로 건축 소재로 활용되기에 적합하고, 3문단에 따르면 이상적인 크기 분포와 낮은 밀도, 분산성 등으로 인하여 고분자 충전제로서도 많은 장점을 보유하고 있다. 따라서 비용적인 측면 외에도 많은 장점이 있음을 알 수 있다.

③ (○) 2문단, FA는 건축재료 외에도 복합 소재 분야에서 충전제로 사용되고 있음을 알 수 있지만, 2문단 중간 부분에서 대부분의 FA가 건축 소재로 활용되고 있음을 알 수 있다.

④ (×) 4문단, FA의 낮은 마찰력은 FA와 고분자 사이의 낮은 젖음성으로 이어지고, 이는 충전제로서의 기능을 제한한다는 점에서 고분자 충전제로서 적합한 특성이라고 보기 어렵다.

⑤ (○) 1문단에 따르면 FA는 석회로 인하여 심각한 토양 오염을 일으킬 수 있고, 3문단에 따르면 고분자 충전제로써 활용하는 과정에서 염기나 산 용액을 사용할 수 있는데 이는 수질오염의 문제를 일으킬 소지가 있다는 점에서 환경오염의 소지가 있다.

4. 정답 ①

① (×) 1문단에 따르면 판과 보의 두께를 완만하게 감소시켜 0으로 만들면 파동의 속도가 무한히 느려져 결국에는 0이 됨을 알 수 있다. 따라서 판과 보의 두께가 줄어들수록 파동의 속도는 느려진다고 할 수 있다.

② (○) 1문단에 따르면 음향블랙홀을 구현하기 위해서는 끝단의 두께를 0으로 만들어야 하지만, 2문단에서 두께가 0인 구조물은 현실에서 존재하지 못함을 알 수 있다. 따라서 완벽한 음향블랙홀을 구현하는 것은 현실에서 불가능하다고 할 수 있다.

③ (○) 4문단에 따르면 음향블랙홀은 구조물로부터 전파된 파동에너지를 끝단으로 집중시키는데, 1문단에 따르면 끝단으로부터 반사되는 파동에너지는 없다는 것을 알 수 있다. 즉, 음향블랙홀로 인해 파동에너지가 끝단에 집중되지만 반사되지는 않음을 알 수 있다.

④ (○) 3문단, 점탄성 소산 물질은 진동에너지를 감쇠시키기 위한 것이다. 따라서 만약 이상적인 음향블랙홀을 구현할 수 있다면 진동에너지를 추가로 감쇠시킬 필요가 없으므로, 점탄성 소산 물질도 불필요하다고 볼 수 있다.

⑤ (○) 4문단, 음향블랙홀은 별도의 외부전력 입력이 없다. 또한, 3문단에 따르면 기존의 진동 감쇠 기술은 점탄성 소산 물질을 부착해야 했기 때문에 무게 증가가 불가피했다는 것을 알 수 있다. 따라서 음향블랙홀을 이용한다면 적은 양의 소산 물질만이 필요하므로 구조물의 무게를 줄일 수 있다.

5. 정답 ③

① (×) 1문단, 미국의 매튜 브래디가 촬영한 사진을 다큐멘터리 사진의 모범으로 간주하기는 하지만, 이것이 최초의 다큐멘터리 사진이라고 볼 수는 없다. 별도의 언급이 없으므로, 최초의 다큐멘터리 사진이 미국에서 촬영되었다는 것은 알 수 없는 내용이다.

② (×) 2문단 및 3문단에 따르면 산업혁명이 초래한 일련의 사회문제를 밝히기 위해, 올바른 뜻을 지닌 사진가들이 사진을 찍기 시작했다는 것을 알 수 있다. 따라서 산업혁명 이후에 사진가들이 수동적으로만 활동하였다고 보기는 어렵다.

③ (○) 3문단에 따르면, 루이스 하인이 찍은 다큐멘터리 사진들로 인해, 대중이 격렬한 분노를 일으켰고 이는 미국 의회의 법안 통과로 이어졌다. 따라서 다큐멘터리 사진이 법안을 통과시키는 계기가 되었다고 볼 수 있다.

④ (×) 4문단에 따르면 다큐멘터리 사진작가 존 톰슨이 1900년도 이전에 중국에 입국하여 사진을 찍었으나, 이것은 외부 사진가의 현지 조사로서의 촬영이었을 뿐이다. 이것으로 중국에서 다큐멘터리 사진이 유행했다고 보기는 어렵다.

⑤ (×) 4문단, 다큐멘터리 사진은 식민지 개척을 위한 현지 조사의 기록 수단으로써 사용되기도 하였다. 따라서 사회문제를 폭로하기 위해서만 사용되었다는 것은 알 수 없는 내용이다.

6. 정답 ①

ㄱ. (○) 2문단, 우리 국민이 독도에서 생활할 수 있다는 것을 보여주기 위해서는 기본적으로 인간이 독립적으로 생활할 수 있는 기반시설이 필요하다. 따라서 이러한 기반시설을 확충하는 것이 필요하다는 것은 제시문의 내용에 부합한다.

ㄴ. (×) 3문단, 제시문에서는 독도를 수호할 수 있을 최소한의 군사력을 확보해 나가는 것이 현실적이면서 바람직하다고 주장하고 있다. 따라서 주위 국가들을 압도할 수 있는 군사력을 확보하는 것은 제시문에 부합하지 않는 내용이다.

ㄷ. (×) 3문단, 독도에 대한 방어전략은 경찰보다는 군대를 통해서 하는 것이 바람직하다고 볼 수 있다. 독도가 우리 영토의 끝이므로 이에 대한 무력도발은 군사적 작전 개념의 형태로 대응하는 것이 바람직하기 때문이다. 즉, 군대의 파견은 무력도발에 대한 대응 차원으로 볼 수 있지만, 무력도발의 빌미를 제공하지 않기 위해서 경찰력으로 방어해야 한다는 것은 알 수 없는 내용이다. 따라서 제시문에 부합한다고 보기 어렵다.

7. 정답 ②

① (×) 1문단, 자연유산이 자연재해에 취약하다는 것은 알 수 있지만, 인위적인 문화재보다 더 취약하다는 것은 추론할 수 없는 내용이다. 특히 자연재해에 의해 피해 규모가 점점 커지고 있는 문화재가 자연유산만 해당하는 것은 아니기 때문이다.

② (○) 1·4문단, 1문단에서 2017년 발생한 포항 지진은 달전리 주상절리에 피해를 줬고, 4문단에서 달전리 주상절리가 2017년 이전에 천연기념물로 지정되었다는 것을 알 수 있다. 따라서 포항 지진이 천연기념물에 피해를 줬다고 볼 수 있다.

③ (×) 2문단, 시민들이 주상절리의 붕괴대책 마련을 요구한 것은 맞는 내용이지만, 2017년 포항 지진이 발생하기 전부터 요구하였다는 것은 추론할 수 없는 내용이다.

④ (×) 3문단에서는 달전리 주상절리가 아닌, 국내의 일반적인 주상절리에 관한 연구를 언급하고 있다. 주상절리의 거동과 변형에 관한 연구는 전혀 없는 실정이지만, 생성 원인과 형태학적, 암석학적 연구는 이루어졌음을 알 수 있다. 따라서 명시적으로 언급되지 않은 달전리의 주상절리에 관해서도 일체의 연구가 이루어지지 않았다고 단정 짓기 어렵다. 형태학적, 암석학적 연구는 이루어졌을 수 있기 때문이다. 따라서 선지의 앞부분이 추론하기 어려운 내용이다.

⑤ (×) 4문단, 달전리 주상절리의 경우 천연기념물로 지정되어 인위적인 요인이 통제되므로 자연재해적 요인이 중요하게 작용할 수 있다. 그러나 낙석의 원인은 내부요인과 외부요인으로 나뉘는바, 인위적 요인과 자연재해적 요인 등의 외부요인 외에도 내부요인으로 인한 낙석이 발생할 수 있다. 따라서 낙석 발생을 예방하기 위해서는 자연재해적 요인뿐만 아니라 내부요인에 대한 관리도 필요하다.

8. 정답 ⑤

ㄱ. (○) 3문단, 한 초점에서 나온 소리나 빛은 다른 초점에 도달한다. 그렇다면 다른 초점을 통과한 것은 곧 그 초점에서 나온 것이므로 다시 다른 초점(원래의 초점)으로 돌아올 것이다.

ㄴ. (○) 2문단, 다른 조건이 일정할 때 타원을 납작한 모양으로 만들기 위해서는 끈이 짧아야 한다. 이때, 끈이란 것은 곧 서로 다른 두 점에서 잰 거리의 합을 의미하므로 옳은 선지이다.

ㄷ. (○) 1·4문단, 신장결석분쇄기는 타원의 성질을 이용하는 것이므로, 한 초점에서 나와 반사되어 다른 초점으로 가는 초음파는, 결국 서로 다른 두 점에서 잰 거리의 합이 일정한 지점에서 반사될 것이다. 이는 곧 초음파가 한 초점에서 다른 초점으로 이동한 거리가 같다는 뜻이다.

9. 정답 ②

① (×) 제시문에서는 벤 포드 법칙을 따르는 경우가 많다는 것을 제시하고 있지만, 벤 포드 법칙을 따르지 않는 경우와 비교하여 벤 포드 법칙의 우수성을 강조하고 있지는 않다. 다만 벤 포드 법칙의 유용성을 강조하고 있을 뿐이다.

② (○) 벤 포드 법칙에 대한 학계의 주장이나, 한계점 등을 고려하여 절대적인 법칙으로 보기는 어려울 수 있지만, 인위적인 수치 왜곡 등을 판단할 때 일차적인 검증수단으로 유용하다는 것이 글의 핵심 논지라고 할 수 있다.

③ (×) 학계는 벤 포드 법칙이 절대적인 법칙은 아니지만, 일차적 검증기능의 의미를 지닌다고 주장하고 있다. 제시문의 내용 역시 벤 포드 법칙의 절대성을 강조하기보다는 한계점에도 불구하고 유용성을 지닌다는 것으로, 학계의 주장을 반박하기보다는 맥락을 같이한다고 볼 수 있다.

④ (×) 벤 포드 법칙이 검증수단으로서 유용하다는 점을 언급하고 있지만, 한계점을 보완해야 한다고 주장하지는 않는다. 한계점에도 불구하고 일정한 유용성을 지니고 있음을 강조하고 있을 뿐이다.

⑤ (×) 미국의 공공기관에서 벤 포드 법칙을 사용하고 있기는 하지만, 이러한 내용은 벤 포드 법칙의 유용성이나 활용 가능성을 보완하기 위함이지, 벤 포드 법칙의 정확성을 강조하고자 한 것은 아니다. 한편, 실제로 정확성을 보여주는 사례도 미국의 공공기관이 아니라 민간 영역에서 이루어졌다.

10. 정답 ④

2문단에 두 번째 문장에 따르면, A 유전자의 돌연변이는 단백질이 비정상적으로 활성화되면서 세포가 급격하게 증식하는 문제를 야기한다. 이는 곧 A 유전자의 단백질의 정상기능은 세포를 증식하게 하는 것인데, 돌연변이로 인해 비정상적으로 '활성화'되면, 계속해서 증식하는 암세포로 이어진다는 것이다. 한편, B 유전자에 돌연변이가 발생하면, 단백질이 '비활성화'되어 억제 기능을 수행하지 못하면서 세포가 계속해서 증식하는 문제로 이어진다는 것을 알 수 있다.

이를 자동차 운전과 비교해보면, A 유전자의 돌연변이는 세포 증식을 계속해서 촉진한다는 점에서 액셀러레이터 페달이 고장 나서 계속 추동력을 전달하는 경우와 같고, B 유전자의 돌연변이는 세포 증식을 억제하지 못한다는 점에서 브레이크 페달의 고장과 같다고 할 수 있다.

한편, K-Ras 단백질은 세포를 증식하게 하며, 돌연변이로 인해 계속 활성화되는 문제라는 점에서 A 유전자의 문제와 비슷하다고 볼 수 있다. 유전자의 억제 기능 상실과 관련된 내용은 언급되지 않았다는 점에서 B 유전자의 문제로 볼 여지는 없다.

11. 정답 ③

주어진 정보를 표로 정리하면 다음과 같다. 예슬이는 살이 찌지 않았으므로 선진국에 살지 않는다는 것을 알 수 있다.

	선진국	비선진국
북반구	살이 쪘다.	키가 크지 않다.
남반구	살이 쪘다. 키가 크다.	행복하다.

① (×) 예슬이가 남반구에 산다면 행복하다.

② (×) 예슬이가 남반구에 산다면 키가 큰지 작은지 알 수 없다.

③ (○) 예슬이가 행복하지 않다면 북반구에 사는 것이므로 키가 크지 않다.

④ (×) 예슬이가 북반구에 산다면 비선진국에 살아야 하므로, 키가 크지 않다.

⑤ (×) 예슬이가 남반구에 산다면 비선진국에 살아야 하므로, 키가 큰지 작은지 알 수 없다.

12. 정답 ④

주어진 조건을 정리하면

	A	B	C	D	E
1차전			○		丙
2차전		○	戊	甲	

따라서 乙은 1차전, 2차전에서 모두 동일한 상대를 만나야 하므로 A와 맞붙었음을 알 수 있다. 그리고 2차전에서 E의 상대가 을도 정도 아니므로 병임을 알 수 있고, B의 상대도 정임을 알 수 있다.

	A	B	C	D	E
1차전	乙		丁		丙
2차전	乙	丁	戊	甲	丙

① (×) 1차전에서 A와 맞붙은 사람은 乙이고, 乙은 2차전에서 A와 맞붙었다.
② (×) 1차전에서 B와 맞붙은 사람은 甲 또는 戊이고, 戊라면 2차전에서 C와 맞붙었다.
③ (×) 1차전에서 D와 맞붙은 사람은 甲 또는 戊이고, 甲이라면 2차전에서 D와 맞붙었다.
④ (○) 1차전에서 丁과 맞붙은 사람은 C이고, C는 2차전에서 戊와 맞붙었다.
⑤ (×) 1차전에서 戊와 맞붙은 사람은 B 또는 D이고, D라면 2차전에서 甲과 맞붙었다.

13. 정답 ③

1) 표면적인 정보만을 이용하면 다음과 같다.

	A	B	C	D
천 원권			×	
오천 원권		×	○	
만 원권	×			
오만 원권				

2-1) A, B, D는 한 가지 종류의 지폐를 공통으로 가지고 있는데 이게 만약 천 원권이라면 다음과 같다. (모순)

	A	B	C	D
천 원권	○	○	×	○
오천 원권	×	×	○	×
만 원권	×			
오만 원권				

이 경우, A는 오만 원권으로 확정되고 B와 D 역시 만 원권 또는 오만 원권 중의 하나를 가져야 한다. 즉 3명이 2종류를 가지므로 서로 다 다르다는 첫 번째 조건에 부합하지 않는다.

2-2) 따라서 A, B, D가 동시에 보유하고 있는 지폐는 오만 원권임을 알 수 있다. A~D는 두 종류의 지폐를 가지고 있고, B와 C는 공통으로 가지고 있는 지폐가 없으므로 C는 오만 원권이 아닌 만 원권을 가진다. 따라서 B는 천 원권을 가지게 되고, A, B, D는 오만 원권을 제외한 다른 지폐는 겹치지 않게 보유하므로 A가 오천 원권, D가 만 원권을 가진다.

	A	B	C	D
천 원권	×	○	×	×
오천 원권	○	×	○	×
만 원권	×	×	○	○
오만 원권	○	○	×	○

위와 같이 단 하나의 경우만이 가능하므로, 이를 토대로 선지를 확인해보면 A와 D는 오만 원권을 가지고 있다는 ③이 답임을 알 수 있다.

14. 정답 ⑤

가국이 우승했고, C는 가국이 아니므로 E와 H 중 하나가 가국이 된다. 그런데, 주어진 정보를 토대로 보면, 아국을 이긴 라국은 적어도 4강에 진출했음을 알 수 있다. 그리고 가국이 라국을 이겼으므로 라국 역시도 E와 H 중 하나가 된다. 그런데, F는 사국이므로 라국은 H가 될 수밖에 없고, 가국은 E가 된다. 또한 가국은 바국을 이겼으므로, C가 바국임을 알 수 있다.

한편, 다국은 A와 B 중 하나가 되지만, A가 마국이므로 B가 다국임을 알 수 있다.

알파벳	A	B	C	D	E	F	G	H
국가	마	다	바	나	가	사	아	라

ㄱ. (○) C는 바국이다.
ㄴ. (○) ㉠에는 최종 승자인 가국(E)가, ㉡에는 4강에 진출한 다국(B)가 된다.
ㄷ. (○) 위와 같이 모든 국가의 알파벳 기호를 알 수 있다.

15. 정답 ①

㉠의 차이는 유능한 의사와 무능한 의사의 차이로 볼 수 있고, 이들이 공통으로 하지 않는 것을 찾아야 한다.

① (○) 2·3·4문단, 무능한 의사는 환자의 상태를 고려하지 않으며, 동일한 음식이라 하더라도 수확된 시기 등에 따라 달라질 수 있음을 알지 못한다. 그러나 유능한 의사는 동일한 재료라 하더라도 성장 상태 및 수확시기에 따라 많은 차이가 나는 것을 알며, 사람마다 동일하게 반응하지 않을 수 있다는 것도 안다는 점에서 ㉠의 차이의 원인이라고 볼 수 있다.

② (×) 2문단, 무능한 의사는 동일한 증상을 보이는 사람들에게 신체 상태를 불문하고 동일한 처방을 내릴 것이다. 그러나 유능한 의사라 하더라도 동일한 증상을 보이는 사람이 동일한 신체 상태를 보인다면 동일한 처방을 내릴 수 있다. 따라서 이것만으로는 유능·무능을 구분하기는 어려우므로 ㉠의 차이의 원인이 아니다.

③ (×) 3·4문단, 무능한 의사는 음식의 어떤 성분이 어떤 효력을 갖는지를 묻고 탐구하지만, 유능한 의사는 빵의 재료에 대해 단순한 사실 확인의 단계를 넘어 상황에 따라 어떻게 달라지는지를 알아야 한다고 한다. 따라서 소화불량에 효과적인 빵의 성분이 무엇인지는 무능한 의사와 유능한 의사 모두 알고 있거나 탐구한다는 점에서 ㉠의 차이의 원인이 아니다.

④ (×) 2·3문단, 무능한 의사는 빵의 성분이 소화불량에 좋다는 경험을 바탕으로 처방하는데, 유능한 의사도 3문단 첫 번째 문장에 따르면 빵의 섭취 결과 등을 경험적으로 확인한다. 따라서 유능한 의사도 경험을 바탕으로 처방을 한다고 볼 수 있으므로 ㉠의 차이의 원인이 아니다.

⑤ (×) 3문단, 무능한 의사는 어떤 질병에 좋은 음식이 무엇인지 탐구하지만, 유능한 의사도 기본적으로 그런 탐구를 하긴 한다는 점에서 ㉠의 차이의 원인이 아니다.

16. 정답 ②

① (×) 1문단, 마지막 문장에 따르면 밝은 날과 흐린 날에 찍은 사진이 전혀 다름을 알 수 있다. 이는 사진 역시도 빛의 세기에 따라 감상에 영향을 미친다는 것이므로, '빛의 세기' 부분에 있어서는 조각이 사진과 다르지 않다고 할 것이다.

② (○) 2문단에 따르면 재료마다 달라지는 조각 표현 기법이 다양한 재료와 주제를 표현할 수 있도록 확장성의 효과를 줄 수 있다. 즉, 조각 재료는 작품의 제작에 영향을 미친다는 것이다. 또한, 재료마다 지닌 고유의 질감과 같은 특성으로 인해 촉각적인 감상에 영향을 미친다는 것도 알 수 있다.

③ (×) 3문단, 인간의 인지능력은 공간에 대한 지각을 포함한다. 따라서 공간 자체의 체험을 통해서도 인간의 인지능력을 발달시킬 수 있다고 보아야 할 것이다. 2문단에서 알 수 있듯이, 작품 공간 자체에 대한 지각은 조각에 대한 감상 중 하나이기 때문이다. 즉, 인간의 인지능력을 향상하는 조각 감상에서 '공간 자체의 체험'이 제외된다고 볼 만한 근거는 없다.

④ (×) 1문단에서, 조각은 실재하는 형상과의 유사성을 표현할 수 있다는 것은 알 수 있다. 그러나 조각으로 대표되는 '입체예술'이 실재하는 형상을 그대로 반영하고자 한다는 것은 알 수 없는 내용이다. 작가의 주제와 목적에 따라 실재하는 형상을 변형하는 것이 가능하기 때문이다. 또한, 회화나 사진 등의 평면예술 역시도 실재하는 형상을 그대로 반영하고자 한다는 것은 추론할 수 없는 내용이다.

⑤ (×) 3문단, 체험형 교육이 조각에 대한 학생들의 흥미를 유발할 수 있다는 것은 알 수 있지만, 회화에 대해서도 학생들의 흥미를 유발할 수 있다는 것은 추론할 수 없는 내용이다.

17. 정답 ⑤

ㄱ. (○) 1문단에 따르면 중력을 제외한 나머지 힘들은 양자장론을 통해 이해가 가능하다. 그런데, 2문단에서 루프양자중력 이론은 중력을 나머지 3가지 힘과 독립적으로 양자화하기 위한 것으로 결국 중력을 대상으로 하고 있음을 알 수 있다. 따라서 나머지 3가지 힘들은 루프양자중력 이론으로 설명되지 않는다고 보는 것이 타당하다.

ㄴ. (○) 3문단에 따르면 끈 이론은 현재 존재하는 모든 힘을 한 가지 이론으로 통합할 수 있는 잠재력이 있다. 따라서 자연계에 존재하는 4가지 기본적인 힘도 한 가지 이론으로 통합할 수 있는 잠재력을 지닌다고 할 수 있다.

ㄷ. (○) 3문단에 따르면 현재 입자 물리학의 기술로 중력자를 관측하는 것이 불가능하며, 4문단에 따르면 중력의 양자역학적 효과도 플랑크 크기라고 하는 아주 작은 규모에서 나타나기 때문에, 기술력의 한계로 관측이 어렵다는 것을 알 수 있다.

18. 정답 ②

ㄱ. (×) 2, 3문단, ㉠과 ㉡은 유상증자에 따라 주가가 상승하는지, 하락하는지에 관한 가설이다. 표면적으로만 본다면 기존 주주들은 당연히 ㉡보다는 ㉠을 지지할 것이다. 그러나 ㉡의 경우에도 유상증자 직후에는 주식가격이 일시적으로 하락하지만, 이내 다시 상승할 것으로 예측된다는 점에서 수익률이 ㉠보다 떨어진다고 단정하기 어렵다. 따라서 기존 주주들이 ㉠과 ㉡ 중 어느 것을 더 선호하는지 판단할 만한 근거가 충분치 않다.

ㄴ. (○) 2, 3문단, ㉠은 유상증자가 곧 긍정적인 정보로 해석되어 주가 상승을 야기하고, ㉡은 유상증자로 인한 주식 수의 증가가 주가 하락으로 이어진다고 보고 있다. 따라서 신주를 발행한 직후에 주가가 상승했다는 것은 ㉠을 강화하고 ㉡을 약화하는 사례가 된다. 한편, ㉡에서 주식가격이 다시 상승한다는 것은 신주발행 직후가 아닌, 일정 기간이 지난 후에 상승한다는 것이라는 점을 주의해야 한다.

ㄷ. (×) 2, 3문단, ㉠은 신규투자 기회에 대한 순 현재가치가 유상증자로 인한 기존 주주의 손실을 충분히 보완할 수 있는 경우에 유상증자한다고 보고 있다. 따라서 ㉠에 따르면 단순히 신규투자 기회가 주어졌다고 해도, 그것이 기존 주주의 손실을 충분히 보완할 수 없다면 유상증자가 이루어지지 않을 것이다. 그러므로 유상증자가 신규투자 기회에 따라 이루어졌다고 하더라도, 그것이 곧바로 ㉠을 강화하지는 않는다. 오히려 충분한 조건을 갖추지 못한 투자기회임에도 유상증자가 이루어진 것이라면 ㉠을 약화하는 사례가 될 수 있다. 한편, 제시된 글만으로는 ㉡과 신규투자 기회 사이의 연관성은 드러나 있지 않으므로 강화하지도 약화하지도 않는 관계로 볼 수 있다.

19. 정답 ⑤

① (○) 2문단 마지막에 따르면 로봇 윤리는 인공지능 로봇의 안전을 강조하기도 하고, 3문단에 따르면 로봇이 인간에게 해를 끼쳐서는 안 된다는 로봇 윤리 3원칙 등이 제시되고 있다. 따라서 로봇 윤리는 로봇과 인간의 안전을 모두 포괄하고 있음을 알 수 있다.

② (○) 2문단 마지막에 따르면 많은 단체와 학자들은 인공지능 로봇의 안전 등을 강조하며 인간이 지켜야 할 로봇 윤리를 강조하고 있다. 즉 인간이 주체가 되는 윤리는 인간의 삶에서 일어나는 여러 윤리적 문제를 해결하기 위해서 뿐만 아니라 로봇의 안전을 위해서도 지켜져야 함을 알 수 있다. 따라서 윤리의 주체가 자신이 아닌 타인을 위해서도 윤리를 지키는 것으로 볼 수 있다.

③ (○) 2문단 및 3문단, 로봇 공학자와 제작자가 지켜야 할 윤리가 인간이 주체가 되는 윤리로서 공학윤리로서의 로봇윤리라면, 아시모프가 제시한 개념은 로봇이 주체가 되는 윤리다. 따라서 두 가지는 구분된다고 볼 수 있다.

④ (○) 5문단, 과기부에서 제시한 인공지능윤리 교육내용 체계에 따르면 로봇의 윤리에 관한 내용은 찾을 수 없다. 이는 곧 4문단에서도 언급하고 있듯이, 인간 행위자의 책무를 중심으로 논의되고 있을 뿐 로봇이 주체가 되는 윤리는 포함하고 있지 않거나 약하다는 것을 의미한다. 따라서 인간이 주체가 되는 윤리에 더 가깝다고 할 수 있다.

⑤ (×) 5문단, 철학자 요나스는 기존의 윤리가 빠르게 변화하는 과학기술의 발달을 따라가지 못하는 상황을 우려하고 있으나, '강한 인공지능'이라는 구체적인 상황을 가정하고 있지는 않다. 제시문의 내용을 보면 요나스의 지적과 같은 '윤리적 공백'이 발생할 수 있다고 볼 여지는 있지만, 요나스가 해당 문제를 직접 지적하고 있다고 할 수는 없다.

20. 정답 ①

제시된 상황은 인공지능 로봇이 이용자들의 편향된 데이터를 수집하여 학습하고, 그 결과로 인종차별과 같은 편향된 정보를 내보내고 있는 문제 상황이다. 이는 기본적으로 로봇 자체의 자율성에 따른 문제로 보기는 어렵고, 인간이 주체가 되는 윤리적 문제라고 보아야 한다. 또한, 로봇 자체의 기술적인 측면보다는 인공지능 로봇이 가져올 수 있는 윤리적 문제에 대한 기준을 검토하는 '응용윤리로서의 로봇윤리'의 문제라고 보는 것이 적절하다.

한편, 인공지능 로봇이라는 점에서 인공지능윤리도 중요하게 고려될 수 있지만, 역시 로봇의 자율성 자체가 문제 되는 상황은 아니라는 점에서 로봇이 주체가 되는 윤리를 보완해야 한다는 것이 답이 되기는 어렵다. 답이 되기 위해서는 인공지능윤리에서도 인간의 윤리, 그중에서도 응용윤리로서의 로봇윤리 측면이 보완되어야 한다고 해야 적절할 것이다.

21. 정답 ④

① (○) 2문단, 아토피피부염 질환을 앓는 아동은 피부 손상 등의 신체적 문제와 우울감 및 불안 등의 심리적 문제가 일어날 수 있다. 또한, 3문단에 따르면 청소년의 경우에도 습진 등의 신체적 문제와 함께 대인기피증 등의 심리적 문제가 일어날 수 있다.

② (○) 1문단에 따르면 아토피피부염의 발생원인으로 스트레스가 언급되며, 4문단에 따르면 청소년들이 아토피피부염으로 스트레스를 겪는다는 내용이 언급된다. 따라서 알 수 있는 내용이다.

③ (○) 1문단에 따르면 아토피피부염은 재발성 만성 질환이며, 4문단에 따르면 치료를 위해서 청소년뿐만 아니라 보호자 역시도 적극적 치료에 참여해야 함을 알 수 있다.

④ (×) 3문단에 따르면 아토피피부염으로 인한 피부습진이 전염성 피부질환으로 '오인' 될 수 있다고 한다. 즉, 아토피로 인한 피부질환이 전염성을 띠는 것은 오해이며, 별도로 전염성을 띤다고 볼 만한 근거도 제시되어 있지 않다.

⑤ (○) 3문단에 따르면 아토피피부염은 우울증을 야기하고, 우울증은 다시 약물 남용의 문제로 이어질 수 있음을 알 수 있다. 따라서 아토피피부염이 우울증을 통해 약물 남용의 문제로 이어진다고 볼 수 있다.

22. 정답 ⑤

① (×) 1문단, 최초의 수학책 '술바수트라스'에 따르면 수학은 천문학을 위해서 연구되었음을 알 수 있으며, 2문단에 따르더라도 수학은 편리함으로 인해 상업활동에 활용되었을 뿐 상업 그 자체를 위해 발달한 것으로 보기는 어렵다.

② (×) 2문단에 따르면 아라비아 상인들이 대나무로 만든 펜을 사용하여 상행위를 했음은 알 수 있지만, 인도의 승려와 왕족들 역시도 대나무로 만든 펜을 사용했는지는 알 수 없다.

③ (×) 3문단, 카로스치 수의 경우 100 자체를 나타내는 기호가 없었으므로 10이나 20 등의 기호를 덧붙여 100을 표현하였음을 알 수 있다. 반면 브라흐미 수의 경우에는 100 자체를 표현하는 수가 있었으므로 이 두 가지가 동일한 것이라고 보기는 어렵다.

④ (×) 4문단, 인도의 곱셈 방식도 왼쪽에서 오른쪽으로 계산하는 방식이고 10의 거듭제곱수를 위한 표현이 있다면 더 편리할 수 있다. 따라서 굳이 따지자면 선지의 내용과는 반대로 브라흐미 수가 카로스치 수보다 효율적일 수 있다. 그러나 이러한 내용을 제시문의 내용만으로 알기는 어렵다.

⑤ (○) 4문단, 인도의 덧셈 방식은 왼쪽부터 숫자를 더해가면서 수정하는 방식이다. 이때 두 숫자를 더한 수의 일의 자리는 그다음 계산에서 변경될 수 있지만, 십의 자리가 변경될 일은 없다. 예컨대 덧셈 계산에서 가장 큰 수는 9+9=18이다. 이 경우 다음 계산에서도 18이 나오더라도 십의 자리는 변경되지 않는다. 따라서 덧셈 과정에서 일의 자리는 한 번은 수정될 수 있어도, 다음 계산에서는 십의 자리가 되기 때문에 두 번 수정되는 일은 없다.

23. 정답 ④

① (×) 2문단, 본인의 의사에 기반을 둔 대리권을 인정하는 것은 자기결정권을 존중하는 것으로 볼 수 있다. 즉, 대리인이 후견 계약을 체결하더라도 그 대리인에게 대리권을 수여하는 것이 본인의 의사에 기반을 둔 것이라면 자기결정권에 반한다고 보기는 어렵다.

② (×) 4문단, 임의후견계약의 당사자는 본인과 장래의 임의후견인만을 의미한다. 임의후견감독관이 법원에 의해 선정되는 것은 맞지만, 임의후견계약의 당사자라고 볼 근거는 없다.

③ (×) 3문단, 후견 계약은 계약의 당사자인 본인의 판단능력이 충분할 것을 전제로

하고 있다. 제시된 내용만으로는 본인 외에 임의후견인도 판단능력이 충분해야 하는지를 알 수는 없다.

④ (○) 1문단, 칸트는 자율성을 이성원칙으로서 설명하며, 여기에는 객관적 도덕원칙이 전제되어 있다. 즉, 이성원칙으로서 자율성은 객관적 도덕원칙에 대한 이해를 바탕으로 이루어져야 한다는 것을 알 수 있다.

⑤ (×) 4문단, 임의후견계약의 효력이 발생하기 위해서는 임의후견감독인이 필요하다. 따라서 감독인 없이 본인과 임의후견인만 있는 경우에 임의후견계약의 효력이 발생한다고 보기 어렵다.

24. 정답 ②

① (×) 1문단, 2차 세계대전 이후 문화외교 활동은 미국에서도 '문화외교'라는 말로 이루어졌음을 알 수 있다. 따라서 '독립적인' 문화외교 활동은 미국보다 독일에서 더 강조되었다고 할 수는 있지만, 문화외교 활동 자체가 미국보다 독일에서 더 강조되었다고 보기는 어렵다.

② (○) 2문단과 3문단에 따르면, 독일은 공화국의 이름을 '바이마르'라는 괴테의 도시 명을 붙여 괴테 정신이 독일 문화의 상징임을 드러내었고, 독일문화외교의 주력 기관인 '독일문화원'의 정식 명칭을 '괴테 인스티투트'라고 붙임으로써 괴테 정신을 드러내었다.

③ (×) 2문단, 독일의 문화외교활동은 나치 정권에 의해 선전 조직으로 이용되었지만, 그 전인 1차 세계대전 직후에 독일제국은 '바이마르'라는 이름의 공화국으로 독립적이고 자율적인 문화외교 실현에 힘을 쏟았다. 따라서 독일의 문화외교활동이 정권에 의해 선전도구로 활용된 것은 1차 세계대전 직후가 아니라 나치 정권 시기라고 볼 수 있다.

④ (×) 1문단, 전후 독일에서 문화외교를 주도했던 독립적인 중개단체들은 법적으로나 인적으로는 활동의 독립성과 자율성을 보장받았지만, 재정은 연방정부의 재정으로 운영되었다.

⑤ (×) 3문단, 독일 아카데미는 미 군정에 의해 해체되고 이후 독일문화원이 탄생했지만, 이 두 기관이 물적 유산이나 인적 구성에서 연속성이 없는 것은 아니었음을 알 수 있다. 따라서 연속성이 전혀 없었다는 것은 알 수 없는 내용이다.

25. 정답 ②

① (○) 1문단, 한반도 내에 하늘솟과에 속하는 곤충은 356종인데, 하늘솟과에 속하는 장수하늘소 속은 전 세계적으로 23종이 있다. 이 23종이 모두 한반도에 있다고 한다면, 나머지 333종은 장수하늘소 속이 아니다. 따라서 장수하늘소 속에 속하지 않는 하늘솟과 곤충은 적어도 333종 이상임을 알 수 있다.

② (×) 2문단의 내용을 보면, 미끈이하늘소는 장수하늘소가 서식하는 지역 이외에서도 서식한다는 것을 알 수 있지만, 장수하늘소가 서식하는 지역에서도 서식하지 않는다는 것은 알 수 없는 내용이다. 2문단의 내용은 단지 장수하늘소가 서식하지 않는 지역에서는 사람들이 미끈이하늘소를 장수하늘소로 오해하기 쉽다는 내용이다.

③ (○) 2문단, 장수하늘소는 1968년에 천연기념물로 지정되었으나, 그 이전인 1962년에 춘천의 장수하늘소 발생지가 천연기념물로 지정된 바 있다. 따라서 알 수 있는 내용이다.

④ (○) 3문단, 자원관의 연구는 알부터 애벌레, 번데기 과정을 거쳐 성충까지 이어진 것이며, 마지막 문장을 통해서도 생태단계별 이미지 및 동영상 자료를 확보했다는 사실을 알 수 있다.

⑤ (○) 3문단, 첫 번째 문장을 통해 먹이식물에 관한 단편적인 정보는 국립생물자원관이 연구를 시작하기 전에도 알려져 있다는 것을 알 수 있다.

26. 정답 ①

ㄱ. (×) 1·2문단, 레딩대에서 실시한 튜링테스트는 기본적으로 앨런 튜링이 제안한 논리에 기반을 둔 것이기는 하다. 그러나 1문단 마지막에서 앨런 튜링은 구체적인 실험 방법을 언급하지 않았다는 것을 알 수 있으므로, 앨런 튜링이 제안한 실험 방법 자체가 없었다고 할 수 있다. 그러므로 존재하지 않는 실험 방법에 부합한다는 것은 틀린 내용이 된다.

ㄴ. (○) 4문단, 레이 커즈와일은 13세 우크라이나 소년이라는 설정 자체와 5분이라는 짧은 시간을 지적하였다. 이러한 실험 방법의 한계로 인해 실험결과를 인정하지 않은 것이므로, 심판의 수가 더 늘어난다고 하더라도 해당 실험의 결과를 인정하지는 않을 것이다.

ㄷ. (×) 3문단, 유진 구스트만의 튜링테스트에서 개발진들은 '유진' 즉, 컴퓨터 프로그램이 우크라이나 소년인 척하도록 했다. 반면 컴퓨터가 아닌 사람에 대해서는 제시문에서 구체적인 정보를 제시하지 않고 있다. 따라서 심판은 우크라이나 소년인 척하는 프로그램과 채팅을 한 것이고, 실제 사람이 우크라이나 소년인지는 알 수 없다.

27. 정답 ③

ㄱ. (○) 2문단, 첫 번째 실험에서 4세 무렵까지의 아동들은 막시의 입장이 아닌 자신들의 입장에 따라 새로운 장소에서 초콜릿을 찾는다고 보았다. 이는 아동들 자신이 알고 있는 내용에 기반을 두어 판단한 것으로, 자신이 직접 초콜릿을 옮기더라도 달라지지 않을 것이다. 즉 아동이 직접 초콜릿을 옮기는 경우에도 4세 무렵까지의 아동들은 여전히 막시가 새로운 장소에서 초콜릿을 찾을 것으로 볼 것이다. 반면, 더 나이가 있는 아동들은 막시의 입장을 고려하여 원래의 장소에서 초콜릿을 찾는다고 보았으므로, 본인들이 직접 초콜릿을 옮기더라도 여전히 막시는 원래의 장소에서 초콜릿을 찾는다고 볼 것이다. 따라서 결과는 동일하다.

ㄴ. (×) 2문단, 두 번째 실험에서 샐리는 구슬을 옮긴 것을 모르고 안네는 구슬을 옮긴 것을 안다. 따라서 4세 무렵까지의 아동들은 여전히 자신들의 입장에서 응답하므로 새로운 장소에서 찾을 것이라고 하겠지만, 더 나이가 있는 아동들은 타인의 입장을 이해할 수 있다는 점에서 샐리의 경우에는 원래의 장소에서, 안네의 경우에는 새로운 장소에서 찾을 것이라고 응답할 것이다. 따라서 설령 연령에 따른 '실험의 결과'는 동일하다고 볼 수 있지만, '응답의 결과'는 달라진다고 보아야 한다.

ㄷ. (○) 1·3문단, 마음이론은 타인의 생각이나 감정 등의 다양한 영역에 대한 공감을 의미하는데, 3문단에 따르면 마음이론이 북미나 유럽 등 다양한 문화와 지역에서도 유사한 형태로 나타나는 보편적인 현상임을 알 수 있다. 따라서 옳은 선지이다.

28. 정답 ③

ㄱ. (○) 1문단에서 유럽연방으로의 전환에 대한 인식이 ㉠과 ㉡에서 잘 나타난다고 하며, 2문단에서 벤토테네 선언은 유럽의 신질서를 목적으로 하며 그 신질서는 유럽연방을 의미함을 알 수 있다. 또한, 3문단에서 슈만 선언 역시 유럽연방이라는 최종 목적을 성취하고자 한다는 것을 알 수 있다.

ㄴ. (○) 4문단에 따르면 신기능주의의 시각은 초국적 연대성을 강조한다. 그런데 2문단에 따르면 벤토테네 선언은 초국적 연대성에 대한 강한 인식하고 있음을 알 수 있다. 또한, 연대성의 가치가 강하게 공유되어야 연대성이 확산될 수 있다는 점에서 연대성 형성의 메커니즘을 기능적 확산으로 보고 있다고 할 수 있다.

ㄷ. (×) 4문단에 따르면 정부간주의의 시각은 국가적 수준의 연대성이 갖는 정치적 중요성을 강조하며 연대성 형성의 메커니즘으로 정부 간 협상을 강조한다. 그런데 3문단에 따르면 슈만 선언은 정부 간 협력을 통해 연대성을 형성하는 것을 강조하고 있지만, 동시에 석탄과 철강생산의 주권을 공유하는 것도 강조하고 있다. 따라서 슈만 선언이 기능적 민족주의의 시각에서 보고 있지 않다는 것은 단정할 수 없는 내용이다.

29. 정답 ②

① (×) 2문단, 제시문에서 근대사법으로서 응보적 사법 패러다임의 한계를 지적하며 치료적 사법을 통한 보완을 제시하고 있지만, 이것이 근대사법보다 치료적 사법을 강조해야 한다는 의미는 아니다. 1문단 마지막에서 현대의 행정사법은 세 가지 사법의 형태가 공존하고 있음을, 2문단 마지막에서도 치료적 사법 이념이 '보완'으로 제시된 것임을 밝히고 있다.

② (○) 2문단, 제시문은 전통적인 응보적 사법 패러다임에서는 법의 치료적 기능을 충분히 수행하지 못한다는 점에서, 치료적 사법 이념을 통한 보완을 제시하고 있다. 따라서 치료적 사법 패러다임을 통해 그 한계를 극복할 수 있다는 것을 핵심 논지로 보는 것이 적절하다.

③ (×) 4문단, 절차적 정의가 보장되는 경우에 가해자에 대한 제재도 성공적으로 이루어질 수 있음을 알 수 있지만, 제시문은 가해자에 대한 제재보다는 피고인의 치료와 피해자의 치유라는 치료적 사법에 초점을 두고 있다.

④ (×) 치료적 사법이 피해자의 치유를 강조하고 있으며, 이를 위해서는 문제해결법원 등 법원의 지속적인 노력이 필요한 것은 사실이다. 그러나 법원의 지속적인 노력에만 초점을 맞추고 있지는 않으며, 더욱 포괄적인 관점에서 치료적 사법 이념이라는 패러다임의 변화가 필요하다는 것이 핵심이다.

⑤ (×) 문제해결법원이 가해자와 피해자의 의견을 충분히 들어야 한다는 것은 맞는 내용이지만, 4번과 마찬가지로 지엽적인 논의에 불과하다. 제시문의 핵심 논지는 포괄적인 관점에서 치료적 사법 패러다임에 있다고 보는 것이 적절하다.

30. 정답 ④

㉠ 빈칸 앞의 내용을 보면 장르별 연구가 개별 연구에만 그쳐서는 안 되고 통합적, 종합적 연구가 필요하다는 내용이 제시되고 있다. 디지털 매체가 문화콘텐츠 연구에서 중요한 핵심적인 축이 되는 것은 맞지만, 빈칸에서는 디지털 매체를 활용한 연구에 그치지 않고, 그러한 연구들이 하나로 종합되고 수렴된다는 내용이 들어가는 것이 더 적절하다.

㉡ 빈칸 앞뒤의 내용을 토대로 볼 때, 문화콘텐츠와 디지털콘텐츠는 서로 양립 불가능한 표현이 아니라 동일한 것을 서로 다른 측면에서 다루고 있는 용어라고 볼 수 있다. 따라서 빈칸에서는 디지털콘텐츠와 문화콘텐츠가 명확하게 구분되는 것이 아니라, 서로 동일한 것으로 보아도 무방하다는 표현이 더 적절하다. 한편, 명확하게 구분되는 것이 아닐뿐더러, 둘 중 어느 것이 더 중요하거나 초점을 맞춰야 한다고 보기도 어렵다.

31. 정답 ①

ㄱ. (×) 문제에서 예금의 이자가 음(-)이라는 것은 확정된 사실이 아니다. A의 두 번째 말에 따르면 음(-)의 이자로 인해 통장잔고가 줄어들 수는 있지만, 현재 알고 있는 것은 결론인 통장잔고가 줄어들었다는 사실 뿐이다. 따라서 역의 논리가 성립하는지는 알 수 없다. 결국 B의 두 번째 말처럼 출금가능성이 남아있기 때문에 예금의 이자도 양(+)일 수 있다.

ㄴ. (×) 마찬가지로 A의 첫 번째 말에서 알 수 있는 것은 양(+)의 이자를 받을 경우에 통장잔고가 늘어날 수 있다는 것이다. 적금의 이자가 양(+)이라 하더라도 ㄴ의 선지가 반드시 참이 되기 위해서는 역의 논리가 성립해야 한다. 그러나 역의 논리가 성립한다고 볼 근거가 없다. 또한, 앞서 살펴보았듯이 예금의 이자도 양(+)일 수 있다. 따라서 통장잔고가 늘어났다고 하더라도 반드시 적금에 가입한 것은 아니다.

ㄷ. (×) A의 첫 번째 말처럼 양(+)의 이자가 많아진다면 통장잔고는 더 많아진다고 할 수 있다. 그러나 A의 두 번째 말처럼 음(-)의 이자의 경우에는 이자가 많은 것보다 적은 것이 더 유리하다. 즉, 음(-)의 이자는 많을수록 통장잔고가 더 줄어든다고 볼 수 있다.

32. 정답 ①

중복된 내용을 고려하여 B가 4등인지 여부로 경우의 수를 나누어보면,

1) B가 4등이라면

사무관	A	B	C	D	E	F
앞 진술	거짓	참	거짓			거짓
뒷 진술	참	거짓	참			참
등수		4				

우선적으로 확정되는 내용은 위와 같다. 그런데 C의 뒷 진술에 따라 D는 2등이 되고, 이 경우 D의 앞 진술은 거짓이 되므로, 뒷 진술은 참이 되어 E는 6등이다. 다시 E의 앞 진술은 거짓이 되고 뒷 진술은 참이 되어 C는 5등이다. 즉 다음과 같다.

사무관	A	B	C	D	E	F
앞 진술	거짓	참	거짓	거짓	거짓	거짓
뒷 진술	참	거짓	참	참	참	참
등수		4	5	2	6	

남은 등수는 1등과 3등이지만, B의 두 번째 진술에 따라 F는 3등이 될 수 없으므로 A가 3등이 되고 F는 1등이 된다.

사무관	A	B	C	D	E	F
앞 진술	거짓	참	거짓	거짓	거짓	거짓
뒷 진술	참	거짓	참	참	참	참
등수	3	4	5	2	6	1

2) B가 4등이 아니라면

사무관	A	B	C	D	E	F
앞 진술		거짓				거짓
뒷 진술		참				참
등수						3

B가 4등이 아니라면 B의 앞 진술은 거짓이 되어 뒷 진술이 참이 되고 F는 3등이어야 한다. 그런데, F의 뒷 진술도 거짓인 되는 상황에서 B의 뒷 진술과 F의 첫 진술이 모순이 생기게 된다.

따라서 1)의 경우만이 가능하며, F-D-A-B-C-E 순이다. F, D, A가 승진을 한다.

33. 정답 ②

주어진 정보를 표로 정리하면, A가 D를 만나지 않았는데 D는 변호사를 만났으므로 A는 변호사가 되지 못한다.

	A	B	C	D
회계사	×			×
세무사		×		
변호사	×	×		×
변리사				

이 상황에서, 경우의 수가 작은 B를 기준으로 보면 B가 변리사라면 A와 D는 세무사가 되어야 하지만, 둘이 직업이 겹치기 때문에 모순이 발생한다. 따라서 B는 회계사가 된다.

1) A가 세무사라면, D는 변리사가 되고 C는 변호사가 된다. 이 경우 A는 회계사인 B를 만나고, B는 세무사인 A와 변호사인 C를 만났으며 C는 회계사인 B를 만났다. 마지막으로 D는 변호사인 C를 만났으므로 모순이 발생하지 않는다.

2) A가 변리사라면, D는 세무사가 된다. 마찬가지로 C는 변호사가 되는데, 세무사인 D는 변호사인 C를 만나야 하지만, C는 세무사를 만나면 안 된다. 따라서 모순이 발생한다.

결국, A는 세무사, B는 회계사, C는 변호사, D는 변리사가 되어야 한다. 따라서 ②가 참이 된다.

34. 정답 ④

a : 반도체 산업이 활성화된다

b : 경제가 성장한다

c : 일자리가 많아진다

d : 통화량이 증가한다.

e : 카드사용량이 늘어난다.

----

a -> b or c

c and d -> b

b -> e

d -> ~e

(한국) ~c or ~a

① (×) e-> b // 제시된 내용만으로 알 수 있는 것은 e -> ~d 라는 것뿐이다. ~d가 b로 이어지는 연결고리가 없으므로 e -> ~b가 가능하다. 항상 참이 되지 않는다.

② (×) b and d // 3번째, 4번째 조건에서 알 수 있는 것은 b -> e -> ~d 또는 d -> ~e -> ~b 이다. 따라서 b와 d가 동시에 성립할 수는 없다.

③ (×) (한국) c->d // 한국에서 c이면 5번째 조건에 따라 ~a도 성립한다. 그러나 c->~d 의 경우가 배제되지는 않는다.

④ (○) (한국) d->~c // 4번째 조건에 따라 d-> ~e -> ~b이고, 2번째 조건에 따라 ~b -> ~c or ~d 가 된다. 그런데 d 인 경우에는 ~c가 성립한다. 즉 d-> ~e -> ~b -> ~c 가 성립하는 것이다. 따라서 반드시 참이 된다.

⑤ (×) a -> e // 1번째 조건에서 a->b 이면 참이 되지만, a->c이면 참이 되지 않는다. 다만 한국의 경우에는 a 인 경우 ~c가 동시에 성립하지만, 선지는 (한국)이 아닌 일반적인 경우를 제시하고 있으므로 항상 참이라고 볼 수 없다.

국가공무원 5급 공개경쟁채용 및 외교관후보자 선발 제1차시험 답안지 (3교시)

컴퓨터용 흑색사인펜만 사용

책형

【필적감정용 기재】
*아래 예시문을 옮겨 적으시오
본인은 OOO(응시자성명)임을 확인함

기 재 란

성 명	
자필성명	본인 성명 기재
응시직렬	
시험장소	
감 독 관 확 인 란	

응 시 직 렬

- ○ 일반행정
- ○ 재경직
- ○ 국제통상
- ○ 법무행정
- ○ 교육행정
- ○ 인사조직
- ○ 사회복지
- ○ 검찰직
- ○ 기술직
- ○ 외교관후보
- ○ 법원행정
- ○ 지역인재

응 시 번 호							
⓪	⓪	⓪	⓪	⓪	⓪	⓪	⓪
①	①	①	①	①	①	①	①
②	②	②	②	②	②	②	②
③	③	③	③	③	③	③	③
④	④	④	④	④	④	④	④
⑤	⑤	⑤	⑤	⑤	⑤	⑤	⑤
⑥	⑥	⑥	⑥	⑥	⑥	⑥	⑥
⑦	⑦	⑦	⑦	⑦	⑦	⑦	⑦
⑧	⑧	⑧	⑧	⑧	⑧	⑧	⑧
⑨	⑨	⑨	⑨	⑨	⑨	⑨	⑨

생 년 월 일					
년		월		일	
⓪	⓪	⓪	⓪	⓪	⓪
①	①	①	①	①	①
②	②		②	②	②
③	③		③	③	③
④	④		④		④
⑤	⑤		⑤		⑤
⑥	⑥		⑥		⑥
⑦	⑦		⑦		⑦
⑧	⑧		⑧		⑧
⑨	⑨		⑨		⑨

성적확인용 비밀번호			
⓪	⓪	⓪	⓪
①	①	①	①
②	②	②	②
③	③	③	③
④	④	④	④
⑤	⑤	⑤	⑤
⑥	⑥	⑥	⑥
⑦	⑦	⑦	⑦
⑧	⑧	⑧	⑧
⑨	⑨	⑨	⑨

상황판단 영역 (1 ~ 10번)

1	①	②	③	④	⑤
2	①	②	③	④	⑤
3	①	②	③	④	⑤
4	①	②	③	④	⑤
5	①	②	③	④	⑤
6	①	②	③	④	⑤
7	①	②	③	④	⑤
8	①	②	③	④	⑤
9	①	②	③	④	⑤
10	①	②	③	④	⑤

상황판단 영역 (11 ~ 20번)

11	①	②	③	④	⑤
12	①	②	③	④	⑤
13	①	②	③	④	⑤
14	①	②	③	④	⑤
15	①	②	③	④	⑤
16	①	②	③	④	⑤
17	①	②	③	④	⑤
18	①	②	③	④	⑤
19	①	②	③	④	⑤
20	①	②	③	④	⑤

상황판단 영역 (21 ~ 30번)

21	①	②	③	④	⑤
22	①	②	③	④	⑤
23	①	②	③	④	⑤
24	①	②	③	④	⑤
25	①	②	③	④	⑤
26	①	②	③	④	⑤
27	①	②	③	④	⑤
28	①	②	③	④	⑤
29	①	②	③	④	⑤
30	①	②	③	④	⑤

상황판단 영역 (31 ~ 40번)

31	①	②	③	④	⑤
32	①	②	③	④	⑤
33	①	②	③	④	⑤
34	①	②	③	④	⑤
35	①	②	③	④	⑤
36	①	②	③	④	⑤
37	①	②	③	④	⑤
38	①	②	③	④	⑤
39	①	②	③	④	⑤
40	①	②	③	④	⑤

국가공무원 5급 공개경쟁채용 및 외교관후보자 선발 제1차시험 답안지 (2교시)

컴퓨터용 흑색사인펜만 사용

책형

【필적감정용 기재】
*아래 예시문을 옮겨 적으시오
본인은 ○○○(응시자성명)임을 확인함

기 재 란

성 명	
자필성명	본인 성명 기재
응시직렬	
시험장소	
감 독 관 확 인 란	

응 시 직 렬

- ○ 일반행정
- ○ 재경직
- ○ 국제통상
- ○ 법무행정
- ○ 교육행정
- ○ 인사조직
- ○ 사회복지
- ○ 검찰직
- ○ 기술직
- ○ 외교관후보
- ○ 법원행정
- ○ 지역인재

응 시 번 호

⓪	⓪	⓪	⓪	⓪	⓪	⓪	⓪
①	①	①	①	①	①	①	①
②	②	②	②	②	②	②	②
③	③	③	③	③	③	③	③
④	④	④	④	④	④	④	④
⑤	⑤	⑤	⑤	⑤	⑤	⑤	⑤
⑥	⑥	⑥	⑥	⑥	⑥	⑥	⑥
⑦	⑦	⑦	⑦	⑦	⑦	⑦	⑦
⑧	⑧	⑧	⑧	⑧	⑧	⑧	⑧
⑨	⑨	⑨	⑨	⑨	⑨	⑨	⑨

생 년 월 일

년		월		일	
⓪	⓪	⓪	⓪	⓪	⓪
①	①	①	①	①	①
②	②		②	②	②
③	③		③	③	③
④	④		④		④
⑤	⑤		⑤		⑤
⑥	⑥		⑥		⑥
⑦	⑦		⑦		⑦
⑧	⑧		⑧		⑧
⑨	⑨		⑨		⑨

성적확인용 비밀번호

⓪	⓪	⓪	⓪
①	①	①	①
②	②	②	②
③	③	③	③
④	④	④	④
⑤	⑤	⑤	⑤
⑥	⑥	⑥	⑥
⑦	⑦	⑦	⑦
⑧	⑧	⑧	⑧
⑨	⑨	⑨	⑨

자료해석 영역 (1 ~ 10번)

1	①	②	③	④	⑤
2	①	②	③	④	⑤
3	①	②	③	④	⑤
4	①	②	③	④	⑤
5	①	②	③	④	⑤
6	①	②	③	④	⑤
7	①	②	③	④	⑤
8	①	②	③	④	⑤
9	①	②	③	④	⑤
10	①	②	③	④	⑤

자료해석 영역 (11 ~ 20번)

11	①	②	③	④	⑤
12	①	②	③	④	⑤
13	①	②	③	④	⑤
14	①	②	③	④	⑤
15	①	②	③	④	⑤
16	①	②	③	④	⑤
17	①	②	③	④	⑤
18	①	②	③	④	⑤
19	①	②	③	④	⑤
20	①	②	③	④	⑤

자료해석 영역 (21 ~ 30번)

21	①	②	③	④	⑤
22	①	②	③	④	⑤
23	①	②	③	④	⑤
24	①	②	③	④	⑤
25	①	②	③	④	⑤
26	①	②	③	④	⑤
27	①	②	③	④	⑤
28	①	②	③	④	⑤
29	①	②	③	④	⑤
30	①	②	③	④	⑤

자료해석 영역 (31 ~ 40번)

31	①	②	③	④	⑤
32	①	②	③	④	⑤
33	①	②	③	④	⑤
34	①	②	③	④	⑤
35	①	②	③	④	⑤
36	①	②	③	④	⑤
37	①	②	③	④	⑤
38	①	②	③	④	⑤
39	①	②	③	④	⑤
40	①	②	③	④	⑤

주관 : (주) 법률저널 http://www.lec.co.kr

국가공무원 5급 공개경쟁채용 및 외교관후보자 선발 제1차시험 답안지 (1교시)

컴퓨터용 흑색사인펜만 사용	
성 명	(자필기재)
응시직렬	(자필기재)
성 별	○ 남 ○ 여
학력현황	○ 대학재학 ○ 대학졸업
2차시험 응시경험	○ 있다 ○ 없다
감 독 관 확 인 란	

공인영어종류
○ TOEFL
○ TOEIC
○ TEPS
○ G-TELP
○ FLEX

계열구분 (전공)
○ 공학
○ 농학
○ 법학
○ 사범
○ 사회
○ 상경
○ 약학
○ 예체능
○ 의학
○ 인문
○ 자연
○ 기타

응 시 직 렬
○ 일반행정
○ 재경직
○ 국제통상
○ 법무행정
○ 교육행정
○ 인사조직
○ 사회복지
○ 검찰직
○ 기술직
○ 외교관후보
○ 법원행정
○ 지역인재

응 시 번 호							
⓪	⓪	⓪	⓪	⓪	⓪	⓪	⓪
①	①	①	①	①	①	①	①
②	②	②	②	②	②	②	②
③	③	③	③	③	③	③	③
④	④	④	④	④	④	④	④
⑤	⑤	⑤	⑤	⑤	⑤	⑤	⑤
⑥	⑥	⑥	⑥	⑥	⑥	⑥	⑥
⑦	⑦	⑦	⑦	⑦	⑦	⑦	⑦
⑧	⑧	⑧	⑧	⑧	⑧	⑧	⑧
⑨	⑨	⑨	⑨	⑨	⑨	⑨	⑨

생 년 월 일					
년		월		일	
⓪	⓪	⓪	⓪	⓪	⓪
①	①	①	①	①	①
②	②		②	②	②
③	③		③	③	③
④	④		④		④
⑤	⑤		⑤		⑤
⑥	⑥		⑥		⑥
⑦	⑦		⑦		⑦
⑧	⑧		⑧		⑧
⑨	⑨		⑨		⑨

성적확인용 비밀번호			
⓪	⓪	⓪	⓪
①	①	①	①
②	②	②	②
③	③	③	③
④	④	④	④
⑤	⑤	⑤	⑤
⑥	⑥	⑥	⑥
⑦	⑦	⑦	⑦
⑧	⑧	⑧	⑧
⑨	⑨	⑨	⑨

헌 법 (1~10번)				
1	①	②	③	④
2	①	②	③	④
3	①	②	③	④
4	①	②	③	④
5	①	②	③	④
6	①	②	③	④
7	①	②	③	④
8	①	②	③	④
9	①	②	③	④
10	①	②	③	④

헌 법 (11~20번)				
11	①	②	③	④
12	①	②	③	④
13	①	②	③	④
14	①	②	③	④
15	①	②	③	④
16	①	②	③	④
17	①	②	③	④
18	①	②	③	④
19	①	②	③	④
20	①	②	③	④

헌 법 (21~25번)				
21	①	②	③	④
22	①	②	③	④
23	①	②	③	④
24	①	②	③	④
25	①	②	③	④

언어논리영역 (1~10번)					
1	①	②	③	④	⑤
2	①	②	③	④	⑤
3	①	②	③	④	⑤
4	①	②	③	④	⑤
5	①	②	③	④	⑤
6	①	②	③	④	⑤
7	①	②	③	④	⑤
8	①	②	③	④	⑤
9	①	②	③	④	⑤
10	①	②	③	④	⑤

언어논리영역 (11~20번)					
11	①	②	③	④	⑤
12	①	②	③	④	⑤
13	①	②	③	④	⑤
14	①	②	③	④	⑤
15	①	②	③	④	⑤
16	①	②	③	④	⑤
17	①	②	③	④	⑤
18	①	②	③	④	⑤
19	①	②	③	④	⑤
20	①	②	③	④	⑤

언어논리영역 (21~30번)					
21	①	②	③	④	⑤
22	①	②	③	④	⑤
23	①	②	③	④	⑤
24	①	②	③	④	⑤
25	①	②	③	④	⑤
26	①	②	③	④	⑤
27	①	②	③	④	⑤
28	①	②	③	④	⑤
29	①	②	③	④	⑤
30	①	②	③	④	⑤

언어논리영역 (31~40번)					
31	①	②	③	④	⑤
32	①	②	③	④	⑤
33	①	②	③	④	⑤
34	①	②	③	④	⑤
35	①	②	③	④	⑤
36	①	②	③	④	⑤
37	①	②	③	④	⑤
38	①	②	③	④	⑤
39	①	②	③	④	⑤
40	①	②	③	④	⑤

35. 정답 ⑤

ㄱ. (×) 기업이 높은 가격을 제시한다면, ㉠은 기업이 낮은 가격을 제시하도록 구매하지 않을 것이고 ㉡도 불친절함으로 인식하여 구매하지 않을 수 있다. 따라서 기업은 각 소비자에게 합리적인 가격을 제시해야 하는데, ㉠과 ㉡ 중 누구에게 더 합리적인 가격을 제시하는지는 별도의 언급이 없으므로 알 수 없다.

ㄴ. (×) ㉡은 친절함(합리적 가격)을 느끼면 친절함(구매)으로 대응한다. 반면 ㉠은 자신의 물질적인 효용을 기준으로, 구매를 통해 물질적 효용이 높아지면 구매를 하게 된다. 따라서 ㉠과 ㉡은 서로 기준이 다르기 때문에 비교하기 어렵다. 즉, ㉠은 물질적 효용만을 고려하여 높은 가격보다 낮은 가격에서의 물질적 효용이 큰 정도에 따라, 높은 가격에는 구매하지 않는 상호주의 전략을 사용한다고 하더라도, ㉡은 높은 가격이라도 이를 불친절함으로 느끼지 않는다면 친절함(구매)으로 대응하는 것이 상호주의적 효용이 더 높다. 따라서 ㉠이 구매하지 않는 경우에도 ㉡은 구매할 수 있다.

ㄷ. (×) 너무 높은 가격으로서 불공정한 보수를 기준으로 친절함과 불친절함을 구분하는 것은 ㉡이다. ㉠의 경우는 자신의 효용을 기준으로 상호주의 전략을 취할 뿐, 기업의 행태를 불친절함으로 인식하지는 않는다.

36. 정답 ⑤

ㄱ. (×) 2문단에서 공간 능력이 낮은 여학생의 경우 밤과 낮이 지구 자전 때문에 나타나는 현상이라는 것을 알고 바르게 설명하였음을 알 수 있다.

ㄴ. (×) 4문단, 첫째 문장에 따르면 성에 따른 지구 자전에 관한 개념 이해의 차이는 크지 않았지만, 공간 능력이 낮은 남학생의 경우 지구 자전 방향을 잘못 알고 있었으며, 자전과 공전조차 구별하지 못하고 있음을 알 수 있다. 즉 남학생 중에서 공간 능력에 따라 이해의 정도가 다르므로 모든 학생이 비슷한 개념 이해의 정도를 보였다고 할 수는 없다.

ㄷ. (×) 1문단에 따르면 선정된 4명의 학생은 애초부터 공간운동 개념 획득의 정도가 비슷한 학생들이다. 공간 능력과 개념의 이해 정도와 구분하여, 개념 획득의 정도는 비슷하다고 보아야 할 것이다.

37. 정답 ④

ㄱ. (×) 1문단에 따르면 인정 투쟁의 동기는 인정이 없는 무시가 된다. 그런데 2문단에 따르면 인정은 세 가지 형태로 구분된다. 인정이 없는 무시란 것은 모든 인정의 무시를 의미할 수도 있지만, 인정의 세 가지 형태 중 하나만 무시되는 경우도 의미할 수 있다. 후자의 경우를 배제할 수 없는 한, 세 가지 형태를 모두 갖춘 경우에만 인정 투쟁이 이루어진다는 것은 추론할 수 없는 내용이다.

ㄴ. (○) 2문단에 따르면 인정은 권리의 형태로서도 나타난다. 적법한 권리주체로 인정되지 않는 것은 권리를 무시당하는 것으로, 결국 인정받지 못하는 것을 의미한다. 1문단에 따르면 인정의 무시와 철회는 개인의 존엄성을 무너뜨린다고 했으므로, 개인의 존엄성을 부정하는 것이라고 볼 수 있다.

ㄷ. (○) 4문단, 신자유주의에 따르면 인정을 받지 못하는 것은 권력질서에 대한 사회적 투쟁이 되지 못하고 개인의 심리 수준에 불과하다. 따라서 집단 차원의 저항으로 확장되지 못하고, 인정의 정치적 투쟁이 온전히 발휘되기 어렵다고 보고 있다.

38. 정답 ⑤

① (×) 1문단, 마지막 문장에서 성과를 향상할 수 있는 혁신적 제도를 도입하고자 한다는 점에서, 현재 조직의 성과가 낮은 경우 이를 향상하기 위해 혁신을 도입할 수 있다. 따라서 혁신의 도입은 조직 성과의 정도에 따라 영향을 받을 것이다.

② (×) 2문단, 기업은 비용삭감 압력에 처해있고 비정규직 해고와 같은 혁신적 방법을 모색한다는 점에서, 재무적 위험을 근로자들에게 전가하는 방안을 모색한다고 보는 것이 타당하다.

③ (×) 2문단, 재무위험을 분산하기 위해서는 근로자 해고 등을 통해 근로자에게 전가하는 방안이 모색된다. 따라서 해고가 어려운 정규직보다는 비정규직의 추가적 고용으로 나타난다고 보는 것이 타당하다.

④ (×) 3문단, 제한된 합리성에 따른 행동 모형이라는 점에서, 경영자가 인지적 한계로 인해 상황적 조건을 모두 고려하는 것이 어렵다고 보는 것이 타당하다.

⑤ (○) 4문단, 뒷부분의 내용을 보면 젊은 사용자들은 혁신을 추구하고 나이가 많은 사용자들은 혁신에 반대할 가능성이 크다. 따라서 나이가 많아질수록 혁신적 행동은 줄어든다고 보는 것이 타당하므로, 혁신적 행동과 나이는 음(-)의 관계를 맺는다고 보아야 한다.

39. 정답 ①

① (×) 1·4문단, 칸트는 사물의 영역과 현상의 영역을 구분 짓고 있으며 이는 4문단에서 니체의 비판을 통해서도 알 수 있다. 그러나 1문단에 따르면 중요한 것은 사물 자체의 영역은 인식과 관계없이 존재하여 인식할 수 없는 영역이라는 것이다. 따라서 이를 인식할 수 있다고 보는 것은 칸트의 주장에 반하는 것으로 강화한다고 보기 어렵다.

② (○) 2문단, 칸트에 따르면 대상의 대상성은 인간의 이성을 통해 보증되는데, 이성은 인간의 능력이라고 볼 수 있으므로, 결국 칸트의 주장과 동일한 내용이다.

③ (○) 2문단, 칸트는 대상들의 성질이 인간의 인식 능력에 따라 규정되어야 한다고 보았다. 따라서 인식을 통해서 사물의 본성을 규정할 수 있다는 것은 칸트의 주장을 강화한다.

④ (○) 2문단, 칸트는 인간의 경험이 대상성과 관련하여 참된 보편성을 가지고 있다고 보았다. 따라서 경험을 통해 대상의 보편성을 확보할 수 있다는 것은 칸트의 주장을 강화한다.

⑤ (○) 1문단, 칸트는 인간의 앎이 사물 자체보다는 현상의 영역으로 제한되어야 한다고 지적하면서, 이성의 월권을 단호히 거부하고 있다. 따라서 인간의 이성이 경험적 영역에 국한되어야 한다는 것은 칸트의 주장을 강화한다.

40. 정답 ⑤

ㄱ. (×) 1문단에서 전통형이상학은 무제약적인 것에 대한 앎을 정초하고자 했다는 점에서, 앎의 범위가 가장 넓음을 알 수 있다. 또한, 1문단 마지막에서 칸트가 이성의 월권을 거부하고, 인간의 앎은 경험적 질료로부터 비롯되는 형상의 영역으로 제한되어야 한다는 점에서 전통형이상학보다는 앎의 범위가 좁음을 알 수 있다. 마지막으로 4문단에서 니체는 칸트가 주장하는 경험적 질료로부터 비롯된 경험의 보편타당성 역시도 인간에게 주어질 수 없는 앎이라고 주장한다는 점에서 그 범위는 더 좁아짐을 알 수 있다. 따라서 니체, 칸트, 전통형이상학 순으로 점점 넓어진다고 추론할 수 있다. 또한, 니체의 범위는 명확하게 알기 어렵다는 점에서도 추론하기 어렵다.

ㄴ. (×) 2문단의 내용을 통해 버클리는 신에 의해 대상의 존재를 보증받았음을 알 수 있다. 그러나 그다음 문장의 '이전의 철학들'이 전통형이상학을 의미한다고 보더라도, 전통형이상학이 대상의 대상성을 보증받는 방법이 절대적인 존재에 의존하기 때문인지 아니면, 대상이 실체로서 존재하기 때문인지 알 수는 없다. 따라서 전통형이상학이 절대적인 존재에 의존하여 대상의 대상성을 보증받았다는 것은 한정된 정보로 인해 추론할 수 없는 내용이다.

ㄷ. (×) 니체는 칸트와 마찬가지로 전통형이상학을 비판하고 있지만, 사물과 현상에 대한 구분법을 수용하지 않는다는 점에서, 1문단에서 칸트가 인간의 앎을 사물의 영역이 아닌 현상의 영역으로 제한되어야 한다고 전통형이상학을 비판하는 것을 수용하지는 않을 것이다.

2025년도 국가공무원 5급 공채·외교관후보자 제1차시험·지역인재 7급·법원행시 대비

자 료 해 석

제7회

정답 및 해설

PSAT 자료해석 정답

1	2	3	4	5
⑤	④	②	③	④
6	7	8	9	10
②	④	①	④	⑤
11	12	13	14	15
③	③	①	④	⑤
16	17	18	19	20
⑤	①	③	①	④
21	22	23	24	25
③	②	④	②	③
26	27	28	29	30
②	④	③	①	⑤
31	32	33	34	35
①	①	⑤	⑤	⑤
36	37	38	39	40
②	③	⑤	②	②

PSAT 자료해석 해설

1. 정답 ⑤

ㄱ. (○) '전체 신규 신용보증기업의 보증공급 후 1년 생존율은 98.7%로 나타났고, 보증공급 후 5년 생존율은 80.4%로 나타났다.'는 부분을 작성하기 위해 추가로 필요하다.

ㄴ. (×) 이미 제시되어 있는 자료이다.

ㄷ. (○) '보증공급후 7년 생존율은 업력 3년 미만의 경우 61.7%, 업력 15년 이상의 경우 84.1%를 나타내'라는 부분을 작성하기 위해 추가로 필요한 자료이다.

ㄹ. (○) '2022년 업력 7~10년 미만 신규 신용보증기업 중 2023년에 생존하고 있는 기업 수는 2022년 업력 5~7년 미만 신규 신용보증기업 중 2023년에 생존하고 있는 기업 수보다 더 크게 나타났다.'는 부분을 작성하기 위해 추가로 필요한 자료이다.

2. 정답 ④

① (×) 전체 외국인주민 자녀수 중 남자 외국인주민 자녀수의 비중은 (8,310 + 144,310) / (17,363 + 282,077) = 152,620 / 299,440 = 0.509이므로 50% 초과이다.

② (×) 세종특별자치시의 국내출생 남자자녀의 수는 842이고, 대구광역시의 귀화 및 외국국적 여자자녀수는 216이므로 4배 미만이다.

③ (×) 귀화 및 외국국적 자녀의 경우 전남은 남자수가 여자수보다 더 많다.

④ (○) 전체 외국인주민 자녀 중 국내출생 자녀의 비중은 282,077 / (282,077+17,363) = 0.942이므로 90% 이상이다.

⑤ (×) 전체 국내출생 자녀수 대비 경기도의 국내출생 자녀수 비율은 75,294 / 282,077 = 0.267이므로 25% 초과이다.

3. 정답 ②

ㄱ. (○) 업체규모 1000인 이상의 업무상질병 발생인원은 광업이 121명이고, 운수·통신업이 115명인데 115×1.1 = 126.5이므로 1.1배 이하이다.

ㄴ. (×) 사업장 규모 '5~9인'의 경우, 광업 업무상질병 발생인원 대비 석탄광업 업무상질병 발생인원 비율은 41 / (41+25) = 0.621이므로 60% 이상이다.

ㄷ. (○) 운수·통신업 사업장규모 중 육상 및 수상운수업의 업무상질병 발생인원 대비 운수관련서비스업의 업무상질병 발생인원 비율은 '1000인 이상'이 100/14 = 7.14로 유일하게 7 이상이므로 가장 크다.

ㄹ. (×) 전체 통신업 업무상질병 발생인원 중 사업장규모 '30~49인' 통신업의 업무상질병 발생인원이 차지하는 비중은 9 / 33 = 0.27로 30% 미만이다.

4. 정답 ③

ㄱ. (○) 2022년 접수건수 대비 배달건수 비율이 가장 큰 우편물 종류는 특수이다. (6.878 / 7.467 = 0.92로 유일하게 90% 이상임) 특수의 총요금수입은 21,717 + 10,719 = 32,436이므로 30,000백만원 이상이다.

ㄴ. (×) 2020년 일반우편물 총요금수입은 10,326 + 53 = 10,379이고, 2020년 특수우편물 총요금수입의 25%는 (29,898 + 9,441) × 0.25 = 9,835이므로 옳지 않다.

ㄷ. (×) 소포우편물 배달건수 대비 일반 우편물 배달건수 비율은 2020년이 15.798 / 2.791 = 5.66이고, 2022년이 14.919 / 2.274 = 6.56이므로 2022년이 가장 크다.

ㄹ. (○) 2021년 국제소포 요금수입은 10,816이고, 2021년 국내일반 요금수입의 1.08배는 9,914 × 1.08 = 10,707이므로 옳다.

5. 정답 ④

ㄱ. (○) 7월부터 12월까지 전체 오피스텔 매매가격 대비 전세가격 평균비율은 매월 0.02%p 이상 증가하였으므로 옳다.

ㄴ. (×) 85m^{2}초과 오피스텔과 40m^{2}이하 오피스텔의 전세가격 대비 월세보증금 평균비율 차이는 7월이 10.74 − 7.44 = 3.3이고, 11월이 10.76 − 7.26 = 3.5이므로 옳지 않다.

ㄷ. (○) 2023년 12월 40m^2 초과 60m^2 이하 오피스텔의 매매가격 대비 월세보증금 평균비율은 81.81%×7.43% = 6.07%이므로 5.5% 이상이다.

ㄹ. (○) 2023년 8월 40m^2 이하 오피스텔의 매매가격 대비 월세보증금 평균비율은 87.47% × 7.47% 이고, 전월은 87.40% × 7.44%이므로 전월대비 증가한 것이 맞다.

Tip) A×B의 형태에서 A와 B 모두 각각 증가하였으므로 8월이 더 크다.

6. 정답 ②

ㄱ. (○) 2023년 10월의 수주총액 대비 민간부문 수주액의 비율은 11,796,801 / (2,739,788+11,511,274) = 0.827이므로 70% 이상이다.

ㄴ. (×) 2023년 10월 토목 수주액 대비 건축 수주액 비율은 민간부문이 10,333,683 / 1,463,118 = 7.06이고, 국내외국기관이 1,750 / 211 = 8.29이므로 옳지 않다.

ㄷ. (○) 2023년 12월 전월대비 토목 수주총액 증가액수는 17,184,585 − 2,727,095 = 14,457,490이고, 전월대비 건축수주총액 증가액수는 16,497,319 − 10,713,832 = 5,783,487이므로 2배 이상이다.

ㄹ. (×) 2023년 12월 민자 건축 수주액의 전월대비 감소율은 (40,106 − 14,738) / 40,106 = 0.632이므로 60% 이상이다.

7. 정답 ④

① (○) 누계투자금액이 가장 큰 권역은 인천이고, 당해연도 투자금액이 가장 큰 권역도 인천이므로 옳다.

② (○) 당해연도에 처음 투자가 이루어진 권역은 당해연도 투자금액과 누계 투자금액이 동일한 지역이다. 이를 찾아보면 광주 1개로 옳다.

③ (○) 누계 평균투자액이 가장 큰 권역은 경기가 약 751로 가장 크다.(다른 권역은 200을 넘지 않음) 경기의 당해연도 투자금액은 297억원으로 1,000억원 이하이다.

④ (×) 누계 투자금액 대비 당해연도 투자금액은 광주가 1로 가장 크고, 울산이 2,623 / 5,797 = 0.45로 두 번째로 큰 권역이다.(나머지 권역은 20%를 넘지 않음) 울산의 사업체 수는 42개이므로 옳지 않다.

⑤ (○) 전체 권역의 사업체 수 중 충북권역 사업체 수가 차지하는 비중은 75 / 5,225 = 0.014로 1.5% 이하이다.

8. 정답 ①

두 번째 조건에 따라 갑각류와 어류의 어가수는 2017년 이후 매년 감소하므로 A와 B가 각각 갑각류와 어류 중 하나이다.

세 번째 조건에 따라 2021년 전년대비 어가수 감소율이 가장 큰 양식품종은 종묘이므로 E의 감소율이 유일하게 50%보다 크므로 E가 종묘임을 알 수 있다.

남은 C와 D가 패류, 기타수산동물류 중 하나인데 네 번째 조건에 따라 패류의 어가수는 매년 기타수산동물류 어가수보다 더 크므로 패류가 C, 기타수산동물류가 D이다.

마지막 조건에 따라 2020년 갑각류의 어가수는 기타수산동물류 어가수의 3배(45×3=135) 이하이므로 B가 갑각류, A가 어류임을 알 수 있다.

9. 정답 ④

① (○) 2023년 10월 평균 판매가격의 전월대비 증가율은 보통휘발유 (1,776 - 1,769) / 1769 = 0.39%, 실내등유 1,433-1,389) / 1,389 = 3.16%, 자동차용경유 (1,690 - 1,667) / 1,667 = 1.37%이므로 실내등유가 가장 크다.

② (○) 2023년 2월의 보통휘발유 주유소 평균 판매가격은 1,615 / 1.023 = 1,578원이므로 1,600원 미만이다.

③ (○) 2023년 10월부터 2024년 2월까지 평균 판매가격의 전월대비 증감방향은 모든 제품이 증가, 감소, 감소, 감소, 증가로 동일하다.

④ (×) 2024년 2월 주유소 평균 판매가격으로 주유하는 경우, 보통휘발유 90L는 1,615 × 90 = 145,350원, 자동차용 경유 100L는 1,518 × 100 = 151,800이므로 옳지 않다.

⑤ (○) 2024년 1월 실내등유 주유소 평균판매가격은 1,359원이고, 보통휘발유 주유소 평균판매가격의 90%는 1,569×0.9 = 1,412이므로 옳다.

10. 정답 ⑤

ㄱ. (×) 2020년 전문대학의 경우 감소한다.

ㄴ. (○) 2019년 전체 발명신고건수 대비 전문대학의 발명신고건수 비율은 231 / (231 + 23,355) = 0.00979이므로 1% 이하이다.

ㄷ. (○) 2022년 전문대학의 발명승계건수는 138 × 0.703 = 97.014이므로 90건 이상이다.

ㄹ. (○) 발명승계건수는 2018년이 22,067 × 90.9% = 20,058 이고, 2021년이 26,448 × 95.4% = 25,231이므로 증가율은 (25,231 - 20,058) / 20,058 = 0.257로 15% 이상이다.

Tip) A×B로 곱의 형태인데 2021년이 발명승계율이 더 크므로, 만약 신고건수가 15% 이상 더 크면 자동적으로 옳은 보기가 된다. 따라서, 22,067 × 1.15 = 25,377 < 26,448 이므로 다 곱해보지 않아도 된다.

11. 정답 ③

첫째 조건에서 민간 어린이집 수는 매년 법인·단체 등 어린이집 수의 10배 이상이므로 민간-법인·단체 등의 가능한 조합은 C-B 혹은 C-D이다. 즉, C가 민간이다.

둘째, 2022년 국공립 어린이집과 직장 어린이집의 수는 2018년보다 각각 증가하였으므로 A와 E가 국공립, 직장 중 하나이다

셋째, 전체 어린이집 수 대비 협동어린이집의 수는 매년 0.5% 이하이므로 D가 협동이고, 첫째 조건에 따라 B가 법인·단체 등임을 알 수 있다.

넷째, 2022년 어린이집수 대비 보육아동수 비율은 국공립어린이집이 직장어린이집보다 더 작은 데 A가 276,670 / 6,011 = 46으로 50보다 작고 E는 61,650 / 1,201 = 51로 50보다 크므로 A가 국공립, E가 직장이다.

12. 정답 ③

ㄱ. (×) 2021년 지역가입자 전체 수검률을 보면, 전년대비 분모증가율은 (5,980,915 - 5,369,972) / 5,369,972 = 0.113이고, 분자증가율은 (3,827,992 - 2,963,717) / 2,963,717 = 0.291로 분자증가율이 분모증가율보다 더 크므로 증가하였다.

ㄴ. (○) 2020년 전체 남자 지역가입자 대상인원 중 세대주인 남자 지역가입자 대상인원이 차지하는 비중은 2,024,552 / 2,637,818 = 0.767이므로 80% 이하이다.

ㄷ. (○) 2021년 남자 세대주 대상인원은 2,223,636명이고, 2021년 여자 세대원 수검인원의 1.5배는 1,126,126 × 1.5 = 1,689,189이므로 옳다.

ㄹ. (×) 2021년 세대원의 수검률은 남자가 362,318 / 676,827 = 0.535이고, 여자는 1,126,126 / 1,713,622 = 0.657이므로 옳지 않다.

13. 정답 ①

ㄱ. (○) 자동차 F의 세율이 1%p 감소할 때 줄어드는 개별소비세의 크기는 5,500×1% = 55만원이고, 자동차 F의 기준금액이 1,000만원으로 변경될 때 줄어드는 개별소비세의 크기는 1,000만원×5% = 50만원이므로 옳다.

ㄴ. (×) 보석 A와 고급가구 C의 개별소비세 합계는 (3,000-500) × 0.2 + (1,500-500) × 0.2 = 700이고, 고급시계 D와 고급가방 E의 개별소비세 합계는 (2,600-200) × 0.2 + (1,400-200) × 0.2 = 720이므로 옳지 않다.

Tip) A~E의 세율이 20%로 모두 동일하므로, 물품별 과세가격의 비교만으로 정오를 판단할 수 있다.

ㄷ. (×) 고급모피 B의 세액은 (2,000-500)×0.2 = 300만원이고 자동차 F의 개별소비세액은 5,500×0.05 = 275만원이므로 차이는 25만원이고 30만원 미만이다.

14. 정답 ④

ㄱ. (×) 2022년 방송채널사용사업자 방송제작비 제작비별 구성비를 보면, 국내외구매비가 외주제작비보다 더 큰데 그래프에는 반대로 외주제작비가 더 크게 되어 있으므로 옳지 않다.

ㄴ. (○) 2018~2022년 방송사업자별 총제작비 추이를 살펴보면 옳다.

ㄷ. (×) 2018~2022년 지상파방송사 자체제작비율 추이를 보면, 2019년과 2020년 모두 50% 미만인데 그래프에는 50% 초과로 표시되어 있으므로 옳지 않다.

ㄹ. (○) 2022년 방송채널사용사업자 제작비별 전년대비 증감을 계산해보면 옳게 표시되어 있다.

15. 정답 ⑤

ㄱ. (○) 2024년 1월 '나쁨'으로 응답한 비율은 경공업이 11.4 + 27.3 = 38.7, 중화학공업이 8.3 + 28.2 = 36.5이므로 옳다.

ㄴ. (×) 2023년 10월에 SBHI는 88.5인데 전월보다는 증가한 수치이나 100미만이므로 다음 달 경기가 좋아질 것으로 전망한 업체가 그렇지 않을 것으로 보는 업체보다 더 적다는 것을 의미한다.

ㄷ. (○) 2023년 9월 전월대비 SBHI 지수 증가율은 소기업이 (85.5 - 78.5) / 78.5 = 0.089이고, 중기업이 (88.8 - 83.0) / 83.0 = 0.069이므로 옳다.

Tip) 중기업이 분모는 더 크고, 분자는 더 작으므로 구체적인 값을 계산해보지 않아도 비교할 수 있다.

ㄹ. (○) 2024년 1월 중기업의 경우 나쁨으로 응답한 비율은 5.9 + 24.4 = 30.3이고, 좋음으로 응답한 비율은 11.3이므로 2배 이상이고, 소기업의 경우에도 나쁨으로 응답한 비율은 12.5 + 31.1 = 43.6이고, 좋음으로 응답한 비율은 8.4 + 0.2 = 8.6이므로 2배 이상이다. 따라서 규모에 관계없이 옳다.

16. 정답 ⑤

① (×) 삼성의 총손익 중 투자부문손익의 비중은 353,693 / 1,272,912 = 0.278로 25% 초과이다.

② (×) 총손익이 두번째로 큰 회사는 교보인데 보험부문손익은 한화보다 작으며, 한화가 없다고 하더라도 중간에 표시되어 있지 않은 순위의 보험사 중 보험부문손익이 더 큰 보험사가 있을 수 있기 때문에 옳은 보기가 아니다.

③ (×) 중간에 생략된 순위의 보험사 자료가 없으므로 알 수 없는 보기이다.

④ (×) 오렌지라이프 기타부문손익과 푸본현대 투자부문손익의 합은 34,076 + 75,872 = 109,948인데 DGB 보험부문손익은 129,147이므로 옳지 않다.

⑤ (○) 총손익이 마이너스인 생명보험사의 수는 3개이고, 총손익이 500,000백만원 이상인 생명보험사의 수는 2개이므로 옳다. 총손익 순서대로 표시된 자료이므로 생략된 자료와는 상관없이 알 수 있는 보기이다.

17. 정답 ①

㉠ (○) 2022년 주택보증 발급건수는 658,873건으로 전년 대비 증가율은 (658,873 - 644,331) / 644,331 = 0.0226이므로 2% 이상 증가하였다.

㉡ (○) 2022년 주택보증 발급건수 당 발급금액은 2,346,618 / 658,873이고, 2021년은 2,361,031 / 644,331이므로 전년대비 분모는 증가하고, 분자는 감소하였으므로 전년대비 감소하였다.

㉢ (×) 2022년 11월의 주택보증 발급건수 전년동월대비 증가율은 (62,545 - 54,277) / 54,277 = 0.152이므로 옳지 않다.

㉣ (×) 2021년 2월과 4월을 비교해보면 틀린 보기임을 알 수 있다.

18. 정답 ③

① (○) 방산부문 전체 신규설비투자액 대비 항공유도분야 신규설비투자액 비중은 2018년부터 각각 약 49, 41, 33, 30, 36%로 매년 50% 미만이다.

② (○) 화력분야 신규설비투자액의 전년대비 감소액은 2022년이 382 - 246 = 136이고, 2021년이 469 - 382 = 87이므로 옳다.

③ (×) 2018년 대비 2022년 신규설비투자액의 증가율은 화력이 (246 - 209) / 209 = 0.177이고, 탄약이 (1,115 - 815) / 815 = 0.368로 옳지 않다.

④ (○) 기타를 제외하고 2022년 신규설비투자액의 전년대비 증가율이 가장 큰 분야는 함정이다.(함정 3.87, 통신전자 0.44 등으로 함정이 기타를 제외하면 유일하게 1이 넘는다.)

⑤ (○) 2020년 기동 분야와 화생방 분야의 신규설비투자액 합계는 146 + 11 = 157이고, 2020년 화력 분야 신규설비투자액의 30%는 469×0.3 = 140.7이므로 옳다.

19. 정답 ①

ㄱ. (○) 전체 자전거도로 길이 중 전라북도와 전라남도의 자전거도로 길이 합계가 차지하는 비중은 (1,842+1,437) / 26,225 = 0.125이므로 15% 이하이다.

ㄴ. (○) 2022년 울산광역시 주차장수의 전년대비 증가율은 (294 - 241) / 241 = 0.22이고, 주차가능대수의 전년대비 증가율은 (6,114 - 5,271) / 5,271 = 0.16이므로 옳다.

ㄷ. (×) 2021년 주차장수 대비 주차가능대수 비율은 부산광역시가 14,304 / 1,034 = 13.83이고, 대전광역시가 9,160 / 821 = 11.15이므로 옳지 않다.

ㄹ. (×) 2022년 인천광역시의 주차가능대수는 26,269이고, 세종특별자치시와 제주특별자치도의 주차가능대수 합은 13,639 + 15,320 = 28,959이므로 옳지 않다.

20. 정답 ④

ㄱ. (×) 2022년 전국 시도별 주차장수 구성비는 주어진 표만으로도 구할 수 있어 추가로 필요한 자료가 아니다.

ㄴ. (○) '주차장수 대비 공영자전거 보유대수는 전국 시도 중 서울특별시가 가장 크게 나타났다.'는 부분을 작성하기 위해 추가로 필요한 자료이다.

ㄷ. (○) '2022년 전국의 자전거도로 길이는 26,225km로 전년대비 100km 이상 증가한 것으로 나타났는데, 도로유형 중 자전거보행자겸용도로의 증가율이 가장 높게 나타났다.'는 부분을 작성하기 위해 추가로 필요한 자료이다.

ㄹ. (○) '2022년 자전거 안전표지판 설치현황을 살펴보면, 전국 시도 중 서울이 30246개로 가장 많은 것으로 나타났고, 울산이 521개로 가장 적은 것으로 나타났다.'는 부분을 작성하기 위해 추가로 필요한 자료이다.

21. 정답 ③

ㄱ. (×) 일간지 기자수 대비 주간지 기자수 비율이 가장 작은 부문은 유일하게 10%를 미만인 온라인부문이고, 온라인부문의 주간지 기자수는 35명으로 50명 미만이다.

ㄴ. (○) 논설부문 주간지 기자 중 지역종합주간지 기자가 차지하는 비중은 50/136 = 0.368로 40% 이하이다.

ㄷ. (○) 전국종합주간지 기자 수가 두 번째로 큰 부문은 편집이고, 편집부문의 일간지 기자 수는 1,581명이다. 사진/동영상 부문 일간지 기사수는 354명이므로 354×5=1,770으로 5배 이하이다.

ㄹ. (×) 지역종합주간지 기자 수 대비 전문주간지 기자 수 비율이 가장 큰 부문은 유일하게 2를 넘는 사진/동영상 부문인데 이 부문의 일간지 기자 수는 354명으로 1,000명 미만이다.

22. 정답 ②

ㄱ. (○) 평균 기술이전건수가 가장 큰 기후기술은 1,005로 1,000을 유일하게 초과하는 농업&축산이고, 평균 기술이전건수가 가장 작은 기후기술은 1로 유일하게 1이하인 해양수산연안이므로 둘 다 적응 대분류에 속한다.

ㄴ. (×) 대분류가 감축인 기후기술 중 평균 기술료징수액이 가장 낮은 것은 신에너지이다.(재생에너지 11,839 / 24 = 493, 신에너지 1,455 / 7 = 208)

ㄷ. (○) 기술이전건수 대비 기술료징수액 비율은 해양수산연안이 100 / 8 = 12.5이고, 산림육상은 427 / 43 = 9.9이므로 옳다.

ㄹ. (×) 에너지저장과 감축 및 적응 융복합의 기술료 징수액 합계는 (13,294 + 24,650) = 37,944이고, 전체 기술료 징수액의 10%는 42,337이므로 옳지 않다.

23. 정답 ④

① (○) 2018~2021년 조지아 비료소비량과 우크라이나 비료소비량의 전년대비 증감 방향은 증가, 감소, 증가, 증가로 매년 같다.

② (○) 2021년 비료소비량의 전년대비 증가율은 우즈베키스탄이 (1,192,134 - 1,079,196) / 1,079,196 = 0.105이고, 몰도바는 (86,494 - 82,867) / 82,867 = 0.044로 옳다.

③ (○) 2019년 중국의 비료소비량은 43,972,181, 2020년 러시아 비료소비량의 15배는 3,081,103×15 = 46,216,545이므로 옳다.

④ (×) 2017년 카자흐스탄의 전년대비 비료소비량 감소율이 25%라면 (x-158,208) /x = 0.25이므로 2016년 카자흐스탄의 비료소비량은 x=210,944로 200,000M/T 초과이다.

Tip) **2016년 카자흐스탄의 비료 소비량이 200,000M/T 이고 2017년 카자흐스탄의 전년 대비 비료 소비량 감소율이 25%라면 2017년의 카자흐스탄의 비료 소비량이 150,000M/T 이므로, 150,000M/T와의 대소 비교를 통해 정오를 판단할 수 있다.**

⑤ (○) 2017년 몰도바의 비료소비량은 84,477, 아제르바이잔과 키르기스스탄의 비료소비량 합은 76,813 + 9,904 = 86,717이므로 옳다

24. 정답 ②

ㄱ. (○) 기업체 수 대비 매출액 비율은 '회사법인'이 194,512,577 / 21,630 = 8993이고, '개인기업체'가 21,239,474 / 467,213 = 45.5이고, 45.5×180 = 8190이므로 180배 이상이다.

ㄴ. (×) 기업체 수 1개당 종사자 수는 '국가, 지방자치단체'가 15,430 / 233 = 66.2이고, 회사이외법인이 75,225 / 994 = 75.7이므로 옳지 않다.

ㄷ. (○) 종사자 수 9명 이하 기업체수는 479,099개이고, 회사법인 이외의 기업체 수는 (490,514 - 21,630) = 468,884인데 회사법인 이외의 유형이 모두 종사자수 9명 이하 기업체수라고 하더라도, 회사법인의 수는 적어도 479,099 - 468,884 = 10,215개 이상이다.

ㄹ. (×) 매출액 대비 급여액은 국가·지자체가 유일하게 50% 이상으로 가장 크고, 비법인단체가 57,644 / 168,932 = 0.34, 회사이외법인이 4,663,239 / 15,482,288 = 0.30으로 비법인단체가 두 번째로 크다.

25. 정답 ③

우선 출장소를 제외한 모든 업체형태에서 '보상휴가제'의 시행률이 가장 낮게 나타났으므로, D가 보상휴가제임을 알 수 있다.

공장의 경우 '보상휴가제'와 '대체휴가제'의 시행률 차이는 26%p 이하로 나타났으므로 C가 대체휴가제임을 알 수 있다. (A와 B는 D와 차이가 26%p 초과하므로)

'휴가사용촉진제'의 시행률이 가장 높은 업체형태는 출장소로 나타났고, '휴가비지원제'의 시행률이 가장 높은 업체형태는 공장으로 나타났으므로 남은 A와 B중 A가 휴가비지원제, B가 휴가사용촉진제이다.

26. 정답 ②

ㄱ. (×) 화재발생건수가 가장 큰 시도와 가장 작은 시도의 화재발생건수 차이는 경기와 세종의 차이이므로 8,202 - 219 = 7,983건으로 옳지 않다.

ㄴ. (○) 전남과 전북의 화재발생건수 합은 2,608 + 2,167 = 4,775이고, 충남과 충북의 화재발생건수 합의 1.5배는 (1,980 + 1,480)×1.5 = 5,190이므로 옳다.

ㄷ. (○) 주민 수는 화재발생건수 / 주민 만명당 화재발생건수로 비교할 수 있다. 경남 주민 수는 3,378 / 10.4 = 324.8이고, 광주 주민 수는 732 / 5.2 = 140.8이므로 2배 이상이다.

ㄹ. (×) 경기와 서울의 주민 만명당 화재발생건수가 동일하므로 화재발생건수로 경기 주민 수와 서울 주민 수를 비교할 수 있다. 5,671×1.5 > 8,202이므로 1.5배 미만이다.

27. 정답 ④

ㄱ. (×) 영리법인 병설 기관 수는 1,154 × 21% = 242개 인데 222로 잘못 표시되어 있다.

ㄴ. (○) 노인요양시설(10명 이상) 장기요양기관 수는 (10~29명), (30~49명), (50명 이상)의 세 데이터를 합한 값이므로 옳다.

ㄷ. (○) 2022년 급여유형별 장기요양기관 수는 올바르게 표시되어 있다.

ㄹ. (×) 2021년 지역별 장기요양기관 수 구성비는 대도시 37.1%, 중소도시 36.0%, 농어촌 26.8%이므로 잘못 표시되어 있다.

28. 정답 ③

③ (×) 2016년 증감율은 (5-12) / 12 = -0.583으로 -58.3%인데 -69%로 잘못 표시되어 있다.

29. 정답 ①

ㄱ. (○) 과세방식이 종량세인 주류는 탁주, 맥주, 주정인데 이 중 출고량 대비 출고금액 비율이 가장 큰 주류는 유일하게 2 이상인 맥주이다.

ㄴ. (×) 출고금액이 가장 큰 주류는 맥주이고, 산출세액이 가장 큰 주류는 희석식 소주인데 과세방식은 다르다.

ㄷ. (○) 전체 산출세액 대비 위스키 산출세액 비율은 6,505 / 2,808,815 = 0.0023으로 0.2% 이상이다.

ㄹ. (×) 출고금액이 300,000백만원 이상인 주류는 탁주, 맥주, 희석식소주, 주정 4개인데 이 중 과세방식이 종량세인 주류는 탁주, 맥주, 주정 3개이므로 비중은 75%이다. 따라서 옳지 않다.

30. 정답 ⑤

① (○) 2020년 옥외광고물 허가건수와 신고건수의 90%는 각각 269,650 × 0.9 = 242,568, 228,861 × 0.9 = 205,975이고, 2021년 허가건수와 신고건수는 각각 229,025건, 195,713건이므로 전년대비 10% 이상 감소했다.

② (○) 2021년 돌출간판의 허가건수는 98,751이고, 벽면이용간판과 지주이용간판의 허가건수 합계는 68,761 + 34,253 = 103,014이므로 옳다.

③ (○) 2021년 전년대비 허가건수 증가율은 애드벌룬이 100%로 유일하게 2배 이상이므로 가장 크다.

④ (○) 2021년 전년대비 신고건수 증가건수는 선전탑과 현수막 게시틀이 11로 동일하다.

⑤ (×) 2020년 신고건수 대비 허가건수 비율은 지주이용간판이 37,332 / 8,642 = 4.32이고, 옥상간판이 7,225 / 1,445 = 5, 교통수단 이용 광고물이 10628 / 968 = 10.97이므로 옳지 않다.

31. 정답 ①

주어진 그래프와 정보를 바탕으로 각 직원별, 팀별 완료율을 계산하면 다음과 같다.

	완료	미완료	전체	완료율	팀별완료율
A	50	21	71	70%	45%
B	16	61	77	21%	
C	63	53	116	54%	60%
D	55	45	100	55%	
E	49	28	77	64%	
F	23	56	79	29%	36%
G	28	36	64	44%	

ㄱ. (○) 완료율이 가장 높은 직원은 A이고 완료율이 가장 낮은 직원은 B이므로 동일한 팀이다.

ㄴ. (○) 2팀에서 완료율이 가장 높은 직원과 3팀에서 완료율이 가장 높은 직원의 완료율 차이는 64% - 44% = 20%p이므로 10%p 이상이다.

ㄷ. (×) 미완료건수 대비 완료건수 비율은 F가 23 / 56 = 0.41이고, G가 28 / 36 = 0.77이므로 옳지 않다.

ㄹ. (×) 완료율은 1팀이 45% 2팀이 60%이므로 옳지 않다.

32. 정답 ①

ㄱ. (○) 여행업 사업체 중 전자상거래를 구매 및 판매에 활용하는 사업체 비중은 2,864 / 18,223 = 0.157이고, 관광숙박업 사업체 중 전자상거래를 활용하지 않는 사업체 비중은 256 / 2,219 = 0.115이므로 옳다.

ㄴ. (○) 전체 관광사업체 수 대비 관광객이용시설업 사업체 수 비율은 4,657 / 33,325 = 0.14이므로 15% 이하이다.

ㄷ. (×) 전자상거래를 판매에만 활용하는 관광숙박업과 유원시설업 사업체 수 합계는 860 + 387 = 1,247이고, 전자상거래를 구매에만 활용하는 여행업 사업체 수는 1,348이므로 옳지 않다.

ㄹ. (×) 카지노업 사업체 중 전자상거래를 활용하지 않는 사업체 비중은 14 / 17 = 0.82이므로 80% 초과이다.

33. 정답 ⑤

ㄱ. (×) '갑'의 6월 전기요금은 6,490 + 113 × 15 = 8,185이고, '을'의 11월 전기요금은 7,470 + 89.7 × 10 = 8,367이므로 옳지 않다.

ㄴ. (○) 요금제와 계절에 관계없이 모든 요금제와 모든 시간대에 대해 최대부하 시간대 단가와 경부하 시간대 단가를 비교해보면 2배 이하이므로 옳다.

ㄷ. (○) '병'의 5월 전기요금이 요금제 A를 선택할 때가 요금제 B를 선택할 때보다 더 작다면, 월별 전기사용량을 x라고 할 때, 6,490 + 111.2x < 7,470 + 106.3x 이다. 이를 정리하면, 4.9x < 980이고, x < 200이다. 따라서, '병'의 월별 전기사용량은 200kWh 보다 작다.

ㄹ. (○) 만약 요금제 A의 기본요금이 7,440원으로 오른다면, '정'이 요금제 B로 변경하는 경우 12월 전기요금은 7,470 + 106.6×10 = 8,536이고, A 선택시 요금은 7,440 + 111.5×10 = 8,555이므로 B로 변경 시 12월 전기요금을 낮출 수 있다.

34. 정답 ⑤

ㄱ. (×) 2020년 전체 석유제품소비량 대비 벙커C유 소비량 비율은 22,111 / 877,180 = 0.025로 3% 미만이다.

ㄴ. (○) 2022년 전체 석유제품소비량의 2020년 대비 증가율은 (947,275 - 877,180) / 877,180 = 0.08이므로 5% 이상이다.

ㄷ. (○) 2022년 소비량의 전년대비 증가율은 항공유가 (25,273 - 21,174) / 21,174 = 0.194이고, 중유는 (159 - 145) / 145 = 0.097이므로 1.5배 이상이다.

ㄹ. (○) 기타제품을 제외하고 소비량 상위 5개 제품은 2022년과 2019년이 모두 나프타, 경유, LPG, 휘발유, 항공유로 동일하다.

35. 정답 ⑤

⑤ (×) 기타의 구성비는 6,529 / 14,921 = 0.438, 미국의 구성비는 3,198 / 14,921 = 0.214, 중국의 구성비는 3,164 / 14,921 = 0.216인데 그래프에 잘못 표시되어 있다.

36. 정답 ②

ㄱ. (×) 2002년 할리드 하누치의 기록보다 4분 이상 기록을 단축시킨 것은 2022. 9. 25. 킵초게의 2시간 01분 09초의 기록이므로 20년 이상이 걸렸다.

ㄴ. (○) 2003년 이후 2023년까지 세계 기록 경신 연도를 보면 모두 다르므로 동일한 연도에 세계기록이 경신된 적은 없다.

ㄷ. (×) 2023.12.31. 기준 2시간 5분 이내의 기록을 세운 케냐 선수는 폴 터갓, 패트릭 마카우, 윌슨 킵상, 데니스 키메토, 일리우드 킵초게, 켈빈 킵툼으로 총 6명이다.

ㄹ. (×) 2013년 윌슨 킵상의 기록과 2014년 데니스 키메토의 기록 차이는 26초이고, 2022년 일리우드 킵초게의 기록과 2023년 켈빈 킵툼의 기록 차이는 34초이므로 옳지 않다.

37. 정답 ③

ㄱ. (○) 5성급 호텔수의 전년대비 증가율은 2022년이 1/6이고, 2021년이 1/5이므로 옳다.

ㄴ. (×) '기타'를 제외하고 2022년 호텔수 대비 객실수 비율이 두 번째로 큰 관광호텔 종류는 '4성급'이다.(5성급이 약 462로 가장 크고, 4성급이 약 329로 두 번째이다.

ㄷ. (○) 전체 객실수 대비 등급미정의 객실수 비율은 2020년 3,806 / 17,870 = 0.213, 2021년 4,333 / 18,254 = 0.237, 2022년 1,864 / 17,977 = 0.104로 옳다.

ㄹ. (×) 2020년 대비 2022년의 객실수 증가율은 2성급이 (1,352 - 1,150) / 1,150 = 0.176이고, 4성급이 (5,260 - 3,584) / 3,584 = 0.468로 옳지 않다.

38. 정답 ⑤

ㄱ. (×) 자연증가건수는 2018년이 326,822 - 298,820 = 28,002이고, 2019년이 302,676 - 295,110 = 7,566이므로 4배 미만이다.

ㄴ. (○) 2023년 조출생률의 감소율은 0.4 / 4.9 = 0.08이고, 2023년 조사망률의 감소율은 0.4 / 7.3 = 0.054인데 분자는 같고 분모가 조사망률이 더 크므로 옳다.

ㄷ. (○) 합계출산율과 영아사망률이 둘 다 매년 감소하고 있으므로 옳다.

ㄹ. (×) 2023년 출생여아수가 130,000명이라면, 2023년 출생남아수는 130,000 × 1.051 = 136,630이므로 옳지 않다.

39. 정답 ②

ㄴ. (×) 2018~2022년 '갑'국 혼인건수 대비 이혼건수 비율을 계산해보면 2020년 49.9%, 2021년 52.8%, 2022년 48.6%인데 그래프에는 각각, 51.6%, 48.8%, 52.6%로 잘못 표시되어 있다.

ㄹ. (×) 2018~2022년 1~6월 '갑'국 자연증가건수 추이를 계산해보면, 2020년 272,337 - 304,948 = -32,611이고, 2022년 249,186 - 372,939 = -123,753 인데 그래프에는 수치가 잘못 표시되어 있다.

40. 정답 ②

주어진 식대로 각 법인별 1주당 순자산가치, 1주당 순손익가치, 1주당 평가액을 차례로 구하면 다음과 같다. 따라서 가장 큰 법인은 A이고, 가장 작은 법인은 D이다.

구분 / 법인	1주당 순자산가치	1주당 순손익가치	1주당 평가액
A	50	50	250/5
B	30	70	230/5
C	50	40	220/5
D	60	30	210/5
E	60	40	240/5

2025년도 국가공무원 5급 공채·외교관후보자 제1차시험·
지역인재 7급·법원행시 대비
상 황 판 단

www.lec.co.kr
법률저널 | 02-874-1144

제7회

정답 및 해설

PSAT 상황판단 정답

1	2	3	4	5
③	③	④	⑤	④
6	7	8	9	10
③	④	⑤	②	③
11	12	13	14	15
③	④	②	②	③
16	17	18	19	20
③	①	②	④	③
21	22	23	24	25
③	③	③	⑤	③
26	27	28	29	30
④	②	⑤	④	①
31	32	33	34	35
②	③	④	①	③
36	37	38	39	40
③	③	②	①	④

PSAT 상황판단 해설

1. 정답 ③

① (○) 제○○조 제1항에 따를 때, 재단에 임원으로서 15명 이내의 이사와 감사 1명을 둔다고 한바, 임원의 최대수는 16명이다.

② (○) 제○○조 제 4항에 따라 감사의 임기는 3년이나, 한 차례 연임 가능한바, 최대 임기는 6명이다.

③ (×) 제○○조 제5항에 따라 상임이사는 재단을 대표하고 재단의 업무를 총괄한다. 이때, 제□□조 제3항에서는 이사장이 이사회의 의장이라고 하였다. 이 둘은 불일치 한다.

④ (○) 제□□조 제4항에 따라, 이사회의 재적위원이 14명인 경우, 그 과반수인 8명이 출석하여, 그 과반수인 5명이 찬성하여야 이사회에서 의결할 수 있다.

⑤ (○) 제△△조 제3항에 따라, 재단은 사업계획서 및 예산서를 변경하고자 할 때 이를 문화부장관에게 제출하여야 한다. 동조 제 2항에 따라 제세입세출결산서를 제출할 때도 문화부장관에게 제출하여야 한다.

2. 정답 ③

① (○) 제○○조 제1항 단서에 따르면, 외국에서 수입되는 농산물에 대한 우수관리 인증의 경우에는 외국의 기관이 할 수 있으나, 제2호의 사항인 농산물우수관리시설의 지정은 불가하다.

② (○) 제○○조 제2항에 따라, 기관의 명칭에 대한 변경은 변경신고 사항에 포함되지 않는다. 즉, 변경신고를 하지 않아도 된다.

③ (×) 제□□조 제1항 단서에 따라, 유효기간을 10년 이내로 정하는 경우가 있는바, 이 선지의 경우처럼 신청 후 2년이 지난 후라도 갱신을 하지 아니한 경우가 생길 수 있다.

④ (○) 제○○조 제3항에 따라 우수관리인증기관 지정이 취소된 후 2년이 지나지 아니한 경우에는 신청할 수 없는바, 2021.5.7.으로부터 2년이 지나지 아니한 2022.5.9.에는 신청을 할 수 없다.

⑤ (○) 제◇◇조 제2호에 따라, 제△△조 제2호의 사항을 위반한 경우에는 6개월 이내의 영업 정지에 처할 수 있다.

3. 정답 ④

A는 2022.12.15.에 제□□조 제1항 제2호에 따라 벌점 15점을 부과 받고, 2022.12.31.에 제□□조 제1항 제3호에 따라 벌점 10점을 부과 받았으나, 제□□조 제2항에 따라 초기화 되었고, 이후, 2023.3.14.에 제□□조 제1항 제3호에 따라 벌점 10점을 부과 받았다. 벌점은 10점으로, 강제퇴실되지 않고, 위약금도 물지 않는다.

B는 2022.11.15.에 제□□조 제1항 제4호에 따라 벌점 5점을 부과 받았으나, 이것은 강제퇴실 사유가 아니므로, 일반적 중도퇴실이다. 이때의 위약금은 제○○조 제2항 제1호에 따라 3만원이다. 이후, 2022.5.18.에 재입주하여 2022.5.20.에 벌점 10점을 부과 받고, 2022.8.15.에 벌점 10점을 부과 받았다. 즉, 누적벌점은 20점으로 강제퇴실 되지 않았다. 즉, B의 위약금은 3만 원이다.

C는 2023.1.5.에 방음시설을 훼손하여서 벌점 30점을 받았고, 제□□조 제1항에 따라 곧장 강제퇴실되었다. 이때, 2개월 사용하였으므로(제○○조 제3항) 위약금은 제○○조 제2항 제3호에 따라 3만원+8만원=11만원을 내야 한다. 이후, 재입주 시에는 제□□조 제4항에 따라 벌점을 10점 부과받고 입주하는데, 2023.7.10.에 벌점 15점, 2023.9.1.에 벌점 5점을 받아 누적벌점이 30점이 되었다. 즉, 강제퇴실되며, C는 2개월 사용하였으므로, 그 위약금은 제○○조 제2항 제2호에 따라 3만원+4만원=7만원이다. 즉, 내야 할 총 위약금은 18만원이다.

D는 2023.7.1.에 벌점 30점을 받아 강제퇴실되었고, 1개월 사용하였으므로, 제○○조 제2항 제3호에 따라 위약금을 3만 원+4만 원=7만 원을 지불하여야 한다.

즉, 위약금이 많은 순서는 C, D, B, A이다.

4. 정답 ⑤

① (×) 제○○조 제2항에 따라, 기본계획은 산업통상자원부장관이 작성한다.

② (×) 제□□조 제2항에 따라 관계 중항행정기관의 장은 시행계획을 소재·부품·장비 경쟁력강화위원회에 제출하여야 한다.

③ (×) 제○○조 제2항에 따라 산업통상자원부장관은 기본계획을 확정한 때에는 국회 소관 상임위원회에 보고하여야 한다.

④ (×) 제□□조 제1항에 따르면 관계 중앙행정기관의 장은 기본계획에 따라 매년 소관별로 그에 대한 시행계획을 수립·시행하여야 한다.

⑤ (○) 제□□조 제1항, 제3항에 따르면 관계 중앙행정기관의 장은 기본계획에 따라 매년 소관별로 그에 대한 시행계획을 수립·시행하여야 하고, 시행계획의 주요 내용을 변경하려는 경우에는 소재·부품·장비 경쟁력강화위원회의 심의를 거쳐야 한다. 이 경우 산업통상자원부장관은 변경된 내용을 고시해야 한다. 즉, 시행계획을 변경하는 자는 관계 주앙행정기관의 장이고, 이를 고시하는 자는 산업통상자원부장관이다.

5. 정답 ④

제◇◇조 제1항 제2호를 위반한 乙극단은 동조 제2항에 따라 2024.11.4.까지 극장을 대관할 수 없다. 제△△조 제3호에 따라 단체와 개인 간 경합이 있을 경우, 단체가 우선 대관을 하므로, 戊와 丙의 우선순위가 크다. 이때, 제△△조 제2호에 따라 정기공연을 하는 단체의 우선순위가 크므로, 戊가 丙보다 우선순위가 크다. 甲과 丁 중에서는 제△△조 제1호에 따라 공연실적이 많은 신청자에게 우선 대관되므로, 甲이 丁보다 우선순위가 크다.

6. 정답 ③

회계학 과목을 9학점, 경제학 과목을 3학점 들어야 한다. 경제학은 금융론이나 산업조직론 중 하나와 정책론을 들어 노력을 1.5만큼만 투자한다. 회계학은 최적화시, 고급회계학, 재무관리론, 회계원론을 수강하고, 중급회계학과 회계원리 중 하나를 수강한다. 즉, 회계원리는 이수 여부가 불확실하다.

7. 정답 ④

ㄱ. (×) 두 번째 문단에 따를 때, 동일한 칼로리를 섭취할 때, 단백질이 풍부한 음식은 탄수화물과 지방으로 이루어진 음식보다 살이 덜 찐다고 되어있지, 탄수화물이 지방보다 살이 덜 찐다는 이야기는 없다.

ㄴ. (○) 두 번째 문단과 세 번째 문단에 따를 때, 대사되지 않은 탄수화물은 글리코겐의 형태로 저장되는데, 간과 근육 등이 탄수화물을 저장할 수 있는 한도를 넘으면, 지방으로 전환되어 지방조직에 저장된다. 즉, 대사활동이 없다면 탄수화물이 지방으로 전환될 수 있다.

ㄷ. (○) 세 번째 문단과 네 번째 문단에 따를 때, gi 수치가 클수록 혈액 내 혈당치를 높이는 속도가 빠르고, 혈당의 상승 속도가 빠르면 췌장이 자극돼 인슐린이 필요 이상으로 많이 분비되고, 과잉 분비된 인슐린은 췌장을 지치게 만들어 당뇨를 유발하게 된다. 즉, gi 수치가 낮으면 이 반대의 과정을 거치게 된다.

8. 정답 ⑤

A~D의 열팽창 계수를 계산하면 각각 16.2, 15.7, 15.2, 14.7이다. 이때, 치아의 열팽창계수는 15로, A~D 중 하나를 시술 받으려면, 그 열팽창 계수가 14.85~15.15 사이에 있어야 한다. A~D 중 어느 것도 이 열팽창 계수를 갖지 못하므로, 수영은 임플란트 시술을 받는다.

9. 정답 ②

甲은 2023년 소득인정액이 1500만원이고, 전년도 대비 소득인정액이 50% 이상 감소하지도 않았으므로, 지원 대상이 아니다.

乙은 소득인정액도 800만원이고, 활동기간도 3년 이상이며 예술활동증명도 3년 이내로 되어있으므로, 지원 대상이다.

丙은 소득 인정액이 2000만원을 초과하므로, 소득 인정액이 전년도 대비 50% 이상 감소하여도 지원 대상이 아니다.

丁은 예술활동증명이 2020.9.3.에 되어 있어, 2023.9.5.로부터 3년 이내의 예술활동증명이 되어 있지 않으므로, 지원 대상이 아니다.

戊는 활동 기간이 2년 미만이므로, 지원 대상이 아니다.

10. 정답 ③

A, B, C곡이 원래 받아야할 표절판정점수를 각각 a, b, c라한다. 이때, 甲부처에서 받은 점수는 이에 1/2와 3/2를 곱한, 즉 0.75를 곱한 값이다. A의 경우, 0.75a=a-162이므로, a=648이다. 이와 같은 원리로 b와 c를 계산하면 각각 720과 960이다 이때, 0.75a, 0.75b, 0.75c의 값은 각각 486, 540, 720이다. 즉, 부처에서 받은 값으로 판정하면 a, b, c는 각각 정상곡, 정상곡, 표절곡이다. 원래의 값으로 판정하면 주요감시곡, 표절곡, 표절곡이다. 즉, 판정 등급이 바뀌는 곡은 A와 B이다.

11. 정답 ③

각각 여행하는 기간이 같으므로, 환율과 1일당 쓰는 금액을 곱하여 비교하면 쉽게 풀 수 있다. 이를 풀어서 각 기간에 여행시에 사용될 금액을 산정하면, 6월의 경우 1100×50×10+1400×30×10+1300×40×10=1490000이다. 그리고 7월의 경우, 1000×50×10+1450×30×10+1300×40×10=1455000이다. 그리고 8월의 경우, 1300×50×10+1350×30×10+1250×40×10=1555000이다. 즉, 7월에 여행을 가고, 경비는 145만 5천 원을 소비한다.

12. 정답 ④

월요일에는 7~12, 19~22시에 1시간 당 3/4문제를, 13~14, 17~18시에 1시간 당 1/2 문제를 만들 수 있다. 화요일에는 7~8, 19~22시에 1시간 당 3/4문제를, 8~9, 17~18시에 1시간 당 1/2 문제를 만들 수 있다. 수요일에는 7~9, 19~22시에 1시간 당 3/4문제를, 9~10, 17~18시에 1시간 당 1/2 문제를 만들 수 있다. 목요일에는 7~8, 13~18, 19~22시에 1시간 당 3/4문제를, 8~9, 11~12시에 1시간 당 1/2 문제를 만들 수 있다. 금요일에는 7~12, 13~14, 19~22시에 1시간 당 3/4문제를, 14~15, 17~18시에 1시간 당 1/2 문제를 만들 수 있다.

월요일에는 총 7문제, 화요일에는 4문제, 수요일에는 4.75문제를 만들 수 있다. 이제 4.25문제가 남았는데, 목요일 7~8시에 0.75문제를 만들고, 8~9, 11~12시에 총 1문제를 만들면 2.5문제가 남는다. 이를 13~18시에 만들면 20문제가 완성된다. 즉, 상현이 모의고사를 완성하는 시간은 목요일 12시 이후이다.

13. 정답 ②

영수와 수영의 대화를 정리하면 일정으로 가능한 것은 다음과 같다.

	월	화	수	목	금
카페	O	X	X	X	X
원데이	X		X	X	
맛집	X	X	X	O	X
방탈출	X			X	X
백화섬	X	X		X	

이때, 가능한 조합은 다음의 두 가지이다.

	월	화	수	목	금
카페	O	X	X	X	X
원데이	X	O	X	X	X
맛집	X	X	X	O	X
방탈출	X	X	O	X	X
백화섬	X	X	X	X	O

	월	화	수	목	금
카페	O	X	X	X	X
원데이	X	X	X	X	O
맛집	X	X	X	O	X
방탈출	X	O	X	X	X
백화섬	X	X	O	X	X

즉, 화요일과 금요일에 갈 장소의 조합은 원데이 클래스, 백화점 쇼핑, 그리고 방탈출과 원데이 클래스이다.

14. 정답 ②

우선 가방에는 폭발물인 보조전원, 오락물인 충전기와 노트북을 넣고, 캐리어에는 500ml를 넘기는 액체인 세면용품과 커피, 기내 반입이 금지된 기념품을 챙긴다. 이때, 유리병에 담긴 액체인 와인, 향수, 미스트, 식초를 분배하여야 하는데, 500ml를 꽉 채워서 가장 많은 액체를 들고 탈 수 있는 조합은 와인, 향수, 식초이다. 즉, 가방에는 보조전원, 충전기, 노트북, 와인, 향수, 식초를 넣고, 캐리어에는 커피, 세면용품, 미스트, 기념품을 넣는다. 이때 가방에 채워진 물품들의 부피는 1000ml, 무게는 3.8kg이고, 캐리어는 5650ml, 8kg이다. 이때, 가방에 의류를 넣으면 용량을 초과하므로, 의류는 캐리어에, 신발은 가방에 넣는다. 즉, 가방에 의류는 들어가지 않는다.

15. 정답 ③

우선, 처음 시작할 때, 티타늄, 우라늄, 납을 모은다. 그리고 티타늄이 완성되면, 이를 모은 1명이 곧바로 내부를 만든다. 티타늄을 모으고 내부를 만드는 데에는 총 4시간 30분이 소모된다. 그리고, 납을 모두 모은 사람은 강철을 모은다. 그 후에 곧바로 골조를 만든다. 이때 걸리는 시간은 총 4시간 40분이다. 그리고, 우라늄을 만든 사람은 외벽을 만든다. 이때 걸리는 시간은 총 4시간 30분이다. 즉, 재료 모으기와 부품 조립에 필요한 시간은 4시간 40분이다. 이후, 3명이 동시에 작업하여 모으기와 골조 구성, 마감을 끝마치면 7시간 40분이 걸린다.

16. 정답 ③

일반으로 계산하게 되면, 일반접시 45개, 특별접시 8개로, 91,500원이 된다

레귤러로 계산하게 되면, 특별접시 8개로, 5개를 추가 계산해야 하므로, 25,000×3+3,000+5=90,000원이 된다.

스페셜로 계산하게 되면, 특별접시 8개로, 2개를 추가 계산해야 하므로, 30,000×3+3,000×2=96,000원이 된다.

즉, 지불방식은 레귤러를 선택하고, 금액은 90,000원을 지불한다.

17. 정답 ①

7×7칸일 때와 9×9칸일 때의 쓰레기통 배치는 각각 다음과 같다.

O						O
			O			
	O				O	
			O			
O						O

O				O				O
O				O				O
O				O				O

7×7칸일 때는 8개, 9×9칸일 때는 9개를 설치하게 되므로, 그 차는 1개이다.

18. 정답 ②

2023.11.23.은 목요일, 2023.11.10.은 금요일, 2023.11.18.은 토요일이다. KTX는 출발일로부터 8일 전이고, 목요일 출발 열차이므로, 400원의 위약금을 낸다. SRT는 출발일로부터 8일 전이고, 구매일 포함 7일 이내에 환불을 받았으므로, 위약금은 0원이다. 무궁화호는 토요일 출발 열차이고, 열차 출발일 6~1일 전에 환불했으므로, 1000원의 위약금을 문다. 즉, 봉규가 지불해야 하는 위약금은 1,400원이다.

19. 정답 ④

ㄱ. (×) 두 번째 문단에 따르면, 불필요한 살생을 금지하는 규율에 따르는 것은 종교적 이유이다.

ㄴ. (○) 네 번째 문단에 따르면 만약 유제품, 내지 알을 가공하는 과정에서 동물을 도축하여 얻은 물질을 사용하는 등의 문제가 있다면, 이들은 그러한 제품을 섭취하지 않을 것이다.

ㄷ. (○) 여섯 번째 문단에 따르면 유아기의 아동은 성인보다도 많은 단백질과 여러 무기질이 필요하며, 이는 육식을 통해 손쉽게 해결될 수 있다. 즉, 채식을 하면, 여러 결핍되는 영양소가 생기기 쉽다는 뜻이다.

20. 정답 ③

육식, 우유, 알에 대한 甲~戊의 섭취 여부를 표로 정리하면 다음과 같다.

	甲	乙	丙	丁	戊
육식	x	x	x	o	x
우유	x	o	o	o	x
알	?	?	?	o	x

이때 알을 먹는 사람은 2명인데, 甲이 알을 먹게되면, 乙과 丙은 둘 다 락토 베지테리언이 되므로 첫 번째 조건에 합치하지 않는다. 즉, 甲은 알을 먹지 않는다.

① (○) 甲, 戊는 어떤 동물성 식품도 섭취하지 않는다. 이 때 둘이 다른 분류의 채식주의자이려면 한 명은 비건, 한명은 플루테리언이어야 한다.

② (○) 상술하였듯이 甲은 알을 먹지 않는다.

③ (×) 丙이 락토-오보 베지테리언일 수도 있다.

④ (○) 丙은 우유를 먹는다.

⑤ (○) 丁은 플렉시테리언으로 가장 낮은 단계의 채식주의자이다.

21. 정답 ③

① (×) 제○○조 제1항 단서에 따라 부산물비료 생산업을 영위하려는 자는 시장 등에게 등록하지 아니하여도 된다.

② (×) 제○○조 제2항에 따라, 비료를 수입하여 무상으로 공급하려는 자도 시장 등에게 신고하여야 한다.

③ (○) 제□□조 제1항에 따라, 보증표로 보증 표시를 갈음할 수 있는 경우는 비료를 용기에 넣지 아니하고 판매하는 경우이다.

④ (×) 제◇◇조 제1호에 따라, 거짓으로 비료생산업을 등록한 자에 대하여는 이를 취소하여야 한다.

⑤ (×) 제△△조에 따라, 제◇◇조 제3호를 위반한 경우에 대하여 과징금을 부과할 수 있는 것이지, 제◇◇조 제2호의 사안에 대하여는 과징금을 부과할 수 없다.

22. 정답 ③

① (×) B진흥시설이 없었다면, A단지에는 10개의 조경사업자가 밀집하여 상주하고 1개의 지원센터가 있었을 것이다. 이는 제○○조 제2항 각호의 조건에 부합한다.

② (×) 제△△조 제2항에 제1호에 따라 A진흥단지는 지원센터를 갖지 못하게 되므로, 제○○조 제2항 제2호의 요건을 갖추지 못하게 된다. 국토교통부장관은 이에 대하여 제□□조 제2호에 따라 이에 대하여 그 지정을 해제할 수 있다.

③ (○) 제○○조 제1항 제2호에 따라, 중소기업자가 100분의 20이 되었으므로, 제□□조 제2호에 해당하는 경우이다. 국토교통부장관은 이에 대하여 지정을 해제할 수 있다.

④ (×) 제△△조 제2항 제1호에 따라 보고 및 검사를 기피한 경우, 그 지정을 취소하여야 한다.

⑤ (×) 제◇◇조 제2항에 따라 지원센터는 100만원의 벌금이 아닌 과태료를 부과받을 수 있다.

23. 정답 ③

A초등학교는 학급 수에 따라 경영자 수가 결정된다. 학급 수가 45개이므로, 교감은 2명, 행정실장은 1명이다. 즉, 경영자 수는 교장을 포함해 4명이다.

B중학교는 학생 수에 따라 경영자 수가 결정된다. 학급 수가 30개이므로, 가능한 학생 수는 600~1200명이다. 이때, 행정실장이 1명이므로, 학생 수가 601~630명 중 하나이고, 교감은 1명, 행정실장은 1명이다. 경영자 수는 3명이다.

C고등학교는 학생 수에 따라 경영자 수가 결정된다. 학급 수가 45개이므로, 가능한 학생 수는 900~1800명이다. 이때, 행정실장이 2명이므로, 가능한 학생수는 900~1170명이다. 즉, 경영자 수를 알 수 없다.

D중학교는 학생 수에 따라 경영자 수가 결정된다. 학급 수가 32개이므로, 가능한 학생수는 640~1280명이다. 이때 교감이 1명이므로, 가능한 학생 수는 640~900명이다. 즉, 교감은 1명, 행정실장은 2명이다. 경영자 수는 4명이다.

E초등학교는 학급 수에 따라 경영자 수가 결정된다. 학생 수가 500명이면, 가능한 학급수는 12.5~25이다. 이때, 행정실장이 1명이므로, 가능한 학급수는 21~25개이다. 즉, 교감 1명, 행정실장 1명이다. 경영자 수는 3명이다.

24. 정답 ⑤

① (×) 제○○조 제2항에 따를 때, 제조업자가 그 제조한 의약품을 판매하려는 경우가 아니라, 제조하려는 경우에 식품의약품안전처장의 허가를 받아야 한다.

② (×) 제□□조 제1항 제1호에 따라, 원료의약품 제조 후 이를 판매하려는 경우, 그 품목허가 내지 품목신고에는 유효기간이 적용되지 않는다. 이에 따라 제2항의 갱신도 필요없다.

③ (×) 제△△조 제1항에 따라 안전상비의약품을 약국이 아닌 장소에서 판매하려는 자는 시장·군수·구청장에게 안전상비의약품 판매자로 등록하여야 한다.

④ (×) 제△△조 제3항에 따라 안전상비의약품 판매자는 안전상비의약품의 판매 업무를 폐업 또는 휴업하거나 휴업 이후 그 업무를 재개한 경우에는 시장·군수·구청장에게 신고하여야 한다. 다만, 휴업기간이 1개월 미만인 경우에는 그러하지 아니하다. 이 경우, 휴업기간이 1개월 미만이므로, 그 사실을 신고하지 않는다.

⑤ (○) 제◇◇조 제2항에 따라 약국개설자는 일반의약품을 판매할 때에 필요하다고 판단되면 복약지도를 할 수 있다. 그러나 안전상비의약품 판매자는 그러한 조항이 없다.

25. 정답 ③

가영은 교직과정과 교양과정의 평점 평균이 3.0이고, 전체학점 평점 평균은 (3.0+1.2)/2=2.1 학점이다. 즉, 첫 번째 조항 제1항의 요건을 충족하였다. 미술교육전공자로 졸업작품 전시회를 개최하였으므로, 두 번째 조항 제2항을 충족하였다. 또한, 25학년도 졸업 예정자이므로, 세 번째 조항 제2호 나목이 적용되는 자로, 성인지 교육을 4회 이수하여야 함에도, 2회 이수하였으므로, 졸업할 수 없다.

나영은 교직과정과 교양과정의 평점 평균이 3.1이고,, 전체학점 평점 평균은 (3.1+1.5)/2=2..3 학점이다. 즉, 첫 번째 조항 제1항의 요건을 충족하였다. 체육교육전공자로 졸업 학위 논문을 작성하였으므로, 두 번째 조항 제1항을 충족하였다. 또한, 23학년도 졸업예정자 이므로, 세 번째 조항 제1호 가목에 해당하는 자로서, 성인지 교육이 면제되므로 졸업할 수 있다.

다영은 25학년도 입학자로서, 전체학점 평점 평균은 (2.8×70+3.0×60+1.0×80)/200 =2.14 학점이다. 즉, 첫 번째 조항 제1항의 요건을 충족하였다. 또한, 첫 번째 조항의 제2항 또한 복수전공자로서 충족하였다. 졸업 학위 논문을 작성하였으므로, 두 번째 조항 제1항을 충족하였다. 또한, 29학년도 졸업예정자 이므로, 세 번째 조항 제1호 가목에 해당하는 자로서, 세 번째 조항 제3호가 적용된다. 성인지 교육을 4회 이수받았으므로 졸업할 수 있다.

라영의 교직과정과 교양과정의 평점 평균이 2.7, 전체학점 평점 평균은 (2.7+1.2)/2 =1.95 학점으로, 첫 번째 조항 제1항의 요건을 충족하지 못했다. 즉, 졸업할 수 없다.

26. 정답 ④

처음에 빈 봉으로 운동을 한 뒤, 양쪽에 10kg씩 원판을 끼워 40kg의 운동을 한다.(노력 2) 그리고 10kg 원판을 뺀 뒤, 20kg 원판을 양쪽에 끼워 60kg의 운동을 한다.(노력 4) 후에 10kg 원판을 추가로 끼워 80kg 운동을 한다.(노력 2) 이후, 10kg 원판을 빼고 20kg 원판을 양쪽에 추가로 끼워 100kg 운동을 한다.(노력 4) 이후, 양쪽에 10kg 원판을 한 개씩 끼워 120kg의 무게로 운동을 한다.(노력 2)5kg과 2.5kg의 원판을 양쪽에 한 개씩 끼워 135kg의 무게로 운동을 한다.(노력 4) 이때 든 노력을 합치면 18이 된다.

27. 정답 ②

ㄱ. (×) 첫 번째 문단에 따를 때, 링구아 프랑카란 서로 다른 모어를 사용하는 화자들이 의사소통을 하기 위해 국제어, 공통어로 사용하는 제3언어를 의미하며, 이는 국가 내의 공용어와는 다른 개념이다.

ㄴ. (○) 두 번째 문단에 따를 때, EFL 방식에서 문법학습이 주를 이루게 되는 것은 영어교육이 주로 12세 이전의 자연습득 단계에서 이루어지는 것이 아닌 12세 이후의 학습 단계에서 이루어지는 것에 기인한다고 되어있다.

ㄷ. (×) 세 번째 문단에 따르면 ESL은 영어를 하나의 언어로 보고, 두 번째 문단에 따르면 EFL은 영어를 하나의 언어체계로 본다.

28. 정답 ⑤

탄수화물 섭취량을 x, 단백질 섭취량을 y, 지방 섭취량을 z라 하면, x+y+z=2500, x+3y+2z=5200이다. 이때, 모든 영양소를 100g 단위로 섭취하므로, 가능한 조합은 다음과 같다.

탄수화물	단백질	지방
1100	1300	100
1000	1200	300
900	1100	500
800	1000	700
700	900	900
600	800	1100
500	700	1300
400	600	1500
300	500	1700
200	400	1900
100	300	2100

이때, 모든 영양소를 1kg 미만으로 섭취하므로, 가능한 조합은 탄수화물 700g, 단백질 900g, 지방 900g이다. 즉, 단백질은 900g을 섭취한다.

29. 정답 ④

K가 1500점이고 상대가 1570점일 때, K의 승률은 0.4이다.

즉, 첫 번째 경기 결과는 Pa=1500+20×(1-0.4)=1512이다.

두 번째 경기의 경우, K의 승률은 점수 차이가 208점인 바, 0.2이다.

즉, Pa=1512+20×(0-0.2)=1508이다.

세 번째 경기의 경우, K의 승률은 점수 차이가 132점인 바, 0.3이다.

즉, Pa=1508+20×(0.5-0.3)=1512이다.

30. 정답 ①

창우는 한 차례에 전진할 것으로 기대되는 값이 (1+2+3+4+5+6)/6=3.5이다. 동전이 한 개만 앞면이 나올 확률은 4/16, 두 개가 나올 확률은 6/16, 세 개가 나올 확률은 4/16, 네 개가 나올 확률은 1/16, 모두 뒷면일 확률은 1/16이다. 즉, 첫 번째 게임의 경우 정훈의 기댓값은 (4×1+6×2+4×3+4×1+5×1)/16=37/16=2.31...이다.

두 번째 게임의 경우, 4개의 동전을 한번 던졌을 때의 기댓값은 첫 번째 게임과 같이 37/16이다. 이때 동전이 모두 뒷면이 나올 확률은 1/16이고, 추가로 이동할 수 있는 칸의 기댓값은 첫 번째 게임과 같이 37/16이다. 따라서 두 번째 게임의 기댓값은 다음과 같이 구할 수 있다.

$$\frac{37}{16}+\frac{37}{16}\times\frac{1}{16}=\frac{37}{16}\times\frac{17}{16}=\frac{629}{256}\fallingdotseq 2.45$$

세 번째 게임 또한 같은 원리를 활용한다. 4개의 동전을 다시 한번 던질 확률은 2/16이고, 이때 추가로 움직일 수 있는 기댓값은 37/16이다. 따라서 세 번째 게임의 기댓값은 다음과 같이 구할 수 있다.

$$\frac{37}{16}+\frac{37}{16}\times\frac{2}{16}=\frac{37}{16}\times\frac{18}{16}=\frac{666}{256}\fallingdotseq 2.60$$

모든 게임에서 창우의 기댓값이 더 크므로 창우가 승리한다. 따라서 정훈이 얻는 승점은 0점이다.

31. 정답 ②

3번 패드, 4번 패드, 5번 패드는 유형별로 부여된 숫자가 다르다. 따라서 이에 대한 두 사람의 설명이 같다면 둘은 같은 유형이라 할 수 있다. D가 3번에 탐탐이 들어있다고 설명하자, A는 이에 수긍하였다. 따라서 A와 D는 같은 유형이다.

이제 A와 D가 어떤 유형인지 판단해보자. C의 마지막 발언에 의해 좌하단은 하이햇으로 고정된다. 반면 D는 3번에 탐탐이 들어있다고 하였다. Y유형의 좌하단이 3번이므로, D가 Y유형이라면 두 설명은 모순된다. 따라서 A와 D는 X유형이다.

이를 종합하면 X 유형은 A와 D이며, 우상단은 X 유형의 3번이므로 D의 발언을 통해 우상단에는 탐탐이 들어있음을 알 수 있다.

32. 정답 ③

이상의 정보로 알 수 있는 것은 丁과 甲이 지인, 丁과 乙이 친구, 丁과 丙이 절친이므로, 친구가 두 명인 丁은 戊와 친구라는 것이다. 이때, 두 가지의 경우를 생각해볼 수 있는데, 甲이 乙과 지인인 경우, 丙과 지인인 경우이다.

甲이 乙과 지인인 경우, 모든 사람은 친구를 1명 이상 갖고 있으므로, 甲은 丙과 친구이다. 乙은 절친이 한 명 이상 있어야 하므로, 戊와 절친이다. 그렇게 되면, 戊는 병과 지인이 된다.

甲이 丙과 지인인 경우, 乙과는 친구가 된다. 乙은 절친이 한 경 이상 있어야 하므로, 戊와 절친이 된다. 이렇게 되면, 丙은 친구가 있어야 하므로, 戊와 친구여야 한다. 그렇게 되면, 戊는 지인이 없다. 즉, 이 경우는 불가능하다.

위의 사안을 정리하여 볼 때, 세 명이 모였을 때의 관계를 정리하면 다음과 같다.

겹지인	홀수	어색	특이
없음	甲, 乙, 丙 甲, 乙, 丁 乙, 丙, 戊 乙, 丁, 戊	甲, 乙, 戊	甲, 丙, 丁 甲, 丙, 戊 甲, 丁, 戊 乙, 丙, 丁 丙, 丁, 戊

33. 정답 ④

각 분야의 투입 예산별 예산 대비 효용을 표로 나타내면 다음과 같다.

시설		돌봄	
2억 원	1.5	3억 원	1.33
4억 원	1.125	5억 원	1
6억 원	0.916	7억 원	0.928
학술		국제	
4억 원	1.25	1억 원	0.8
6억 원	1.33	3억 원	2.66
8억 원	1.5	5억 원	3

영기준 예산제도 하에서 효용에 높은 순서대로 투자하면 시설 2억원, 돌봄 3억원, 학술 4억원, 학술 6억원, 학술 8억원, 시설 4억원 순으로 투자하게 된다. 국제 분야는 최저 수준에서 예산대비 효용이 1보다 낮으므로 예산 투입이 이루어지지 않는다. 이에 따라 총 효용은 205가 된다. 효용에 따라서만 투자하게 되면, 국제 분야에 5억원, 학술 분야에 8억원, 시설에 2억원을 투자한다. 즉, 총 효용은 300이고, 위의 계산과의 차이는 95이다.

34. 정답 ①

우선 건우는 20일간 개념암기를 진행하고, 이에 따라 암기 상태는 100, 실전감각은 0인 상태가 될 것이다. 이후, 24일차까지 모의고사 풀이를 하여, 암기 상태는 80, 실전감각은 32인 상태가 될 것이다. 이후에는 개념 암기와 실전감각을 번갈아가며 하게 될 것이고, 이에 따라 2일마다 실전감각이 3씩 증가하게 된다. 암기상태는 24일차 이후 매 짝수일에 80으로 고정되고, 실전감각은 다음과 같다.

(24 + 2n)일차의 실전감각 : 32 + 3n

따라서 실전 감각이 80이 되기 위해서는 n=16이므로, 56일차임을 알 수 있다. 따라서 교사임용고시 전날인 12월 30일이 56일차가 되기 위해 공부를 11월 5일에 시작한다.

35. 정답 ③

가장 빨리 도착하는 것은, 16:04분에 A역을 출발하여, 16:14분에 D역에 도착한 뒤, 16:14분 열차를 타고 B역까지 가는 것이다. 이렇게 하면 16:26에 도착할 수 있다.

가장 늦게 도착할 때의 도착 시간은 16:28에 A역을 출발하여 C역에 도착한 후, 16:45 열차를 타, 16:54에 B역에 도착하는 것이다.

36. 정답 ③

B는 최종결과에서 1등, D는 최종 결과에서 2등을 하였다.

A는 중간 결과에서 등수가 발표되었고, 최종 결과에서 중간 결과보다 2등이 내려갔다면, 1~3등이었을 것이고, 만약 6~7등으로 떨어졌다면, 3등이상 내려갔을 것이므로, 중간 결과에서 1등, 최종 결과에서 3등을 하였다.

C는 중간 결과보다 3등이 내려갔는데, 이것이 가능한 상황은 중간 결과 1, 3등 중 최종 결과 6~7 등이 되는 것이다. 보다 구체적으로, 3등에서 6등이 된 것이다.

즉, 최종결과의 1~3등 구성원 중 A는 중간결과에서 1등, B는 중간 결과에서 2등이었으므로, D는 중간 결과에서 4~5등을 한 사람일 것이다.

F는 중간, 최종 결과 모두 6~7등이므로, F는 최종 결과에서 7등, 중간 결과에서 6등을 한 사람이다. 이때까지 정해진 등수는 다음과 같다.

등수	중간	최종
1등	A	B
2등	B	D
3등	C	A
4등		
5등		
6등	F	C
7등		F

이때, G의 중간 등수로 가능한 것은 7등밖에 없고, 이에 따라, G는 중간 결과에서 7등, 최종 결과에서 5등을 한 사람이다. 그리고 E는 최종결과에서 남은 4등을 하게 된다. 이에 따라, 즉, C와 D 사이에 위치하는 사람은 4등인 E이다.

37. 정답 ③

형섭은 입국과 출국일을 제외하고, 영국에 6일, 프랑스에 6일, 스위스에 4일, 독일에 5일, 오스트리아에 5일 있는다. 이때, 영국에서 프랑스로 가는 날, 프랑스에서 스위스로 가는 날, 스위스에서 독일로 가는 날, 독일에서 오스트리아로 가는 날을 제외하면 각 국가에서 쓰는 데이터는 영국에서 11GB, 프랑스에서 10GB, 스위스에서 6GB, 독일에서 8GB, 오스트리아에서 9GB를 사용한다. 총, 44GB를 사용한다.

A는 사용 불가국에 독일이 있기 때문에 불가능하다. B는 OSI기기만 지원하기 때문에 불가능하다. D는 데이터를 42GB만 지원하기 때문에 불가능하다. E는 오스트리아에서 데이터 사용을 8GB로 제한하는데, 오스트리아에서는 9GB를 사용하기 때문에 불가능하다. 즉, C만이 가능하다.

38. 정답 ②

乙은 A 결핍, 丙은 C 결핍, 丁은 D결핍, 戊는 E결핍이다. 우유, 아몬드는 비타민을 1개만 갖고 있다. 이때, 丁을 제외한 이들은 우유를 먹으나 丁은 우유를 안 먹었고, 丁만이 비타민 D가 부족하므로, 우유는 비타민 D를 갖고 있다.

또한, 乙만이 호박이나 브로콜리를 먹지 않는데, A 결핍이 있으므로, 호박과 브로콜리는 A를 갖고 있을 것이다.

또한, 丙만이 오렌지를 먹지 않는데, C 결핍이 있으므로, 오렌지는 C를 갖고 있을 것이다.

戊는 E 결핍이므로, 브로콜리와 오렌지는 E를 갖고 있지 않은데, 오렌지는 乙과 丁의 사례에서 볼 수 있듯이 A와 D를 갖고 있지 않다. 즉, 오렌지는 B, C를 갖고 있다.

이에 따라, 아몬드는 乙, 丙, 丁의 사례에서 비타민 E 결핍이 나타나지 않으므로, E를 갖고 있다.

또한, 甲의 사례에서 알 수 있듯이, 오렌지가 B, C 우유가 D를 갖고 있다면, 호박은 A, E를 갖고 있어야 결핍증이 없으므로, 호박은 A, E를 갖고 있다.

丙의 사례에서는 우유가 D, 아몬드가 E를 갖고 있고, 결핍증은 C만이 있으므로, 브로콜리는 A와 B를 가져야 한다. 즉, 비타민 E가 들어있는 음식은 호박과 아몬드이다.

39. 정답 ①

ㄱ. (○) 두 번째 문단에 따를 때, 오르간은 파이프 속으로 공기가 들어가 소리를 내는 건반악기이고, 풍금도 이와 같은 원리로 작동하므로 맞는 선지이다.

ㄴ. (○) 세 번째 문단에 따를 때, 17~18세기인 바로크 시대에 바흐가 평균율을 제정하여 우리가 아는 음계인 '도레미파솔라시도'가 제정되었고, 바로크 시대 이후의 건반악기는 이 음계를 바탕으로 하여 만들어졌다. 두 번째 문단에 따르면 오르간은 3세기 경에 최초로 만들어졌으므로, 그 음계를 갖지 않은 악기가 있을 수 있다.

ㄷ. (×) 네 번째 문단에 따를 때, 피아노는 최초에 17세기 말에 만들어졌고, 이 시기는 세 번째 문단에 따를 때 바로크 시대이다.

ㄹ. (×) 마지막 문단에 따를 때, 피아노 음악은 19세기에 시작되는 낭만주의 시대에 크게 발전하게 된다. 낭만주의 시대의 대표적 작곡가인 쇼팽과 리스트는 피아노 음악을 소나타에 국한 시키지 않고, 녹턴, 에튀드, 발라드 등의 장르로 발전시켰다. 즉, 소나타 외의 피아노 음악이 발전한시기는 19세기이다.

40. 정답 ④

첫 박인 m을 연주할 때, 1단 페달을 밟고, 그 후 f를 연주할 때 3단 페달을 밟는다. 그 다음 p를 연주할 때 0단 페달을 밟고, 한 박 뒤의 m을 연주할 때 2단 페달을 밟은 뒤, 한 박뒤의 f를 연주할 때 3단페달을 밟는다. 그 후, 한 박뒤의 mp를 연주할 때 1단 페달을 밟고, 한 박 뒤의 p를 연주할 때 0단 페달을 밟은 뒤, 바로 뒤의 mf를 연주할 때 2단페달을 밟는다. 한 박 뒤의 mp를 연주할 때 0단 페달을 밟고, 한 박 뒤의 f를 연주할 때 3단 페달을 밟는다. 바로 뒤의 p를 연주할 때 0단 페달을 밟고, 한 박 뒤의 mf를 연주할 때 2단 페달을 밟는다. 한박 뒤의 f를 연주할 때 3단페달, mp를 연주할 때 1단, mf를 연주할 때 3단 페달로 바꾸어 밟는다. 이후 한 박 뒤에 mp를 연주할 때 0단 페달, 한박 뒤의 mf를 연주할 때 2단 페달, 한박 뒤의 p를 연주할 때 0단 페달, mf을 연주할 때 2단페달을 밟는다. 한 박 뒤의 f를 연주할 때 3단 페달을 밟으며 곡을 끝마친다. 이에 따라 밟는 페달을 바꾼 횟수는 19번이다.